Esoterik

Herausgegeben von Gerhard Riemann

Sabrina Fox ist Autorin, spirituelle Beraterin und Fernsehmoderatorin. Sie gibt Anregungen zu Spiritualität und persönlichem Wachstum und stellt verschiedene Möglichkeiten der Meditation vor. Durch ihre Radiosendungen, Artikel, Vorträge und Workshops in München und Los Angeles weckt sie Verständnis für das Lebensende und die Kunst, natürlich zu leben. Sabrina Fox leitet die Firma »My Angel and I«, die es sich zur Aufgabe gemacht hat, positive Projekte in allen Bereichen der Kommunikation zu unterstützen. Außerdem ist sie aktives Vorstandsmitglied der Hilfsorganisation HOPE, die obdachlosen und alleinstehenden Müttern beisteht.
Sie lebt mit ihrem Mann Richard und Tochter Julia in Los Angeles.

Originalausgabe Mai 1997
© 1997 Droemersche Verlagsanstalt Th. Knaur Nachf., München
Das Werk einschließlich aller seiner Teile ist urheberrechtlich
geschützt. Jede Verwertung außerhalb der engen Grenzen des
Urheberrechtsgesetzes ist ohne Zustimmung des Verlages
unzulässig und strafbar. Das gilt insbesondere für
Vervielfältigungen, Übersetzungen, Mikroverfilmungen
und die Einspeicherung und Verarbeitung in
elektronischen Systemen.
Umschlagillustration: Peter F. Strauss
Satz: Ventura Publisher im Verlag
Druck und Bindung: Ebner Ulm
Printed in Germany
ISBN 3-426-86155-0

Sabrina Fox

Wie Engel uns lieben

*In tiefster Dankbarkeit
meinen Engeln im Himmel
und auf der Erde.*

Inhalt

Vorwort
11

1. Kapitel
Von einem Engel im Schlafzimmer und der Frage,
warum manche Engel gesehen werden
17

2. Kapitel
Von meinen Engeln, die Lukas, Euphenia und Jao heißen,
und warum Iwan nicht immer Iwan der Schreckliche ist
25

3. Kapitel
Von Engeln, die mit auf Reisen gehen, und was passiert,
wenn man der Intuition von anderen folgt
36

4. Kapitel
Von einem Engel, der sich vorübergehend als
Mensch zeigt, und wie wichtig die ersten Gedanken
am Morgen sind
59

5. Kapitel
Von Engeln, die für Tiere da sind, und was passiert,
wenn Gott dein Vater wird
66

6. Kapitel
Wie man seine Aufnahmefähigkeit erhöht,
und wo der Punkt des Wohlbefindens sitzt
79

7. Kapitel
Warum Engel gerne bei Alltäglichkeiten helfen
und von der Macht der Gebete
95

8. Kapitel
Von Engeln, die wie himmlische Tanten sind,
und vom Suchen, Fühlen und Vertrauen
106

9. Kapitel
Wie Engel bei Heilungen helfen und einen
vom Sterben wieder ins Leben begleiten
114

10. Kapitel
Wie Engel trösten, wenn man den eigenen Körper
verläßt und einen anderen bekommt
134

11. Kapitel
Wenn klitzekleine Engel nach einer Aufgabe suchen,
und wie große Engel beim
Geschichtenerzählen helfen
146

12. Kapitel
Wie uns der Regenbogen zu den Engeln bringt und
von Kindern, die mit unsichtbaren Freunden sprechen
161

13. Kapitel
Von einem Engel, der ein Meister ist, und meinen Augen,
die plötzlich durch einen Körper sehen
176

14. Kapitel
Von normalen Engeln, Schutzengeln und Meisterengeln
und wie wir mit ihnen verbunden sind
196

15. Kapitel
Von den Engeln, die in den Schlafzimmern unserer
Kinder sind, und wann wir Engel sehen können
212

16. Kapitel
Von einer Nacht im Wald und Feen,
die auch Engel sind, nur ein bißchen kleiner
224

17. Kapitel
Wie die Welt aussehen wird, wenn
alle ihren Engel sehen
234

Nachwort
241

Anhang

Indianische Weisheiten
247

Meditationen
259

Vorwort

Früher dachte ich, Engel gehören in die Welt der Märchen und Sagen oder auf kunstvoll dekorierte Christbäume. Damals hatten Engel keinen Platz in meinem Leben. Wozu auch? Ich war viel zu beschäftigt, mir und der Welt zu beweisen, wie unabhängig und klug ich doch bin. Außerdem kannte ich einfach keine unabhängigen und klugen Leute, die über Engel sprachen ...
Es gab bestimmte Worte, die in meinem Sprachgebrauch nicht vorkamen. Eines war »Engel«, zwei andere »Gott« und »beten«.
Das Wort Engel benutzte ich ab und zu, wenn ich knapp irgendeiner Katastrophe entronnen war: »Da muß ich aber einen Schutzengel gehabt haben.«
Das Wort Gott benutzte ich nur in »O mein Gott!« als Ausdruck von Überraschung oder Entsetzen. Ich dachte mir zwar, daß es irgendeinen Schöpfer, irgendeine höhere Macht oder höhere Energie gibt, aber Gott wollte ich das um »Gottes Willen« nicht nennen. Das Wort war mir zu männlich besetzt. Ich weiß noch, wie ich mich langsam mit dem englischen Wort »God« anfreundete. Ich benutzte es als »Mutter-Vater-God«, und langsam, nach über drei Jahren mit »Mutter-Vater-God-Schöpfer-Höhere-Macht«, wurde jetzt wieder Gott daraus. Mit dem Wissen, daß Gott weder männlich noch weiblich, sondern einfach die größte Liebe, das größte Licht ist.
Das Wort »beten« benutzte ich nie. Obwohl ich streng katholisch erzogen worden war, begann ich irgendwann, mir meine eigenen Gedanken über Religionen zu machen. Da gab es einiges, was mir sehr gefiel und anderes, mit dem ich

mich überhaupt nicht anfreunden konnte. Ich benutzte das Wort meditieren, wenn ich in Stille mit Gott sprechen wollte. Beten paßte mir lange Zeit gar nicht. Allmählich überwand ich meine Vorbehalte gegen dieses Wort und nahm es als das, was es ist: Ein Wort, das ein Gespräch mit Gott beschreibt. Es war nicht einfach, das gebe ich gerne zu. Vielleicht haben Sie dieselben Gefühle, wenn Sie in meinem Buch über Gott und beten lesen.

Es ist unmöglich, über Engel zu sprechen und dabei nicht Gott und unsere Entwicklung zu erwähnen. Das ist wie eine Restaurantbeschreibung, in der das Essen oder Kochen nicht erwähnt wird. Spiritualität ist kein Kleidungsstück, das man sich überhängt und nach dem Meditieren oder dem Kirchgang wieder auszieht. Spiritualität ist eine Kunst des Lebens, die viel Neugierde, Zugeständnisse, Disziplin, Konzentration und Hingabe erfordert. Sich selbst zu erkennen und zu lieben ist für mich die wohl spannendste Herausforderung. Je mehr wir uns selbst verstehen, desto mehr verstehen wir unsere Mitmenschen und die Welt der Engel und die Verbindung zwischen uns. Nur wenn wir Liebe für uns empfinden, können wir Liebe weitergeben.

In diesem Buch beschreibe ich meine Suche nach den Engeln und die Suche von Menschen, die mir begegnet sind. Alle Erlebnisse sind wahr und mit Achtung und Liebe aufgeschrieben, und ich wünsche mir, daß es Sie anregt, mit ihren eigenen Engeln Kontakt aufzunehmen.

Etwas Wundervolles passiert, wenn wir uns auf die Suche nach unseren Schutzengeln machen. Wir verlassen die manchmal so harte Welt unserer »Realität« und wenden uns einer anderen »Realität« zu. Diese Realität steckt voller Überraschungen, voller überwältigender Gefühle, Lichter, Töne und Wunder, und plötzlich erscheint unsere alte »Realität« nicht mehr so hart.

Mit unserer Neugierde auf die Welt der Engel lassen wir neue Gedanken und Ideen zu und damit auch endlich wieder Wunder. Mit diesen Wundern fühlen wir uns wohler, reicher, friedlicher und fröhlicher. Das Zulassen von Engeln öffnet unseren Verstand, unser Herz und unsere Seele für eine Vision, wie das Leben eigentlich sein soll: Herrlich! Spannend! Fröhlich und friedlich!

Das Gefühl der Einsamkeit verläßt uns: Wir gehören dazu! Zu einem wundervollen Plan, einer weiteren phantastischen Realität, die uns zum Träumen anregt und zum Leben.

Ein Leben, das sich unterscheidet von dem manchmal fast überwältigenden Gefühl der Anstrengung, des Ausgeliefertseins, in der eine Krise der anderen folgt. Das Gefühl der Langeweile oder das Aufgeben unserer Träume, das Flüchten in Lethargie oder Überheblichkeit und Zynismus lassen wir hinter uns, wie ein altes Kleidungsstück, das uns plötzlich nicht mehr paßt.

Denn mit der Suche nach unseren Engeln entdecken wir unser eigenes Ich und daß wir in allen Dingen eine Wahl haben. Diese Wahl ist neben dem Leben das schönste Geschenk Gottes. Wir können unsere Augen weiter öffnen, um die ganze Spannbreite dieser Welt zu fühlen und zu sehen. Wir haben aber auch die Wahl wegzuschauen, wenn Neues auf uns zukommt, Ungewohntes, vielleicht bisher Unerklärtes. Was wählen Sie? Ich habe mich entschieden, alle meine Sinne weit aufzumachen.

Engel fühlen ist recht einfach. Es läßt sich mit einem Gast vergleichen, der geduldig vor der Tür wartet, bis wir sie aufmachen. Am Ende des Buches gibt es einige hilfreiche Meditationen, falls Sie es selbst herausfinden wollen.

Engel haben seit Jahrtausenden Menschen beschäftigt. In vielen Religionen wird über Engel gesprochen, die heiligen Schriften berichten von diesen wundervollen Gestalten, die

Gottes Nachrichten überbringen. Was ist aus diesen Engeln geworden? Haben sie in unserer »modernen« Zeit nichts mehr verloren? Sind sie womöglich auf Urlaub? Warum nehmen wir an, daß sie jetzt nicht mehr bei uns sind? Vielleicht haben wir das Klopfen an der Tür überhört. Wir sind es, die die Tür aufmachen müssen.

Ich habe in den letzten Jahren viele Menschen getroffen, die mit Hilfe der Engel ihr Leben verbessert haben. Sie sind glücklicher, liebevoller, ausgeglichener, fröhlicher und weiser geworden. Ich bin eine davon. Vielleicht fühlen Sie auch diese Sehnsucht nach mehr Liebe und Freude. Es liegt an uns, diesen Schritt zu tun, denn unsere Engel sind immer bereit, uns mit ihrer Liebe zu unterstützen.

Wenn ich Sie dazu anregen darf, würde mich das sehr freuen.

Engel

lauer Wind sanfter Hauch
nicht von dieser Welt
vorbeischleichendes Lüftchen

Stecknadelstichelei im Bauch
Haar welches sich aufstellt
plötzliche Spannung in den Brüsten

feines Klirren im Ohr
könnt ich doch verstehen
die Sprache der heimlichen Stimmen

den wundersamen Chor
könnt ich ihn sehen
wie das kurz aufflackernde Flimmern

vor den Augen die Blitze
geheimnisvolle Lichter
möchte begreifen die Engelwesen
blicken in ihre Antlitze
lächeln in ihre Gesichter
mit meinem Geist in ihrem lesen

ein Gedanke kurz und klar
prägt sich mir ein
der Wunsch ist doch längst Wirklichkeit

ist Einbildung etwa wahr
Gefühl auch eine Form von Sein
Übersinnliches nur starke Sinnlichkeit
Rosina Heumann

1. Kapitel

Von einem Engel im Schlafzimmer und der Frage, warum manche Engel gesehen werden

Irgendwie war Esther anders als sonst. Ihre Umarmung war länger, und sie drückte mich nochmals kräftig, bevor sie mich losließ. Da war ein Funkeln in ihren braunen Augen, das es vorher nicht gab. »Ist alles in Ordnung?« frage ich sie. »Alles bestens und willkommen zu Hause«, begrüßte sie uns. Mein Mann Richard, meine Tochter Julia und ich kommen gerade von einem verlängerten Wochenende aus Santa Barbara zurück, wo wir den Geburtstag meines Mannes gefeiert haben. Esther, unsere Haushälterin, hat sich wie immer in unserer Abwesenheit um unsere Tiere gekümmert. In der Regel zieht sie dann bei uns ein, um den Hund Sister und die Katzen Barney, Boots und Greyfur zu versorgen.
Wir leben in Los Angeles, auf einem der Canyons, und wenn man wie ich die meiste Zeit seines Lebens in Bayern verbracht hat, darf das höchstenfalls mit Hügel, aber niemals mit Berg bezeichnet werden.
Als ich vor acht Jahren nach Los Angeles zog und zum ersten Mal über das schachtelartige Häusermeer flog, hatte ich keine Ahnung, wie vielseitig diese Stadt ist. Mittlerweile leben wir im Benedict Canyon, und unsere Nachbarn heißen Coyote, Reh und Falke neben diversem Kleingetier wie Spinnen, Mäusen und jeder Menge Ameisen. Leider stehen Katzen auf dem Speisezettel der Coyoten ganz oben, und deshalb habe ich es gerne, wenn meine Katzen sich täglich einmal melden.

Eine meiner ersten Fragen gilt immer denjenigen, die uns beim Heimkommen nicht stürmisch begrüßt haben.
Esthers Tochter Roxanna rennt gleich mit Julia davon, mein Mann zieht sich ins Wohnzimmer zurück, um die Post durchzusehen, während Esther und ich ins Schlafzimmer gehen, um auszupacken.
»Gibt's was Neues?« frage ich Esther und hole meine Steine, die ich beim Spazierengehen gesammelt habe, aus der Reisetasche. Keine Antwort. »Esther?« frage ich erneut, vielleicht hat sie mich nicht gehört. Ihr Blick klebt gedankenverloren an dem roten Tuch, mit dem mein Reisealtar umwickelt ist.
»Ist alles in Ordnung?« frage ich noch einmal.
»Ich habe deinen Schutzengel gesehen!« flüstert sie mir atemlos zu. »Meinen Schutzengel?« frage ich erstaunt. »Erzähl!« Ich schaue Esther an, wie sie nervös mit ihren wundervollen braunen Locken spielt. »Genau da habe ich ihn gesehen – genau da, wo du jetzt bist.« Sie deutete mit ihrem Finger auf mich.« Da stand er plötzlich.«
»Noch mal ganz von vorne. Wann und wie hast du den Engel gesehen?«
Jetzt strahlt sie über das ganze Gesicht und fängt zu erzählen an: »Also gleich nachdem ihr weggefahren seid, habe ich die Betten frisch bezogen. Roxanna und ich sind anschließend noch mit Sister spazierengegangen. Gegen acht Uhr abends sind wir zurückgekommen, und ich habe uns etwas zu essen gemacht. Mein Mann holte Roxanna ab, und kurz danach wurde ich furchtbar müde und habe beschlossen, ins Bett zu gehen. Ich habe mich auf deine Bettseite gelegt und muß sofort eingeschlafen sein.« Esther holte tief Atem: »Mitten in der Nacht«, erzählt sie, »fühle ich, wie irgend etwas in meinen Körper kommt. Noch nie in meinem Leben habe ich derartiges gefühlt! Das war kein Traum, das war echt. Ich fühlte die Hitze und irgend jemanden, der in mir mich und meinen

Körper bewegte. Davon bin ich aufgewacht, und ich beobachtete, wie sich mein linker Arm wie von selbst bewegte.«
»Bewegte?« frage ich erstaunt. »Wie bewegte?«
Sie sucht nach Worten und bewegt dabei ihren Arm in einer Wellenbewegung. Ich beobachte ihre Hand und sage: »Es sieht fast so aus, als ob du jemandem zuwinkst.«
»Das stimmt«, ruft sie erstaunt. »Ich erinnere mich noch, wie ich gedacht habe: Um Himmels willen, was ist denn das? Dann habe ich das Vaterunser gebetet. Ich wollte mich nur auf das Gebet konzentrieren, um dieses Erlebnis so schnell wie möglich zu vergessen. Ich habe mich schließlich in die Mitte eures Bettes gelegt. Deine Seite wurde mir zu unheimlich.«
Erstaunt fragte ich: »Wieso das denn?«
Esther schaut verschmitzt: »Was weiß ich, was du jede Nacht erlebst? Du hast dein Meditationszimmer, bist Hypnosetherapeutin, hast eine heilige Pfeife von den Indianern. Für dich ist das vielleicht normal!«
Ich muß lachen. Es stimmt, ich habe schon einiges Außergewöhnliches erlebt. Aber leider nicht jede Nacht.
»Irgendwie bin ich wieder eingeschlafen«, erzählt sie weiter, und dabei schweifen ihre Augen weit, weit in die Ferne. »Dann fühlte ich es wieder, diese Wärme und die Gewißheit, daß irgend etwas in meinem Körper ist.« Sie schaut mich an: »Verstehe mich nicht falsch. Es war ein tolles Gefühl – nur eben recht ungewöhnlich. Und das ist stark untertrieben.«
Ich nicke ihr aufmunternd zu, und sie fährt fort. Wieder gleitet ihr Blick in die Ferne. »Ich spürte auch wieder, wie mein Arm sich bewegte. Ich öffnete meine Augen und habe das Gefühl, als ob das, was in mir ist, nach vorne, nach außen kommt und sich vor mir materialisiert. Und da sehe ich auch schon diese Farben, die sich zu einer Figur zusammenfinden, die

unglaublich schön ist.« Sie lächelt dabei und zeigt mir ihren Arm: »Schau, da kriege ich gleich wieder eine Gänsehaut.«
»Welche Farben hast du gesehen?«
»Das waren Schattierungen von violett bis lila und ein starkes pink. Sie hatte ein wunderschönes Gesicht und lächelte mich an.«
»Sie?« fragte ich.
»Ja.« Esther faltete ihre Hände, »es war auf jeden Fall weiblich.«
»Hast du ihr Gesicht gut erkennen können?« will ich wissen.
»Hast Du Haare erkannt oder Flügel?«
»Nein«, antwortet sie, »nichts dergleichen. Die Farben waren es, die die Form ausmachten. Nach außen wurde sie heller und bewegte sich auch in sich ein bißchen. Wie Wasser oder Wolken sich bewegen.«
»Was ist dann passiert?« will ich wissen.
»Dann fing ich wieder zu beten an und sagte zu dem Engel: Ich bin nicht Sabrina, Sabrina ist verreist.«
Ich begann schallend zu lachen. »Esther, das war dein Schutzengel, nicht meiner! Engel wissen, ob wir verreisen oder nicht.« »Das habe ich mir später auch gedacht«, sagte sie. Nun muß sie auch lachen: »Versetze dich mal in meine Situation. Ich bin in deinem Haus, in deinem Schlafzimmer, in deinem Bett! Da dachte ich, dieser Engel muß deiner sein. Wahrscheinlich kommt er öfters, und du hast mir einfach nichts davon erzählt.«
»Schön wär's«, rufe ich lachend. »Was hat der Engel dann gemacht?« »Der Engel blieb da, während ich betete. Ich dachte mir, vielleicht ist das eine Seele, die nicht weiß, wo sie hingehört. Was weiß denn ich? Deshalb betete ich zur Vorsicht: Lieber Gott, falls diese Seele nicht weiß, wo sie hingehört, bitte helfe ihr, den Weg zu finden. Im Namen des Vaters und des Sohnes und des Heiligen Geistes. Nachdem

mein Gebet fertig war, habe ich die Engelgestalt einfach nur noch angeschaut. Sie sah nicht so aus, als ob sie nicht wisse, wo sie hingehört. Sie war ganz ruhig und liebevoll. Nach einer Weile verschwand sie dann langsam.«
»Bist du dann wieder eingeschlafen?« frage ich sie.
»Nein, ich lag noch ewig wach. Es gingen mir so viele Fragen in meinem Kopf herum. Was war das? Warum ist sie gekommen? Warum kam sie zu mir? Suchte dieser Engel nach dir? Ich schaute immer wieder zum Fenster. Ich wollte endlich, daß die Sonne aufgeht.«
»Warum?«
»Die Nacht war zu lang für mich. Ich war ein bißchen nervös, was sonst noch kommen könnte.«
»Ein Engel war genug für eine Nacht«, meinte ich.
»Genau.« Esther seufzt.
Es herrscht eine eigenartige Stille im Schlafzimmer. Keiner von uns bewegt sich. Wir lächeln uns an. »Schön, wunderschön«, höre ich mich sagen.
»Weißt du, was das Erstaunliche daran ist?« fragt sie mich. Ich schüttele den Kopf. »Bevor ich das Erlebnis mit dem Engel hatte, war ich, wenn ich schlechte Laune hatte, einfach nur wütend oder traurig.«
Ich schaue sie fragend an.
»Es ist schwer, das auszudrücken. Der Engel gab mir ein Gefühl der Liebe als Geschenk. Wenn ich jetzt wütend oder traurig bin, fühle ich eine Liebe, in die ich jederzeit eintauchen kann. Meine Traurigkeit ist nicht mehr so tief und meine Wut nicht mehr so groß. Weißt Du, da ist jetzt mehr in meinem Leben. Es gibt jemanden, der auf mich aufpaßt. Mein Schutzengel. Und ich habe ihn gesehen.«
Ich stehe auf und umarme sie. Wir bleiben eine Zeitlang umschlungen, ich freue mich so für sie.
»Hast du das schon den Kindern erzählt?« frage ich sie. »Nein,

nein«, meint sie schnell, »ich wollte es zuerst mit dir besprechen.«
Ich merke an ihrem Zögern, daß sie sich nicht sicher ist, ob die Kinder davon wissen sollen. Wir erzählen unseren Kindern von Engeln und Feen, solange sie in Märchen oder in der Bibel vorkommen, und bei den richtigen Engeln sind wir oft scheu. Ich arbeite als Hypnosetherapeutin und spirituelle Beraterin und höre oft von meinen Klienten: »Wie kann ich meinen Kindern etwas mehr Spiritualität nahebringen?« Und wenn ich dann frage, ob sie ihre Erlebnisse mitteilen, höre ich ein erstauntes »Nein, das würden sie nicht verstehen«. Kinder verstehen besser als wir. Sie sind noch nicht so lange auf der Erde und haben Gott noch nicht vergessen.

Ich mache das Schlafzimmerfenster weit auf und rufe nach den Kindern: »Julia, Roxanna, kommt doch bitte mal.« – »Wir kommen!« antwortet es aus der Ferne, und kurz danach sitzen Roxanna und Julia auf meinem Bett.
»Esther hat einen Engel in diesem Zimmer gesehen.«
»Ist er noch da?« fragt Julia sofort und schaut sich um.
»Wie sah er denn aus?« will Roxanna wissen.
Ich lasse die drei alleine und freue mich, daß diese wunderbaren Erlebnisse mit unseren Kindern geteilt werden. In diesem Alter – meine Tochter ist sechs und Roxanna elf Jahre alt – wird aufmerksam verfolgt, was die Eltern tun. Das beste Vermitteln ist immer noch das Vormachen. Wie herrlich, daß unsere Kinder, wenn sie ihre eigenen Erlebnisse haben, dann offen darüber sprechen können und nicht erschrecken. Schließlich haben sie schon oft davon gehört.
Auf dem Weg zur Küche merke ich, wie sich neben meiner Freude auch noch andere Gefühle einschleichen. Frustration und Ungeduld. Ich weiß genau warum: Ich fühle und sehe meine Engel nur in meinen Meditationen. Warum bin ich

noch keinem Engel begegnet? So richtig wach und mit offenen Augen. Mache ich irgend etwas falsch? Bin ich noch nicht so weit? Warum kann Esther ihren Engel sehen und ich nicht? Warum kommen Engel zu dem einen und nicht zu dem anderen? Ich freue mich über Esthers Erlebnis aus tiefstem Herzen, nur wünsche ich es mir auch. Die Sehnsucht danach ist so groß, daß ich einen leichten Schmerz in der Herzgegend spüre. Esther hat nicht einmal darum gebeten, einen Engel zu sehen, und er kommt. Und ich bitte fast täglich darum. Hört ihrer besser als meiner?

Ich muß über vieles nachdenken. Die Frustration und Traurigkeit wollen einfach nicht verschwinden. Eigentlich müßte ich mich ums Auspacken kümmern, meine Post durchgehen, Lebensmittel einkaufen. Mittlerweile weiß ich, daß ich mich um meine Seele genauso kümmern muß wie um meine täglichen Aufgaben. Ich gehe in den Garten, um mich auf eine kleine Bank unter einem meiner Lieblingsbäume, eine Kastanie, zu setzen. Daneben lehnt eine große Schaufel. Frustriert grabe ich die Erde auf. Von der Erde kommt unser Körper, von der Erde kommt unsere Nahrung, von der Erde kommen unsere Heilmittel. Deshalb möchte ich meine Füße tief in die Erde betten. Ich kann jetzt Heilung gut gebrauchen. Ich betrachte den stattlichen Kastanienbaum. Groß ist er, und starke Wurzeln muß er haben, sonst würde er umfallen. Genauso wie wir. Auch wir müssen mit beiden Beinen fest auf der Erde stehen, damit unsere Seele immer höher fliegen kann.

Früher wollte ich immer höher hinauf, am liebsten nur noch meditieren und das schnöde Leben hinter mir lassen. Mein Körper war das Gefängnis meiner Seele. Ich konnte es kaum erwarten, nur noch spirituelle Leute um mich zu haben, die genau wissen, was es bedeutet, wenn ich über Chakren, Energiefelder und frühere Leben erzähle. Ich war haarscharf

an der Grenze zur spirituellen Überheblichkeit – nein, ich war die spirituelle Überheblichkeit!
Doch ich lernte schnell. Ich hatte meinen Körper abgewertet zu etwas, das mich bei meiner spirituellen Entwicklung störte. Ich fühlte mich wohl in meinen Meditationen und unwohl in meinem Leben, und es dauerte eine Weile, bis ich kapierte, daß es unsere Aufgabe ist, im richtigen, aufregenden Leben spirituell zu sein. Ich merkte, daß alle meine Wünsche sich im Körperlosen abspielten und keiner es bis zur Erde schaffte, wo sich unsere Wünsche materialisieren. Sie blieben irgendwo in der Mitte hängen, denn ich hatte weder ein besonders gutes Verhältnis zu meinem Körper noch zu der Erde. Ich fing an, mit weisen Indianerinnen zu arbeiten, die mir beibrachten, im Gleichgewicht mit der Natur zu leben.
Mein Körper ist nun Ausdruck und Tempel meiner Seele und wird dementsprechend behandelt. Und – wie ein Wunder – meine Wünsche erfüllten sich wieder. Deshalb achte und verbinde ich mich heute so oft wie möglich mit der Natur. Früher ging ich selten barfuß, ich hätte mir ja weh tun können. Außerdem wollte ich keine schmutzigen Füße haben. Doch irgendwann mußte ich mich entscheiden: Zwischen perfekten Nägeln und meiner Neugierde, Neues zu lernen. Auch meine Tochter wurde bei allen möglichen und unmöglichen Gelegenheiten in ihre Schuhe gedrängt. Heute verbringen wir die meiste Zeit barfuß, draußen wie drinnen. Ich lasse meine Füße tief in die Erde sinken und spüre die leichte Feuchtigkeit auf meiner Haut und fühle sofort die Kraft, die durch meine Fußsohlen in meinen Körper dringt.

2. Kapitel

Von meinen Engeln, die Lukas, Euphenia und Jao heißen, und warum Iwan nicht immer Iwan der Schreckliche ist

Ich schließe meine Augen und lasse die Frustration wieder zu. Ich suche das Zentrum dieses Gefühls und fühle meine Frustration schwer auf dem Brustkasten liegen. Wie groß ist diese »Schwere«? Ich suche nach der Begrenzung und merke, wie sie sich bis tief in den Nabel zieht. Es pulsiert langsam und mühsam. Da sitzt er, mein Frust, und »liegt mir im Magen«.
Da hilft nur ein Gebet, um mich aus diesem Gefühl herauszuholen: »Im Namen Gottes, dem höchsten Licht der Schöpfung, wo die Wahrheit lebt und vibriert, heiße ich diese Wahrheit in diesem Körper, in dem ich jetzt lebe, willkommen. Ich will die Weisheit, die von Dir kommt, aufnehmen und die Großartigkeit Deiner Lehren verstehen und leben. Alles, was weniger weise ist, möge mich mit dem Wind verlassen. Mein Ziel ist es, das Göttliche in mir zu fördern, die Welt durch Deine Augen zu sehen, und mein Leben in Deinem Dienst zu verbringen. Das schwöre ich. Möge die Wahrheit alle Zweifel und Verwirrung durchdringen. Amen.«
Ich atme tief ein und aus und wiederhole mein Gebet, bis ich merke, wie mein Brustkorb leichter wird, und die Schwere schließlich ganz verschwunden ist. Ich fühle langsam eine Wärme, eine Wellenbewegung in mir und in Gedanken stelle ich mich unter einen Regenbogen. Ich konzentriere mich auf die verschiedenen Farben des Regenbogens und lasse eine

Farbe nach der anderen in meinen Körper eindringen. Ich sehe mich kurz darauf auf einem Berg stehen, die Arme ausstrecken und nach oben rufen: »Meine Engel, wo seid Ihr? Ich will euch sehen!«

Ich nehme helle Töne wahr und höre: »Wir sind immer da.« Ich suche nach Jao, einem meiner Engel, der im Moment sehr aktiv mit mir arbeitet. Und da zeigt sich Jao auch schon. Er ist ein junger Mann, der viele Farben in sich trägt. Er lächelt, das weiß ich. Aber vor meinem inneren Auge ist das Bild nicht ganz klar.

»Jao«, frage ich ihn, »warum kann ich euch nicht sehen?«

Die Antwort bekomme ich nach kurzem Warten: »Willst du uns sehen, um uns bestätigt zu wissen?«

Ich höre in mich hinein. Will ich das? Bestätigung? Wohl schon, obwohl ich keine Zweifel habe, daß Engel existieren. Ich möchte, glaube ich, nur das Erlebnis haben, sie zu sehen. Die Verbindung zwischen ihrer unsichtbaren Welt und meiner menschlichen, sichtbaren Welt. Ich merke, wie mir Tränen in die Augen steigen. Nein, das ist nicht wahr. Meine Engel haben recht: Ich will Bestätigung.

Ein Gefühl der Liebe fängt mich auf, und ich weiß, daß meine Engel es mir schicken. Ich fühle mich wieder so klein, so wenig weise und beschimpfe mich: Wieso kannst du auf diesen Wunsch nach Bestätigung nicht verzichten, er hält dich wahrscheinlich ab, all diese Dinge auch mit deinen Augen zu sehen.

Ich atme ein paarmal tief ein und aus und entscheide mich, diesem Gedanken nicht weiter zu folgen. Ich muß an etwas anderes denken, an etwas, das mir zeigt, wie weit ich schon gekommen bin, was ich schon alles gelernt habe.

»Erinnere dich doch«, sagt Jao in mir, »noch vor kurzem warst du voller Angst und Sorgen.«

Ja, das stimmt. Vor meinem inneren Auge sehe ich wieder

diesen Abend in einem Hamburger Hotel vor drei Jahren. Ich saß einfach nur auf dem Bett, ausgeweint, erschöpft, müde. Ich habe gerade die dritte und – wie mir bestätigt wurde – letzte Samstagabendsendung »Traumjob« im ZDF moderiert und wußte, daß wir »abgesetzt« worden waren – für mich klang das fast wie ein Todesurteil. Meine Fernsehklamotten achtlos über eine Stuhllehne geschmissen, die Haare noch feucht von der Dusche, mein T-Shirt naß von meinen Tränen. Damals befürchtete ich, daß meine Karriere beendet war und dadurch meine Existenz, mein Ich bedroht wurde. Zehn Jahre Fernsehen waren mein Leben. Obwohl ich erst vier Jahre vorher einen wunderbaren Mann geheiratet hatte und nach Los Angeles gezogen war, eine entzückende Tochter, ein wunderschönes Haus und mittlerweile auch nette Freunde hatte, war ich mehr »Ich« im Fernsehen als zu Hause. Mein Beruf gab mir Bestätigung, daß ich es geschafft hatte. Ich, Sabrina, die mit 17 von ihrem alkoholkranken Vater hinausgeschmissen worden war, ohne Abitur, pleite, dafür aber mit 30 Kilo Übergewicht, hatte mich aufgemacht, die Welt zu erobern. Was mir gelungen war. Bis ich sie wieder verlor und mit ihr mein Selbstbewußtsein.

Ich erinnere mich, wie mich dann eine Freundin mit allen möglichen spirituellen Varianten bekanntmachte. In meinem Kopf liefen die Bilder immer schneller ab. »Schau doch, wieviel mehr du jetzt verstehst als früher«, schienen sie mir zu sagen. Ja, das stimmt. Ich lernte zu meditieren, Johrei – die Kunst des Handauflegens, um Liebe und Energie zu schicken. Ich studierte Hypnose und wurde Hypnosetherapeutin. Ich gehe für Tage zum Beten auf Berge, ich gebe Workshops und Seminare über spirituelle Fragen. Ich bin Pfeifenträgerin. Ich schreibe Bücher und Artikel, moderiere Radiosendungen über Gott, Engel und die universellen Gesetze des Lebens. Ich bin ausgeglichen, und ich mache mir keine Sorgen mehr! Alles Dinge, die mir bis vor drei Jahren noch gänzlich unbekannt waren.

»Nein«, kommt es wieder von Jao, »sie waren dir nicht unbekannt. Du hattest sie nur vergessen.«

Danke. Ja, ich muß mich nur erinnern. Wir alle müssen uns nur erinnern. Wie wichtig ist es denn wirklich, die Engel zu sehen? Warum genügt es mir nicht, daß ich sie höre und fühle? Ich weiß doch, daß es sie gibt. Das ist mir oft genug bestätigt worden.

Es gibt für jeden von uns viele Engel, das habe ich vor einiger Zeit herausgefunden. Mein erster Engel wurde mir während eines Workshops von der Seminarleiterin mit Lukas vorgestellt. Da ich Lukas nicht selbst in mir erlebt habe, der Name also von »außen« kam und nicht von innen, hatte ich nie eine richtige Beziehung mit ihm. In meinen Meditationen sah ich einmal eine riesige Nase und einmal geschlossene Augen, das war es aber schon. Ein paar Monate später nahm ich in meiner Meditation einen riesigen weißen, wolkenartigen Körper wahr und hörte den Namen Euphenia. Ein weiblicher Engel. Ein komischer Name, dachte ich damals. Sie kam langsam auf mich zu und umarmte mich. Aus heiterem Himmel fühlte ich Ruhe und Frieden in mir. Bedingungsloses Geliebtwerden. Da war tiefes Vertrauen in mir und tiefe Hingabe. Ich saugte dieses Gefühl auf wie ein Verdurstender Wasser. Ich fragte sie, warum sie zu mir komme. Und sie erklärte mir, daß sie da sei, um mich bei meinen Talenten zu unterstützen.

»Welchen Talenten?« fragte ich.

»Das Talent, deinen Mitmenschen das Verständnis für sich selbst und andere zu vermitteln. Denn du wirst sie durch Kommunikation und Kreativität zusammenführen.« Damals war mir nicht ganz klar wie das wohl aussehen wird. Heute, knapp drei Jahre später, tue ich genau das.

Dann kam Iwan. Iwan erschien wie eine Sturmflut in einem ausgetrockneten Land. Den ganzen Morgen hing ich am Telefon, um mit dem Reisebüro die Pläne für den Besuch meiner Mutter und meiner Tante Erna durchzugehen. Ich erinnere mich nur noch, daß alles schief lief. Frustriert beschloß ich, erst einmal zu meditieren.
Ich zündete eine Kerze an, verbrannte etwas Salbei und sprach mein Gebet. Dann legte ich mich flach auf den Boden, um zu meditieren. Meine Gedanken liefen immer noch Sturm, und das Einzige, worauf ich mich konzentrieren konnte, war der Ärger über die Unfähigkeit des Reisebüros und der Fluglinie.
Während ich »meditierte« und mich dabei eigentlich nur ärgerte, fiel plötzlich eine riesige Person fast flach auf mich, sich nur im letzten Moment mit den Handflächen auffangend. Diese Erscheinung erinnerte mich sehr an einen muskelprotzigen Flaschengeist, und mit dröhnender Stimme schrie sie mich an: »Drop it!« Das bedeutet frei übersetzt: »Hör endlich mit dem Schmarrn auf!« Ich war vollkommen überrascht und dachte auch prompt nicht mehr über die Fehler des Reisebüros nach, sondern starrte den Riesen mit meinem inneren Auge an.
Wenn das ein Engel sein soll, dann muß der aus einem Bodybuilding-Club kommen. Er war im Vergleich zu mir so groß wie ein zehnstöckiges Hochhaus. Er trug arabische Schlabberhosen und hatte seinen muskulösen Oberkörper nur mit einer kurzen Weste bekleidet.
»Ich bin Iwan«, ruft er mir zu. Er steht jetzt aufrecht und hat vor mir seine Arme verschränkt. Ich schaue nach oben. Er ist einfach riesig. Ich muß sofort an Iwan den Schrecklichen denken.
»Du sollst ein Engel sein?« denke ich mir.
Iwan schaut zu mir hinunter, wie ein zehnjähriges Kind auf

ein klitzekleines Insekt: »You'll bet I am.« – »Darauf kannst du deinen Kopf verwetten.«

»In den nächsten zehn Wochen werde ich dich lehren. Ich werde ab heute jeden Sonntag kommen und dir deine Aufgaben geben. Diese Woche bringe ich dir bei, dich nicht zu verteidigen. Auf gar keinen Fall. Niemals. Du wirst lernen, daß du andere Meinungen akzeptierst und zu deiner stehst, auch wenn dir niemand zustimmt. Dabei wirst du lernen, dir selbst zu vertrauen und unter keinen Umständen nur dann an deine Wahrheit zu glauben, wenn der Rest der Welt zustimmt.

Wenn jemand dich angreift, eine Meinung, eine Position vertritt, die dich ärgert oder stört, wirst du zuhören und deine Meinung nicht verteidigen, sondern nur mitteilen. Hast du das verstanden?«

Stumm nicke ich. »Es wird mich doch niemand überfallen oder so was Ähnliches?«

Iwan schaut streng auf mich hinunter: »Gut, gut, dann haben wir gleich zwei Lektionen diese Woche: Verteidigungslosigkeit und Vertrauen.« Und da ist er auch schon verschwunden. Ich öffne meine Augen. Was war das denn?

Es ist spannend, sich nicht zu verteidigen. Da war die Frau, die mich fast wie eine Mörderin behandelte, als sie erfuhr, daß meine Katzen draußen herumlaufen dürfen, wo es doch so viele Coyoten gibt. Ich durfte ihr nicht sagen, daß ich der Meinung bin, daß es unnatürlich ist, Katzen in eine Wohnung einzusperren, wenn es einen Garten gibt. Ich durfte ihr nicht sagen, daß ich lieber eine glückliche Katze um mich habe, die ihren natürlichen Instinkten folgen darf. Mit Mühe und Not brachte ich ein »Ich erkenne ihre Besorgnis, sie müssen Katzen wohl sehr lieben« heraus. Knirsch! Knirsch! Am liebsten würde ich ... Moment, sie ist wirklich um Katzen besorgt. Sie glaubt einfach, daß die Gefahr durch das Ein-

sperren gebannt werden kann. Ihre Meinung. Nicht meine. Nicht verteidigen. Einfach akzeptieren.
Die ganze Woche verteidige ich mich nicht, und mit der Zeit wird es leichter. Ich suche nicht sofort einen Weg, um den anderen umzustimmen. Ich merke, daß ich dadurch die anderen Personen besser verstehe. Ich bin gespannt auf die nächste Woche.
In der zweiten Woche lehrte Iwan mir die komplette Kontrolle der Gedanken. Kein Tratsch, kein Klatsch, kein Be- und Verurteilen. Am liebsten hätte ich überhaupt nichts mehr gesagt. Gleich nach meiner Meditation kommt eine Nachbarin vorbei, die mir von einer anderen Nachbarin erzählen will. Ist das Klatsch oder einfach Information, versuche ich mich herauszureden. Neugierig bin ich ja schon.
»Hör auf damit«, rufe ich mir zu. »Ich höre ja schon auf, aber meine Nachbarin spricht ja noch!« suche ich nach einer Entschuldigung. »Unterbreche sie.«
Also gut.
»Barbara, ehrlich gesagt, das interessiert mich eigentlich nicht. Was mich mehr interessiert ist, wie es dir geht.«
Barbara starrt mich mit offenen Mund an. »Mir geht's gut, bis auf meine Rückenschmerzen.«
Ich war sehr beschäftigt in dieser Woche. Jeder negative Gedanke wurde weggeschickt mit den Worten: »Ich will dich nicht, ich brauche dich nicht, gehe ins Licht.«
Mir wurde wieder einmal klar, wie aufmerksam ich meine Gedanken beobachten muß, damit sie mir nicht wie eine Horde unerzogener Hunde davonlaufen. Ich habe die Leine in der Hand, und ich kontrolliere, wohin wir gehen.

In der dritten Woche gab mir Iwan einen Stern auf die Stirn und forderte mich auf, immer an diesen Stern zu denken. Er sollte mich daran erinnern, daß ich in mir ein höheres Selbst

habe, das mehr und mehr in mein alltägliches Leben einzubeziehen sei. Ich weiß noch, wie überrascht ich war: »Ist das alles?«
»Das ist anstrengend genug.«
Ja, er hatte recht. Ob beim Zähneputzen, beim Duschen, am Telefon, im Auto, beim Einkaufen, im Büro, beim Meditieren, beim Spielen – ich stellte mir immer diesen Stern vor, und interessanterweise schauten mich viele Leute so komisch an. Ich weiß nicht, was sie sahen oder fühlten, aber irgend etwas geschah. Es lächelten mir mehr Menschen zu als jemals zuvor.
Das blieb auch in der nächsten Woche so, als mir Iwan die Aufgabe gab, mir die Farbe blau um meinen Körper herum vorzustellen.
In der fünften Woche mußte ich mir vorstellen, daß mein drittes Auge – das innere Auge zwischen unseren Augenbrauen – weit geöffnet ist.
In der sechsten Woche forderte Iwan mich auf, meine Chakras, die Energiefelder im Körper, wie große Bälle zu öffnen.
In der siebten Woche zeigte er mir, wie ich meine negativen Emotionen kontrollieren kann, indem ich mir einen Obelisk vorstelle, der alle meine Chakren miteinander verbindet. Als ich das zum ersten Mal tue, stelle ich fest, daß ich damit meinen Herzschlag und meine Tränen kontrollieren kann. Nicht schlecht, Iwan.
In der achten Woche durfte ich nicht über mich sprechen. Ich mußte nur zuhören. Da fiel mir auf, wie oft ich über mich spreche. Wie häufig ich andere nicht ausreden lasse, um meine Ideen und Gedanken einzubringen. Ausreden lassen, sie sind dran! Diesen Satz sagte ich mir ungefähr 1000 Mal in dieser Woche.
In der neunten Woche lächelte Iwan zum ersten Mal und gab mir meine neue Aufgabe: »Erfreue Dich an jedem Moment!«

Ah, das scheint endlich ein bißchen einfacher zu sein. Bis ich im Stau stand. »Erfreue dich an jedem Moment?« Bitteschön, was gibt es hier, um mich zu freuen? Also ich sitze bequem, das Wetter ist schön – hm, erfreut kann ich mich nicht bezeichnen. Ich habe ein bißchen Ruhe für mich, ich kann anderen Autofahrern zulächeln, vielleicht ärgern sie sich dann weniger.
Also gut, ich schaue aus dem Seitenfenster, und da ist auch schon mein Fall: Laut vor sich hinschimpfend schaut der Mann zufällig in meine Richtung.
Ich lächle. Er hört mit dem Reden auf und schaut mich wütend an. Ich lächle noch mal. Er schaut weg. Ich zucke mit den Schultern. Er schaut zurück und lächelt!
Ha, langsam genieße ich den Augenblick.
In der zehnten Woche sehe ich Iwan vor mir sitzen, fast zärtlich auf mich hinuntersehend. »Gut gemacht«, lobt er mich.
»Danke«, antworte ich lächelnd.
»Ich werde jetzt gehen, aber ich möchte dir noch erklären, warum du mich in dieser Form siehst.«
Da bin ich aber neugierig.
»Du verstehst Stärke und Disziplin. Und meine Muskeln und meine Größe drücken Stärke und Disziplin aus. Wir dachten uns, du würdest deinen Spaß damit haben.« Kaum verstand ich die Faszination seiner Worte, war er schon verschwunden. Also deshalb zeigen sich uns Engel, wie wir es brauchen? Oder zumindest haben sie die Möglichkeit, sich so zu verändern, wie sie wollen? Warum tun sie das? Wohl, um uns zu helfen. Ein schöner Gedanke, daß sich jemand soviel Mühe macht, sich zu verändern, um uns etwas beizubringen. Aber vielleicht macht ihm das gar keine Mühe, seine Gestalt zu verändern? Vielleicht ist es einfacher als ich glaube. Sie verändern sich, und damit zeigen sie uns ihre Liebe noch

mehr. Ich habe nie mehr einen Engel gehabt, der so fordernd war.
Und dann kam Jao. Zuerst hieß er Jakob, und er stellte sich vor, nachdem ich bei einem Radiointerview über meinen ersten Engel sprach und statt Lukas dauernd Jakob sagte. In einer Meditation wollte ich herausfinden, warum. Da trat er auf, ein junger Mann, farbenprächtig gekleidet, meinte: »Ich dachte schon, du würdest nie nach mir fragen.« Er lehrte mich, mir zu vertrauen, und er änderte nach einer Zeit seinen Namen in Jao. Mehr als Ton als ein Name.
Am Anfang war ich immer etwas besorgt, wenn ein Engel mich verließ und ein neuer hinzukam. In meinem menschlichen Denken stellte ich mir vor, wie traurig der andere Engel sei, wenn ich mich nicht mehr um ihn kümmere. In der Engelwelt gibt es keine Eifersucht. Der eine kommt, wenn er gebraucht wird, und geht, wenn er fertig ist. So lieben uns unsere Engel.
Vor zwei Jahren griffen sie sogar ganz entschieden ein, als mein Leben in Gefahr war. Das habe ich in meinem ersten Buch »Endlich aufgewacht«, einer Art spirituellen Autobiographie, beschrieben. Ein Fernsehteam von Vox war in Los Angeles, um ein Porträt über mich zu drehen. Am zweiten Tag fuhr ich mit dem Kamerateam auf einer vierspurigen Straße und machte sie auf all die Sehenswürdigkeiten dieser vielfältigen Stadt aufmerksam. »Und wenn ihr jetzt nach rechts schaut, seht ihr auf dem Hügel das berühmte Hollywood-Zeichen.« Während ich auf der linken Überholspur fahre, deute ich mit meiner rechten Hand in die Richtung, in der die Schrift gleich zwischen zwei Hochhäusern auftauchen wird. Plötzlich höre ich laut und deutlich ein Kommando in meinem Kopf: Du fährst auf der falschen Straßenseite, fahre sofort nach rechts. – Ich ziehe sofort das Steuerrad nach rechts, schaue jetzt wieder auf den Verkehr und sehe

den tief erschrockenen Blick des entgegenkommenden Autofahrers. Ich war ein Geisterfahrer! Das war knapp, höre ich den Kameramann seufzen, der neben mir auf dem Beifahrersitz sitzt. Ich weiß noch, wie ich mich bei meinen Engeln bedankte. Gott sei Dank stellte ich ihr Kommando nicht in Frage. »Du hast viel gelernt in den letzten Jahren«, höre ich in meinem Kopf, »und du wirst noch mehr dazulernen.«

Zum Abschluß der Meditation bitte ich meine Engel, mir ein Gefühl zu schicken. Es scheint von innen in mein Herz zu dringen. Ich fühle mich wohl, geliebt und akzeptiert. Ich genieße dieses Gefühl für eine ganze Weile, bis ich meine Augen wieder öffne.

Ja, ich brauche wieder mehr Zeit für mich. Die letzten Wochen war ich mit einpacken, umziehen und renovieren beschäftigt. Übermorgen fliege ich nach Indien. Eine Reise, die ich schon seit sechs Monaten geplant habe. Jacqueline Snyder, Visionärin, Autorin und spirituelle Beraterin, hat diese Reise zusammengestellt. Ich werde viel Zeit in der Stille und mit Beten und Meditieren verbringen. Ich kann es kaum erwarten. Diese Reisen sind wie ein »spiritueller Fortbildungskurs«. Da ist nichts, was einen ablenkt, nichts, was einen stört. Jede Minute ist ein Lernprozeß, eine Offenbarung. Ich stoße an meine Grenzen, um sie zu durchbrechen. Mindestens zweimal im Jahr gehe ich auf Reisen, um mehr zu lernen, mehr zu verstehen, mehr zuzulassen. Ich bin schon neugierig, was mir dieses Mal passieren wird.

3. Kapitel

Von Engeln, die mit auf Reisen gehen, und was passiert, wenn man der Intuition von anderen folgt

Ich bin mal wieder am Packen. Wir sind viel unterwegs. Ungefähr vier- bis fünfmal im Jahr fliege ich nach Deutschland – in meine Ursprungsheimat – oder gehe zu Konferenzen oder Vision Quests. Mein Mann reist fast jeden zweiten Monat beruflich irgendwo in der Weltgeschichte herum, und wir haben das beste Koffersortiment, das ich kenne.

Dieses Mal packe ich also für Indien. Ein Land, das mich schon als Kind fasziniert hat. Ich reise nur mit Handgepäck: einem »Stewardessenkoffer« mit Rollen und Schlaufen, damit er auch als Rucksack verwendet werden kann, und einer Umhängetasche, in der ich meinen Reisealtar und meine »Sacred Pipe« aufbewahre.

Meinen Reisealtar wähle ich aus, indem ich vor meinem Hausaltar knie, die Augen schließe und frage, welche Objekte dieses Mal mitmöchten. Dann packe ich ein, was mir in den Sinn kommt. Dieses Mal ist es eine Feder, die ich am Meer fand, ein Stein aus Deutschland, ein Engel aus Kristall, den ich von meinem Mann und meiner Tochter zum Muttertag bekommen habe, ein Kreuz aus Bernstein, ein Rosenkranz aus Kristallen und ein Bild meiner Familie.

Mit jedem Gebet konzentriere ich mich auf eine bestimmte Sache. Damit lade ich alle Gedanken ein, die mir für diese Reise nützlich sind. Ideen, von meinen Engeln geschickt, kommen zu mir, und ich habe, wie in allen Dingen, die Wahl, darauf zu hören oder eben nicht. Im Laufe der Zeit

merkte ich, wie oft Dinge klappten, wenn ich auf die Ideen hörte.
Dieses Mal kam mir ein Bild von meinem Ersatzrucksack. Die große Reisetasche, die ich zuerst mitnehmen wollte, sah ich nicht vor meinem inneren Auge. Ich hatte schon einmal ein Gepäckstück verloren, das ich mitgenommen hatte, obwohl mir meine Meditation ein eindeutiges Nein gegeben hatte. Dieses Mal höre ich auf meine Engel. Ich vertraue jetzt immer auf ihre Eingebung. Es wird schon seine Richtigkeit haben.
Einige meiner Freunde sind schon seit einer Woche in Rishikesch, am Fuße des Himalajas, ungefähr sechs Autostunden von Delhi entfernt. Da ich mit meinem Mann seinen Geburtstag feiern wollte, habe ich mich entschlossen, erst später nach Indien zu fliegen. Während ich packe, will mein Mann wissen: »Wer holt dich denn vom Flughafen ab?«
»Ich weiß es nicht. Jacqueline sagte, daß sie sich darum kümmern wird.«
»Wie kommst du von Delhi nach Rishikesch?«
»Keine Ahnung.«
Mein Mann schaut mich besorgt an: »Wann kommst du nochmal in Delhi an?«
»Um drei Uhr morgens.«
»Fliegt da noch jemand mit dir mit?« Mittlerweile klingt er hochbesorgt.
»Nein.«
Mein Mann ist Perfektionist, und er plant seine Reisen bis ins Detail. Fassungslos schaut er mich an: »Das gefällt mir nicht, das gefällt mir ganz und gar nicht.«
»Schatz«, springe ich auf und umarme ihn, »mache dir um mich keine Sorgen. Ich habe keine Angst. Meine Engel sind bei mir.«
Das hat er schon oft gehört und rollt mit den Augen. »Ich kümmere mich um einen Wagen, der dich abholt.«

Mit Mühe halte ich ihn zurück. »Das brauchst du nicht, da wird schon jemand sein.«
»Wann hast du das letzte Mal mit Jacqueline gesprochen?«
Ich weiß genau, daß meine Antwort ihn nicht befriedigen wird: »Vor drei Wochen.«
»Vor drei Wochen?!?«
Kopfschütteln. Blankes Unverständnis in seinen Augen. Ich verstehe, daß er das nicht versteht. Ich verstehe mich auch erst seit ein paar Jahren. Vertrauen in Gott, Vertrauen in Engel, Vertrauen in meinen Weg in der Angst gewichen, daß mir gleich etwas Schreckliches passieren wird. Die Angst wich so langsam, wie die Luft aus einem Luftballon entschwindet, der ein kleines Loch hat. Irgendwann liegt nur noch die verschrumpelte Hülle da und ist wertlos. Zurück bleibt das Erstaunen, daß ich einmal so viel Angst gehabt habe. Früher traute ich mich nicht einmal, nachts die Post aus dem Briefkasten vor unserem Haus zu holen. Heute schlafe ich alleine im Wald.
Die Angst wird kleiner, immer kleiner, bis man irgendwann einmal merkt, daß sie nicht mehr da ist. Ganz selten noch kommt sie für kurze Momente hoch – lang genug für mich, sie zu erkennen, zu beten und mich mit Gott und meinen Engeln zu verbinden. Für Angst habe ich keine Zeit, es gibt so viel zu sehen, und Angst ist wie eine dunkle Brille, die dir die Sicht versperrt.
Ich sitze im Flugzeug nach Manila und mache es mir bequem. Richard gab mir fünf Telefonnummern (»Die kannst du jederzeit anrufen, wenn du in Indien bist. Ich sprach mit allen fünf, sie erwarten deinen Anruf selbst um 3 Uhr morgens.«) und ich ihm einen Kuß. Ich schließe meine Augen, um zu meditieren. Im Flugzeug mache ich das am liebsten.
Es ist Zeit zum Abendessen (oder Frühstück?), und der Mann neben mir möchte sich gerne unterhalten. Ich frage ihn nach

seinen Plänen (er reist beruflich nach Manila), seinem Beruf (Import von Kleidung) und nach seiner Familie (verheiratet, zwei kleine Kinder). Nach einer Weile fragt er mich: »And in which business are you in?« Ja, gute Frage, denke ich mir, welche Geschäfte mache ich?
»In God's business«, antworte ich ihm lächelnd.
»In Gods business?« An seinem Gesichtsausdruck merke ich, daß er denkt, er hat sich verhört, und nicke.
»But you look so normal.« Ich lache herzlich. Ja, ich schaue recht normal aus, da muß ich ihm recht geben. Ich erzähle ihm, daß ich Bücher über Gott, Engel und Spiritualität schreibe, daß ich als spiritueller Ratgeber und Hypnosetherapeut arbeite, Sterbebeistand gebe und Workshops leite. Neugierig lauscht er meinen Worten.
»I have a question«, fragt er mich. »An welchen Gott glauben Sie denn?«
»Gibt es mehrere?« antworte ich schmunzelnd.
»Nein, ich glaube nicht«, antwortet er. »Sind Sie Hindu?« Lag nahe für ihn, da ich ja schließlich nach Indien fliege.
»Ja«, antworte ich. »Ich bin Hindu, Katholik, Buddhist, Jud ...«
»I understand«, nickt er.
»Gott ist für mich wie ein riesiger Kronleuchter. Aus der Mitte kommt der Strom, die Liebe Gottes, das Licht. Und jeder Kronleuchter hat viele Arme, die alle in eine andere Richtung gehen. Jeder Arm verkörpert eine Religion und einen Erleuchteten: Jesus, Buddha, Zarathustra, Mohammed ...«
»Does God need religion?« fragt mein Flugnachbar.
»Nein, ich glaube nicht, daß Gott Religion braucht, aber wir brauchen sie manchmal. Leider haben manche Religionen versucht, durch Angst ihre Mitglieder zusammenzuhalten. Wo Gott ist, kann keine Angst sein und keine Schuld – nur Erfahrungen, die uns weiterbringen.«

Ich ziehe meinen Schal ein bißchen fester um mich herum. Es ist Zeit zu schlafen. Bald muß ich mein Flugzeug wechseln. Es ist drei Uhr morgens, als ich in Delhi ankomme, und Delhi ist nicht der Frankfurter Flughafen. Die einzige Gemeinsamkeit zwischen Delhi und dem Frankfurter Flughafen sind die Flugzeuge. Ich ziehe mein Handgepäck hinter mir her und danke meinen Schutzengeln, als ich an den frustrierten Mitreisenden vorbei zum Ausgang gehe: Keines der aufgegebenen Gepäckstücke hat es bis nach Delhi geschafft – danke für den Rat mit dem Handgepäck, lieber Jao!

Auf meinem Weg aus dem Flughafen schaue ich in jedes Gesicht und lese jedes Schild, neugierig, irgendwo meinen Namen zu finden. Ich merke, wie ich lächele und entspannt bin. Indische Männer sind sehr respektvoll, das merke ich sofort. Keiner belästigt mich, wie ich da still am Ausgang des Flughafens stehe, um mich herum reges Treiben, Taxen, die kommen und gehen, Lichter und Gehupe. Ich werde in Ruhe gelassen und warte.

30 Minuten später schließe ich meine Augen und beginne mitten auf dem Flughafengelände zu meditieren. Ich stelle mir vor, wie ich meinen Körper verlasse und mich von oben betrachte. Ich steige weiter, bis ich den Flughafen und dann Delhi im Blickfeld habe, weiter nach oben, bis ich Indien überblicke, und noch weiter, bis die Weltkugel in meine Sicht paßt. Dann genieße ich die Ruhe und stelle meinem Engel die Frage: »Werde ich abgeholt?«

Ich warte auf eine Antwort – wohl wissend, daß ich die Antwort nicht suchen muß, sondern sie zu mir kommt. Und da ist auch schon das bekannte Gefühl, als wenn aus meinem Nabel etwas hochblubbert. Und der Gedanke formt sich: »Ja.«

»Wie lange noch?« will ich wissen, und wieder kommt vom Nabel dieses Blubbern, und ich höre: »Bald.«

Ich bedanke mich bei meinem Engel und öffne die Augen. Zwei Minuten später steht ein junger Mann vor mir: »Sabrina?«
»Yes«, nicke ich hocherfreut.
»Wait«, sagt er, nimmt meinen Rucksack und verschwindet gleich wieder. Ich warte und stelle mir vor, was Richard sagen würde, wenn er wüßte, daß ich jetzt auch noch ohne meinen Rucksack dastehe ... mit all seinen Telefonnummern. Ich freue mich immer, wenn ich merke, daß ich anders als früher reagiere. Wie entspannt ich hier warte. Wie sorgenfrei ich mich auf das Abenteuer Indien einlasse. Wie neugierig ich die anderen Menschen beobachte. Da bahnt sich ein dunkler Wagen seinen Weg durch den hektischen Verkehr. Das Fenster öffnet sich, und mein Abholer winkt mir. Ich setze mich nach hinten, vorne sitzt neben dem Fahrer der junge Mann und hält mir einen Zettel hin: »Ich komme von Jacqueline, wir bringen Sie nach Rishikesch, das dauert ungefähr 6 Stunden.« Nun gut, denke ich mir. Ich stelle meinem Abholer ein paar Fragen und merke, warum er mir den Zettel gegeben hat. Er spricht kaum Englisch. Ich stelle mich auf die sechs Stunden Fahrt ein und schaue aufmerksam aus dem Fenster. Wir befinden uns auf einer breiten Straße. Autos hupen sich gegenseitig an, und ich merke schnell, daß die Autohupe das Kommunikationsmittel des Landes ist.
Hup, hier bin ich.
Hup, ich will vorbei.
Hup, ich habe dich überholt.
Hup, fang mich doch.
Plötzlich biegen wir in eine kleine Seitenstraße ab, und ich wundere mich ein bißchen. Das kann doch wohl kaum der Weg nach Rishikesch sein? Die nächste Straßenseite ist noch kleiner, und es wird auch immer stiller. Um vier Uhr morgens schläft dieser Teil der Stadt noch. Wieder biegt der Wagen

ab, und trotzdem bleibe ich ruhig. Keine Panik oder: »O Gott, ich bin in Delhi mit zwei Männern im Auto, die ich nicht kenne, mein Gepäck im Kofferraum, kein Mensch weiß, wo ich stecke ...« Nichts von dem. Früher säße ich schon mit einer Nagelschere bewaffnet auf dem Rücksitz. Lachen Sie nicht, das habe ich vor 15 Jahren in Ungarn gemacht, als sich der arme Taxifahrer verfahren hatte – bereit, mein Leben oder meine Ehre zu verteidigen, was immer zuerst in Gefahr war. Bei dem Gedanken muß ich schallend lachen. Meine beiden Begleiter drehen sich überrascht zu mir um. Ich nicke. Sie nicken.
Plötzlich hohe Mauern an beiden Seiten und ein Tor mit einem Hakenkreuz. Ein Hakenkreuz! Das wird ja immer schöner. Wenn ich das Richard erzähle! Ich schließe kurz meine Augen, stelle mir vor, meinen Körper wieder nach oben zu verlassen, bis ich die Erdkugel im Blickwinkel habe, und frage meine Engel: »Was ist denn das?« Ich warte auf die Antwort, und nach einer Weile kommt das Gefühl vom Nabel, das die Antwort bringt: »Dieses Zeichen ist andersherum.« Ich öffne meine Augen. Ja, das Hakenkreuz zeigt in die andere Richtung. Ich erinnere mich, daß Hitler seine Zeichen überall zusammengesucht und leicht verändert hat. Der Wagen hält im Hof, und beide Männer steigen aus.
»Just a moment« – nur einen Moment, höre ich meinen Abholer sagen, und dann schaue ich mich erst einmal um. An dem Tempel und den verschiedenen Gebäuden erkenne ich, daß ich in einem Ashram bin. Muß wohl der von Swami Chidanand Saraswati sein, dessen Hauptashram ich in Rishikesch besuchen werde. Eine Stunde lang folge ich dem Treiben. Kisten werden in unseren Kofferraum gepackt, und mir wird eine Wasserflasche in die Hand gedrückt. Ich bedanke mich, indem ich beide Handflächen wie zum Gebet zusammenlege, meinen Kopf verneige und »Namaste« sage.

Eine Begrüßung, die soviel bedeutet wie: »Ich begrüße das Göttliche in dir.« Ich habe keine Ahnung, was man in Indien für Danke sagt, aber ich denke mir, ein »Namaste« kann nie schaden.
Die Fahrt ist lang, holperig und wie ein Kinofilm. Ich bestaune wundervolle farbenprächtige Saris, das ist der ewig lange Schal, der wie ein Kleid um den Körper geschlungen wird und die Frauen so elegant und weiblich aussehen läßt, sehe die fröhlichen Kinder, Elefanten und Affen, begleitet von ewigem Gehupe und dem Gefühl, in einer nie enden wollenden Achterbahn zu sitzen. Gott sei Dank habe ich meinen Sport-BH an, bei dem Gerumple wäre ich sonst nur damit beschäftigt gewesen, meinen Oberkörper zu halten. Und im Autoradio singt jemand das Lied vom Zahnweh, so hört es sich für meine Ohren zumindest an. Ich würde ja zu gerne bitten, das Radio auszustellen, aber erstens sprechen wir keine gemeinsame Sprache und zweitens scheint das meinem Fahrer bei seiner Konzentration zu helfen, und die braucht man hier wirklich zum Autofahren. Für mich sieht es so aus, als ob jeder Autofahrer Selbstmord begehen will. Wie ein Autoscooter auf dem Oktoberfest, immer kurz vor dem Zusammenstoß – nach dem Motto »Laß uns mal schauen, wer die besseren Nerven hat.« Und irgend jemand, manchmal wir, manchmal der entgegenkommende Wagen, weicht gerade noch rechtzeitig aus. Ich habe keine Ahnung, nach welchem System oder welchen Kriterien. Es ist einfach nur spannend. Ich nehme einen Schluck aus meiner Wasserflasche und beschließe, meinen Vorrat sorgsam einzuteilen. Wer weiß, wo man in Indien auf die Toilette geht, und wie mache ich das meinen Begleitern klar? Diese Frage wird eine Stunde später am Fahrbahnrand beantwortet. Gott sei Dank gibt es genügend Büsche.
Danach legen wir an der Straße eine Pause ein. Ist das ein

Café? Ich glaube, es gibt in der deutschen Sprache kein Wort, um diesen Platz treffend zu beschreiben: Da ist eine armgroße Metallschale, in der gekocht wird, drumherum eine Art Theke, davor sind Bänke in einem Quadrat aufgestellt und mit einem Tisch in der Mitte. Das übliche Coca-Cola-Zeichen hängt über einer Art Zelt, das uns Schatten bietet. Meine Begleiter sind wohl hungrig. Und wenn ich darüber nachdenke, bin ich es auch. Wir sind seit drei Stunden unterwegs, und sie zeigen mir mit einer Handbewegung, daß ich mit ihnen zum Frühstücken kommen soll. Ich steige etwas steif aus dem Auto und suche mir einen Platz auf der viereckigen Bank. Mein Fahrer fragt mich etwas, das ich nicht verstehe, entscheide mich aber zu nicken. Das ist spannend: Wozu habe ich Ja gesagt?
Schon kommt der Teller aus Blech mit einer Flasche Coca-Cola. Die Gabel liegt über einer viereckigen, beigen Speise. Was könnte das sein? Obwohl immer jedem Reisenden dringend geraten wird, nichts in fremden Ländern zu essen, das unüberschaubar zubereitet ist, hat es mir noch nie etwas ausgemacht. Ich habe Salat in Ägypten gegessen, Hühnchen auf dem Markt in Marrakesch, süße Kugeln in Mombasa, und Montezumas Rache scheint bei mir keinen Erfolg zu haben. Ich liebe es, Neues auszuprobieren, und schiebe mir ein Stück von dem beigen Viereck in meinen Mund. Es schmeckt vorzüglich! Ich habe immer noch keine Ahnung, was es ist, aber ich esse zwei davon.
Ich schaue mich um und warte auf meine Mitfahrer. Indien, ein Land, in dem Gottesmänner und -frauen so hoch geschätzt werden, bietet ein ganz anderes Gefühl als Nordamerika oder Deutschland. Ich genieße das Vertrauen in meine Sicherheit, mein Wohlbefinden, das ich während der ganzen Zeit empfinde. Es ist herrlich, ohne Sorgen zu reisen. Zurück im Auto, beginnt wieder die Zahnwehmusik. Gott sei Dank

habe ich noch meine Ohrstöpsel vom Flugzeug im Gepäck, und die Klänge wechseln zu einem erträglichen Gesäusel. Endlich sind wir in Rishikesch, und mein Körper gewöhnt sich langsam an eine aufrechte Haltung. Wieder verschwindet mein Gepäck, außer meiner Schultertasche mit meiner Pfeife und meinem Reisealtar, die ich nie aus der Hand gebe, und ich werde in den Ashram geführt. Alles ist ordentlich und sauber und von wundervoller Stille erfüllt. Die Hindureligion ist sehr lebhaft und farbenfroh, die Götter haben ein reges Sexualleben, und im Zentrum des Ashrams befinden sich Skulpturen, die verschiedene Szenen aus der Bhagavad Gita – den heiligen Texten der Inder, vergleichbar mit der Bibel, dem heiligen Text der Christen – wiedergeben. Gewöhnt an die getragene Ehrfurcht der katholischen Kirchen, betrachte ich neugierig den bunten Schmuck und die farbenprächtigen Malereien der verschiedenen Statuen. Sieht ein bißchen wie Jahrmarkt aus.

Ich habe nicht viel Zeit, mich umzuschauen, denn Swami Chidanand Saraswati, auch Swami Muniji genannt, wartet auf mich. Die Ehre, persönlich von ihm begrüßt zu werden, verdanke ich Jacqueline Snyder, die mit ihm seit vielen Jahren befreundet ist. Ich werde gebeten, meine Schuhe auszuziehen, und darf dann in das »Heiligtum« eintreten. Swami Muniji sitzt am anderen Ende auf einer cremefarben bezogenen Matratze am Boden. Daneben befindet sich ein kleiner niedriger Tisch mit Papier und einigen Stiften. Hinter ihm drei Telefone. Um ihn herum Männer in Geschäftsanzügen, die aufmerksam seinen Worten lauschen und oft nicken. Er lächelt mir zu und fordert mich mit einer Handbewegung auf, mich zu setzen. Er trägt orangefarbene Kleidung und seine langen Haare offen. Er ist klein und zierlich und hat wache, frohe Augen. Augen, die mich an die eines Kindes erinnern. Er freut sich seines Lebens, kommt es mir in den

Sinn. Es steht in seinem Gesicht geschrieben. Ich beobachte ihn und seine Gäste. Ich versuche mir vorzustellen, worüber sie sprechen, aber ich bin abgelenkt von all den neuen Eindrücken. Einige der Gäste sitzen im Schneidersitz, andere knien und sitzen auf den Fersen. Zehn Minuten später stehen alle auf, falten die Hände zum Gebet, verbeugen sich mehrfach und verlassen den Raum.
»Your friends are missing you«, nickt mir Swami Muniji zu. »How was your trip?«
Ich bedanke mich für die Nachfrage. »Ich freue mich, hier zu sein.«
»Willkommen zu Hause«, lächelt er mir zu. »Ich hoffe, Sie hatten keine Angst auf dem Weg nach Rishikesch.«
»Ich bin mit Gott, wie kann ich da Angst haben?«
Meine Antwort gefällt ihm. Er lacht. »Gut, gut«, sagt er. »Wir treffen uns zum Mittagessen um ein Uhr. Ihr seid meine Gäste.«
Ich stehe auf, falte meine Hände und verbeuge mich. Draußen erwartet mich der persönliche Sekretär von Swami Muniji, der mich auf mein Zimmer bringt. Die Treppe nach oben gibt den Blick frei auf den Ganges, den heiligen Fluß Indiens, der gleich vor dem Ashram liegt. Ich bleibe einen Moment stehen, um dieses Bild in mich aufzunehmen.
Freundlich wartet Swami Munijis Sekretär. Ich verbeuge mich zu ihm hin und deute an, daß wir jetzt weitergehen können. Ein Stockwerk höher öffnet er eine Tür. Ich fühle meine Freunde in dem Zimmer, obwohl niemand da ist. Drei Zimmer gehen ineinander über, und vier Betten sind gemacht. Einfache Decken mit einem sauberen Kissen. Alles ist klar und ohne Schnickschnack. Ich erkenne an den Altären die Betten meiner Freunde: Da ist Sheila, deren Engelsstatuen auf einem smaragdgrünen Schal stehen. Daneben Sharon mit ihren drei Pfeifen und lavendelfarbenen

Tüchern und Linda mit ihrer violetten Decke und ihren Feenbildern. Und das leere Bett wird wohl für mich sein. Niemand ist da, es ist jetzt fast Mittag, und ich strecke mich aus. Gibt es hier irgendwo eine Toilette, eine Dusche? Ich bin zum ersten Mal in einem Ashram und neugierig, was alles passieren wird.

Jedesmal, wenn ich auf eine dieser spirituellen Reisen gehe, will ich etwas lernen. Alte Grenzen durchbrechen, mich weiterentwickeln. Ich bete für das, was ich am meisten suche: Erleuchtung. »Lieber Gott, ich bin in Indien, um zu lernen weiterzukommen, mehr zu sehen und mehr zu verstehen, mich wieder zu erinnern an all das, was ich bin und sein kann. Ich will mehr über dich und deine Engel wissen. Ich bin bereit. Lehre mich!« Ich atme tief ein und gebe diesem Gebet meinen tiefsten Wunsch und höchste Konzentration mit auf den Weg. Ich weiß, daß unsere Wünsche in Erfüllung gehen, wenn wir ihnen die notwendige Kraft verleihen. Und meine Kraft ist meine Sehnsucht nach Wahrheit. Ich habe gelernt, daß Realität sich aus zwei Komponenten zusammensetzt: Zuerst dem Wunsch und dann der Aktion. Deshalb verbringe ich viel Zeit mit Wünschen. Ich stelle mir oft vor, wie ich mein Leben gerne hätte, und dann reagiere ich dementsprechend, um meine Realität zu formen.

Ich suche nach der Dusche. Nachdem ich mich gewaschen habe, fühle ich mich bereit zu neuen Aufgaben, neuen Herausforderungen, doch meine Stimmung ist seltsamerweise etwas weniger fröhlich. Eigentlich müßte ich nach einer Dusche doch jubilieren. Immerhin bin ich seit fast zwei Tagen unterwegs. Doch da hat sich eine kleine Melancholie eingeschlichen, und ich wundere mich, wo sie herkommt. Ich höre meine Freunde kommen, und die Gedanken an den leichten Stimmungswechsel werden von Umarmungen unterbrochen. Linda, eine Massagetherapeutin, Sharon, Malerin,

Sheila, Presseberaterin, Jacqueline, die die Reisen mit ihrer Organisation »Sacred Life« zusammengestellt, sowie Nancy und Perry, ein Ehepaar, sie ist Hausfrau und er Wissenschaftler, begrüßen mich. Wir haben schon einige Reisen miteinander erlebt, innere und äußere. Ich freue mich von Herzen, sie zu sehen.

Die anderen haben die letzte Woche in Stille und Ruhe verbracht und sind langsam wieder bereit, nach außen zu treten, im Gegensatz zu mir. Ich bin eine Woche später eingetroffen, und was immer an spiritueller Erleuchtung kommt, muß schnell kommen. Ich bin nur für acht Tage in Indien.

Nach dem gemeinsamen Mittagessen fällt mir auf, wie schnell sich meine Stimmung verändert hat. Swami Muniji will uns nach dem Essen sein Krankenhaus zeigen, und wir alle machen uns auf den Weg. Ich weiß, es ist eine Ehre – in Indien ist das ungefähr so, wie wenn dir der Papst seine Kapelle zeigen würde –, aber ich halte mich abseits. Auf dem Weg zum Krankenhaus kommen wir an einem Garten vorbei, den der Swami uns zeigen will. Fast widerwillig folge ich der Gruppe. Was ist denn los mit mir? Reiß dich zusammen, fordere ich von mir.

Aber es gibt kein Zusammenreißen, am liebsten würde ich heimlich verschwinden und alleine sein. Der Wunsch danach wird immer stärker, und ich versuche zu meditieren. Ich lehne mich an einen Baum und schließe meine Augen. Ich versuche mir vorzustellen, meinen Körper nach oben zu verlassen. Nichts. Ich fühle nur eine unglaubliche Unruhe, die sich vom lauen Lüftchen zum Sturm entwickelt. Ich würde mich gerne überall kratzen. Ich muß alleine sein, gestehe ich mir zu, und mache mich auf den Weg zu Swami Muniji. Wer sonst würde verstehen, wenn man Stille und Ruhe braucht, wenn nicht das Oberhaupt eines Ashrams? Ich versuche mich so respekt-

voll wie möglich zu entschuldigen: »I am sorry, I have to excuse myself, I am in need of silence.« Es tut mir sehr leid, aber ich möchte mich entschuldigen. Ich brauche dringend Stille.
Swami Muniji betrachtet mich überrascht, aber verständnisvoll. Er nickt, faltet die Hände und verbeugt sich. Auch ich verbeuge mich mit gefalteten Händen, weiche den Blicken meiner Freunde aus, als ich raschen Schrittes zurück zum Ashram gehe. Ein paar Minuten später liege ich angezogen im Bett, das Laken über meinen Kopf gezogen, und weine ohne die geringste Ahnung, weswegen. Ich weiß nicht, wie lange ich da gelegen bin, als ich meine Freunde hereinkommen höre. Ich drehe meinen Kopf zur Wand, und meine Freunde flüstern leise miteinander, um mich nicht zu stören. Jeder von ihnen kennt und erkennt diese Zeit, die man allein braucht. Sie wissen, daß ich mich an sie wenden werde, wenn die Zeit gekommen ist. Jetzt muß ich mich an Gott wenden. »Wenden« ist vielleicht nicht der richtige Ausdruck. Ich schreie fast. Die Zeit der Stille hat es an die Oberfläche gebracht: Ich frage mich, warum ich Gott nicht immer hören kann. Jacqueline oder Sharon zum Beispiel sprechen dauernd mit Gott und ihren Engeln. Ich muß immer erst meine Augen schließen, meditieren, suchen. Ich will und ich weiß, daß es möglich ist, Gott und die Engel immer zu hören. Jeden Gedanken, den ich habe, möchte ich begleitet wissen von einem göttlichen Gedanken. In dauerndem Kontakt sein. Aber wie?
Ich versuche zu meditieren. Schließe meine Augen und bitte meine Engel, sich zu zeigen. Ich bitte und flehe: Wo seid ihr? Vor meinem inneren Auge bleibt es dunkel. Ich fühle nur Selbstmitleid. Tue ich denn nicht genug?
Ich stehe auf und verlasse das Zimmer. Vorbei an betenden Mönchen, vorbei an heiligen Kühen, vorbei am Ganges führt

es mich in einen kleinen Wald. Die Tränen laufen mir die Wangen herunter, und ich tue nichts, um sie aufzuhalten. Es ist mir egal, wie ich aussehe. Es ist mir egal, was die anderen denken. Mein einziger Wunsch ist es, Gott endlich immer in meiner Nähe zu wissen. Und so rufe ich laut und fordernd: »Wo bist Du?«
Ich beginne, mir Vorwürfe zu machen. Wenn Gott mich nicht erhört, dann muß ich etwas falsch machen. Doch was? Ist meine Liebe nicht groß genug? Ich will es wissen. Ich lege mich flach auf die Erde und versuche mit Gott zu verhandeln: »Was willst du von mir? Willst du, daß ich mein normales Leben aufgebe?«
Keine Antwort.
»Willst du, daß ich ein Jahr auf einem Berg verbringe, um mehr zu lernen?«
Keine Antwort.
Zwei Tage lang rufe ich Gott. Zwei Tage lang suche ich nach meinen Engeln. Niemand zeigt sich. Sogar der Wind, der sich immer meldet, wenn ich ihn rufe, ist still.
»Bruder Wind, hilf mir«, flüstere ich. Ich sitze mit geschlossenen Augen und halte meine Beine in den Ganges. Kein Windhauch, keine Antwort, nichts. Je mehr ich suche, je mehr ich Gott rufe, desto stiller wird es.
Ich gehe zurück in mein Zimmer. In mir ist eine tiefe Traurigkeit, so als ob ich versagt hätte. Ein Teil von mir kann es immer noch nicht glauben, daß ich in zwei Tagen überhaupt keine Antwort erhalten habe. Ich weiß, daß meine Engel immer bei mir sind, aber warum melden sie sich nicht? Ich weiß, daß Gott überall ist, doch warum höre ich ihn nicht? Ich bin so tief in meine Gedanken versunken, daß ich erst jetzt bemerke, daß Jacqueline neben meinem Bett steht. Wie ruhig sie wirkt. Sie sieht ein bißchen wie eine arabische Prinzessin aus 1001 Nacht aus. Ihre dichten schwarzen

Haare umrahmen ungezähmt ihr altersloses Gesicht. Ihr pinkfarbener Sari paßt zu ihr. Sie liebt Augen-Make-up und farbenprächtigen Schmuck. Sie liebt das Leben. Und sie liebt es farbenfroh und lebhaft. Sie schaut liebevoll zu mir herunter.
»Wie geht's?« fragt sie leise.
Die Tränen schießen mir wieder in die Augen und leise schluchzend antworte ich: »Schlecht.«
Sie setzt sich auf die Bettkante und umarmt mich. Kaum fühle ich ihre Arme um meine Schultern, fange ich noch mehr zu weinen an. Sachte wiegt sie mich, bis mein Schluchzen schließlich aufhört. Ich suche nach einem Taschentuch, dem ersten in zwei Tagen.
»Hier«, reicht mir Jacqueline ihres.
Ich trockne mir mein Gesicht und putze mir die Nase.
»Möchtest Du darüber reden?«
Ich nicke. Ich schaue in Jacquelines dunkle Augen. Ja, sie hört ihre Engel immer. Manchmal, wenn sie mit jemandem spricht, fängt sie mitten im Satz zu lachen an, hält inne und hört in sich hinein. Ihre inneren Dialoge mit Gott sind gefüllt von Weisheiten, Erklärungen und lehrenden Fragen. Jedesmal wenn ich diesen Prozeß beobachte, möchte ich es »auch wollen«. Es ist keine Eifersucht, denn ich gönne es ihr von Herzen. Ich hätte es nur auch gerne. Ob sie weiß, was in mir vorgeht?
»Ich will Gott hören wie du«, bricht es aus mir heraus und gleich dahinter kommen die Tränen wieder.
Jacqueline lächelt.
»Ich bin bereit, alles, wirklich alles dafür zu tun, aber ich höre einfach nichts! Wo ist Gott, warum sind meine Engel still, warum spricht der Wind nicht mit mir? Was mache ich falsch? Da fliege ich extra nach Indien und höre hier weniger als in Los Angeles. Was kapiere ich nicht? Warum ist Gott nicht

bei mir?« Ich knete mein Taschentuch, und Jacqueline umarmt mich noch einmal. Behutsam wiegt sie mich in ihren Armen.
Und dann kommt dieser Satz, dieser phantastische, alles erklärende Satz von ihr: »Je öfter du fragst, Gott, wo bist du?, desto weiter schickst du ihn weg.«
Klar! Ich weiß, daß meine Gedanken meine Realität formen, und wenn ich glaube, daß Gott weit weg ist, dann ist er es auch!
Mir geht ein Licht auf. Natürlich. Ich bedanke mich bei Jacqueline, nehme mein in Leder gebundenes Journal und eile in den Wald. Ich breite meine Arme aus und sage in tiefer Dankbarkeit: »Gott, hier bin ich.« Und in meinem Kopf höre ich: »Und hier bin ich!«
Das war es, was ich lernen mußte. Wenn ich Gott suche, heißt das, daß ich ihn irgendwo und irgendwann verloren habe! Aber Gott kann man nicht verlieren, man kann sich nur selbst verlieren.
»Soll ich mein Leben verändern? Soll ich irgend etwas aufgeben?« will ich wissen.
»Wozu?« höre ich in mir.
Würde ich Gott mehr dienen, würde ich meine Mitmenschen mehr lieben, ohne die Menschen und Dinge, die mein Leben ausmachen? Nein. Es ist vielleicht einfacher, Gott in einem Ashram zu dienen, aber ist es nicht gerade so, daß wir ihm und seinen Geschöpfen in unserem täglichen Leben dienen sollen? Daß wir unsere Spiritualität von den 20-Minuten-Meditationen auf 24 Stunden ausdehnen sollen. Daß wir nicht nur um Spiritualität wissen, sondern sie auch sind.
»Gibt es irgend etwas, was du von mir willst?« frage ich in Gedanken. »Disziplin.«
Disziplin? »Gibt es eine Disziplin, die mich in meiner Entwicklung unterstützen würde?« will ich wissen.

»Ja.«
»Ich bin bereit.«
»Meditiere zwischen drei und vier Uhr eine Stunde. Schreibe anschließend. Wecke dein Kind um sieben und frühstücke mit deiner Familie. Arbeite bis Mittag. Esse rohes Gemüse und Brot zum Mittagessen. Schlafe draußen auf der Erde für eine Stunde. Tanze und bewege deine Energie. Hole deine Tochter von der Schule ab und verbringe ausreichend Zeit mit ihr. Koche mit Liebe für deinen Mann. Wenn die Sonne untergeht, gehe nach draußen und bete. Gehe zu Bett, wenn du müde bist.«
Ich öffne meine Augen und schreibe alles in mein Journal. Das frühe Aufstehen bin ich von meinem ersten Buch her gewöhnt. Die Zeit war am besten für mich. Ich schlafe auch gerne draußen auf der Erde.
Das Tanzen halte ich immer noch für Zeitverschwendung, ich könnte doch »Wichtigeres« erledigen. Muß ich wieder kochen? Mein Mann ist sehr heikel mit dem Essen, und das Kochen habe ich im letzten Jahr allmählich der Haushälterin übertragen.
Ich erinnere mich, daß Swami Muniji gesagt hat, daß er nur ißt, was mit Liebe gekocht worden ist. Geht Liebe also doch durch den Magen? »Alles ist Energie«, höre ich. Das wird eine Herausforderung werden, mit Liebe zu kochen, wo es mir im Moment überhaupt keinen Spaß macht.
Ich mache mir ein bißchen Sorgen um den Schlaf und erinnere mich an letztes Jahr, als ich jeden Morgen um vier Uhr aufwachte. Ich war den ganzen Tag am Zählen: Heute habe ich vier Stunden geschlafen, dann brauche ich mindestens zwei Stunden Mittagsschlaf, sonst bin ich am Abend furchtbar müde. Ich höre in mich hinein: Wieviel Schlaf brauche ich?
»Wo ist dein Fokus?«

»Ich möchte genügend Schlaf haben, damit ich im Dienste Gottes stehen kann.«
»Wo ist dein Fokus?«
Ich denke eine Sekunde nach.
»Wieviel Schlaf ich bekomme.«
»Soll da dein Fokus sein?«
Nein, beantworte ich mir selber. Mein Fokus ist der Dienst und nicht der Schlaf.
»Der Schlaf wird dich finden«, höre ich in mir, »du mußt ihn nicht suchen.«
Aber, immer dieses aber, schießt es mir durch den Sinn: »Aber ich muß doch Termine machen. Woher soll ich wissen, wann mein Körper müde wird? Was ist, wenn ich gerade dann einen wichtigen Termin habe?«
Ohne auf die Antwort zu warten, weiß ich, daß es mir nie passieren wird, einen wichtigen Termin wegen Müdigkeit absagen zu müssen. Wozu auch. Das würde meine Absicht nicht unterstützen.
Die Sonne geht unter, und ich lege mich auf die Erde, um zu beten. Ich nehme einen Stein, der neben mir liegt, in meine Hand. Ich werde ihn mit nach Hause nehmen, er wird mich an diesen wunderbaren Tag erinnern. Ich lege eines meiner Haare an den Platz, an dem ich den Stein gefunden habe. Ich nehme nie etwas von der Natur, ohne etwas zurückzulassen. So wird es ein Austausch und nicht einfach ein Nehmen. Ich schließe die Augen und bedanke mich für die letzten zwei Tage. Was für eine wundervolle Lektion, sie wird mich weiterbringen. Weiterbringen zu dem Ziel, der beste Mensch zu sein, der ich sein kann. Disziplin. Wer hätte gedacht, daß das so wichtig ist? Disziplin ist Konzentration. Worauf man sich konzentriert, bekommt Energie, und alles, was wir mit Energie belegen, wird realisiert. Benutze ich meine Energie, um zu tratschen, nimmt Klatsch einen großen Teil meines

Lebens ein. Benutze ich meine Energie, um Sport zu treiben, wird Sport einen großen Teil meines Lebens ausmachen. Benutze ich meine Energie zum Meckern, ist Unzufriedenheit in meinem Leben. Konzentriere ich mich auf meinen Beruf, bestimmt der Beruf mein Leben. Konzentriere ich mich auf Gott, ist Gott ein großer Teil meines Lebens.
Es ist schon dunkel, als ich mich auf den Weg zum Ganges mache. Ich möchte diesen Tag mit einem Ritual abschließen, und meine Engel haben mich zu diesem heiligen Fluß geschickt. Ich vertraue meiner Intuition und meinen Gedanken, daß sie mir das richtige Ritual zeigen werden.
»Steh im Fluß«, höre ich in mir und ziehe meine Schuhe aus, schlinge meinen Sari höher um die Hüften und steige knietief in den kühlen Ganges.
Ich halte meinen Stein ins Wasser, und in Gedanken formuliert sich ein Schwur: »Für die Liebe und meinen Einsatz.« Ich hole den Stein heraus und halte ihn an mein Herz. Ich atme tief ein. Ich fühle, daß ich den Stein nochmal in das Wasser halten muß. »Für Disziplin«, höre ich mich flüstern. Und wieder halte ich den Stein an mein Herz. Und noch einmal senke ich den Stein in den Fluß: »Dein Wille über meinem Willen.« Ich fühle den Stein auf meinem Herzen. Stark, bestimmt, so alt wie die Welt selbst. Da kommt es mir in den Sinn, auch Gott nach seinem Einsatz für mich zu fragen.
Ich nehme den Stein, tauche ihn kurz ins Wasser und halte ihn gegen den sternenklaren Himmel: »Für Liebe und deinen Einsatz«. Wie ich die Hand nach oben halte, fühle ich den Wind stärker werden. Tränen laufen mir die Wangen herunter. Ich bin voller Dankbarkeit und Freude. Danke Gott! Ein zweites Mal tauche ich den Stein ins Wasser und halte ihn mit weitausgestrecktem Arm. »Für Disziplin!« rufe ich und warte wieder auf den Wind. Doch es bleibt still, und ich lächle. Disziplin ist für Gott wahrscheinlich kein Problem. Zum

dritten Mal tauche ich den Stein und hebe meinen Arm: »Dein Wille über meinen Willen.« Und da ist er wieder, der Wind, der mein Bruder ist.

Ich weiß nicht, wie lange ich am Ganges stehe und die Bewegung des heiligen Flusses betrachte. Der Ganges ist die Mutter Indiens. Hier wird der Körper gereinigt, hier werden Gebete mit Hilfe von Blumen dargebracht, und früher wurden die Toten hier auf die Reise geschickt. In diesem heiligen Fluß schwimmt auch viel Abfall, weil keiner den Dreck wegräumen will. Man wird dadurch »unberührbar«, der Unterste im Kastensystem der Hindu-Religion, was eines der größten Probleme Indiens darstellt. Swami Muniji hat angefangen, einmal die Woche öffentlich die Straßen zu kehren. Wenn ein lebender Gott das macht und nicht »unberührbar« davon wird, werden es die anderen auch können. Ein wundervolles Beispiel, um diesem schönen Land zu helfen.

Ich danke meinen Schutzengeln und Gott für die Liebe und die Weisheiten, die ich in mich aufnehmen durfte.

»Sei wie der Fluß«, höre ich in mir, »stark, ruhig, entschieden. Nichts kann ihn ärgern, nichts ändert seinen Weg. Nimm die Negativität, nimm den Schmutz wie der Ganges und bringe ihn zurück zum Ufer und lasse ihn dort liegen. Gehe deinen Weg. Sei wie der Fluß: Stark, ruhig und entschieden.«

Ich verbringe den Abend mit meinen Freunden. Ich erzähle ihnen von den letzten zwei Tagen. Wir sitzen um mein Bett, und ich fühle tiefe Dankbarkeit, bei Menschen zu sein, mit denen ich alles, aber auch alles teilen kann.

Am nächsten Morgen wache ich kurz vor vier Uhr auf und gehe in den Tempel zur Morgenmeditation. Ich war noch nie in einem Hindu-Tempel und schaue mich um. Die Schuhe werden vor der Tür gelassen, leise gehe ich über den Steinfußboden in das Zentrum. Dort liegen schmale Matten auf dem Boden, auf denen man sich zum Beten niederlassen

kann. Vor mir befindet sich eine Art Bühne mit einem Glaskasten. Darin wird die Wachsfigur des kürzlich verstorbenen Shri Swami Shukadevanandaji Maharaj aufbewahrt, der den Ashram gegründet hat. Vor acht Jahren gab er ihn an seinen Schüler, Swami Muniji, weiter. Es ist zu früh für das Morgengebet, deshalb bin ich alleine im Tempel.
Dies ist der erste Tag meiner neuen Disziplin. Eine wichtige Bestätigung für meinen Einsatz und mein Versprechen. Ich habe das Gefühl, gerade einen Berg bestiegen zu haben, und bewundere die Aussicht – noch ohne Ahnung, daß vor mir bald ein neuer Berg auftauchen wird …

Ich habe den Vormittag verbracht, ohne zu sprechen. Swami Muniji erwartet uns zum Mittagessen. Herrliche, frische Speisen, jedes Gericht ist wie ein Weihnachtsgeschenk. Er schlägt uns vor, nach dem Essen eine heilige Nachbarstadt, die wie »Hardware« ausgesprochen wird, zu besuchen, und Jacqueline und er beraten, wer mit welchem Auto fährt. Eigentlich wäre es Zeit für meinen Mittagsschlaf, und ich denke darüber nach, ob ich mitfahren soll.
»Also«, höre ich Jacqueline, »dann treffen wir uns alle um zwei Uhr vor dem Büro.«
»Ich glaube, ich bleibe lieber da.«
Jacqueline schaut überrascht: »Sabrina, diese Stadt solltest du nicht verpassen. Das ist eine der heiligsten Städte Indiens. Die Tempel sind absolut phantastisch.«
Sofort denke ich, Jacqueline weiß vielleicht mehr als ich. Vielleicht haben ihre Engel gesagt, daß ich mitkommen soll. Ich könnte mich ja kurz hinlegen und dann doch mitfahren.
»Also gut, ich komme mit.«
Kaum habe ich den Satz ausgesprochen, nagt leichte Unzufriedenheit an meiner Entscheidung. Ich lege mich auf mein Bett und versuche zu schlafen. Vollkommen ausgeschlossen.

Kurz danach höre ich meine Freunde hereinkommen und werde aus dem Bett gescheucht.

Die Fahrt nach »Hardware« soll angeblich nur eine Stunde benötigen, dauert aber zwei. Es ist heißer als sonst, die Tempel sagen mir nicht viel, der Markt ist überfüllt, und da wir die einzigen Touristen sind, werden wir von zahlreichen Bettlern umgeben. Ich bin hundemüde und ärgere mich über meine Entscheidung. Ich setze mich ins Auto und versuche zu schlafen. Unmöglich. Statt dessen spüre ich den Wunsch: Wäre ich doch nur im Ashram geblieben.

Zurück in meinem Zimmer, setze ich mich staubig, müde und verärgert vor meinen Reisealtar und bete. »Also gut, was habe ich nicht verstanden?« Die Antwort von meinem Engel kommt so klar und deutlich, daß ich erstaunt bin, warum mir das nicht früher eingefallen ist: »Du mußt auf deine eigene Intuition hören. Frage immer zuerst Gott. Treffe deine Entscheidungen nicht danach, was andere tun, magst du ihnen auch noch so vertrauen. Sie treffen ihre Entscheidungen ihrer Intuition folgend, und du mußt deine Wahl deiner Intuition entsprechend vornehmen.«

Ja, das ist wahr. Ich bewundere Jacqueline, ich bewundere ihre Integrität, ihre Liebe zu Gott, ihren Dienst an den Menschen und ihre Achtung vor der Natur. Aber die Bewunderung für andere darf nicht die »Bewunderung« für mich selbst ausschließen. Ich bin auch der göttliche Funke. Mein tägliches Leben, meine positiven Gedanken, Worte und Taten lassen dieses Licht heller und heller leuchten, und es wird immer Menschen geben, die mir ein Vorbild sind – aber ich kann ihnen nicht folgen. Ich kann nur mir und dem göttlichen Funken folgen. Ich öffne meine Augen und beobachte von meinem Zimmer aus den Sonnenuntergang. Ja, das Ziel für uns Menschen ist dasselbe, doch der Weg ist verschieden. Das war mein zweiter Berg.

4. Kapitel

Von einem Engel, der sich vorübergehend als Mensch zeigt, und wie wichtig die ersten Gedanken am Morgen sind

Ich bin auf dem Weg nach Hause. Während ich über Asien fliege, bedanke ich mich für die Hilfe meiner Engel. Ich fliege gern alleine. Das ist Zeit, die ich ganz für mich habe, und selbst auf die unvorhergesehenen Zwischenfälle freue ich mich. Das Leben wäre sonst wahrscheinlich erschreckend langweilig. Neben mir sitzt ein junger Mann, der mich an Brandon, den Sohn einer Freundin, erinnert. Seine Eltern sitzen in der Reihe vor uns, und er ist gerade mit einem Computerspiel beschäftigt.

Brandon war im letzten Jahr zum ersten Mal nach Asien geflogen, und das auch noch alleine. Er war 15 Jahre alt und wollte seinen Vater besuchen, der als Musiker dort gerade auf Tournee war.
»Mein Engel materialisierte sich, als ich nach Manila flog«, hatte er mir zwischen Tischabräumen und Abspülen erzählt, als er uns mit seiner Mutter besuchte und wir über meine erste bevorstehende Asienreise sprachen.
»Wie bitte?« Ich blieb zwischen Kühlschrank und Waschbecken stehen.
Brandon, mit seinem weiten T-Shirt und seinen noch weiteren Hosen, schaute mir geradewegs in die Augen: »Materialisierte sich. Ich meine, er saß neben mir im Flugzeug.«
»Aha.« Ich weiß nicht, was mich mehr überraschte, daß ein

Engel sich materialisieren kann oder daß ein Teenager so natürlich über Engel spricht.
Brandon grinst mich an, wie nur ein Teenager grinsen kann.
»Du hast das offensichtlich noch nie erlebt.«
Wohl wahr.
»Ich wollte meinen Vater in Manila besuchen, und meine Mutter konnte nicht weg. Also beschlossen wir, daß ich dieses Mal alleine reisen solle. Du weißt ja, daß das von der Westküste eine richtig lange Strecke ist, und ich war etwas nervös, denn ich mußte in Taiwan umsteigen.
Als ich hier in das Flugzeug stieg, saß neben mir ein asiatischer Mann, der mich freundlich anlächelte. Ich fühlte gleich ein sonderbares Wohlbefinden in mir. Er hatte eine blaugrüne Sportjacke an, und über seinem Herzen war der Name Gil gestickt. Wir kamen ins Gespräch, und weil der Platz in der Touristenklasse ein bißchen knapp war, konnte ich ihn deutlich fühlen.«
»Wie fühlen?« fragte ich ihn.
»Du weißt doch, wie sich das anfühlt, wenn jemand neben dir sitzt oder steht, der dir sympathisch ist.«
Ich kann mir die Bilder einfach nicht verkneifen: »Du meinst dieses leichte Gefühl der Müdigkeit, ohne müde zu sein. Dieses entspannte Gefühl, wenn du nach dem Skifahren heißen Kakao trinkst und dich vor einem offenen Kamin mit lodernden Feuer in eine weiche Decke kuschelst?«
Brandon schaut meinem lyrischen Ausbruch etwas überrascht zu: »So kann man das natürlich auch sagen. Ja, du weißt schon, dieses weiche Gefühl innen drin. Ich fühle mich richtig sicher und gut aufgehoben bei ihm. Während der Reise erzählte er mir alles von Manila, da mußte er nämlich auch hin. Er war dort geboren und wollte seine Familie besuchen. Er erzählte mir von den verschiedenen Gewohnheiten der Menschen, wohin ich zum Einkaufen gehen sollte,

was ich als Mitbringsel kaufen kann, wie man sich verhält, wie man sich begrüßt und lauter so Sachen.«
Mit einem Satz setzt er sich auf die Küchentheke und fährt fort: »Also ich landete in Taiwan und fand mich mit seiner Hilfe sehr gut zurecht. Ich stieg in das nächste Flugzeug, und stell dir vor: Mein Sitz war plötzlich in der sehr viel bequemeren ersten Klasse.« Erstaunt frage ich: »Hattest du mit jemanden gesprochen, damit du in der ersten Klasse sitzen konntest?«
Brandon schüttelte den Kopf: »Nein, gar nichts habe ich gemacht. Ich bin noch nie First Class geflogen und habe auch keine Ahnung, mit wem ich hätte reden sollen und was ich da sagen müßte. Und stelle dir vor, mein Reisebegleiter sitzt auch in der ersten Klasse, gleich neben mir.«
»Das ist ja phantastisch.«
Brandon grinst: »Das war es auch. Ich landete in Manila. Mein Vater holte mich ab, und ich vergaß den Mann im Flugzeug. Bis ich wieder heimflog. Auch wieder alleine, aber dieses Mal hatte ich keine Angst mehr, schließlich war das schon das zweite Mal. Und rate mal, wer wieder im Flugzeug war?«
»Der Mann aus Manila?«
»Genau, aber dieses Mal saß er ein paar Reihen hinter mir. So, als ob ich nicht mehr so viel Hilfe bräuchte, schließlich kannte ich mich jetzt ja aus. Cool, nicht wahr?«
»Ja, cool ist der richtige Ausdruck dafür.«
Ich beobachte Brandon, wie er die restlichen Tomaten in den Mund schiebt, und bemerkte, wie selbstverständlich er mit diesen Erfahrungen umgeht. Für ihn war es sein Schutzengel, der ihn auf dieser Reise begleitete. War es das wirklich? Da höre ich schon meinen Engel: »Dein Glaube bestimmt deine Realität. Brandon glaubt, daß so etwas möglich ist, deswegen passiert es für ihn. Und du, glaubst du, daß so etwas möglich ist?«

Ich schaue mich im Flugzeug ein bißchen um. Der junge Mann rechts neben mir spielt immer noch mit seinem Computerspiel. Linker Hand sitzt ein Ehepaar, das sich offenbar gerade streitet. Ich lasse meinen Blick über die Sitzbänke wandern. Einige Passagiere schlafen, andere lesen, viele haben Kopfhörer auf. Nur die ältere Dame schräg vor mir dreht sich zu mir herum, lächelt ein weises Lächeln und zwinkert mir zu. Sie wird doch wohl nicht ...
Am nächsten Morgen wache ich endlich wieder im eigenen Bett auf. Der erste Gedanke, der mir kommt, ist: Schade, leider war kein Engel da. Ich muß über mich lachen. Wenn ich mir etwas in den Kopf gesetzt habe, setzt meine bayerische Sturheit ein. Wie jeden Morgen bleibe ich erst einmal eine Weile im Bett liegen und bedanke mich bei allem Schönen und Wundervollen in meinem Leben. Auf Englisch heißt das »I count my blessings«. To count heißt aufzählen, to bless bedeutet segnen, blessings sind die Segnungen, also die positiven, herrlichen Dinge in unserem Leben. Mir ist noch keine gute Übersetzung ins Deutsche eingefallen. Also bedanke ich mich bei meinem Körper, ehre meine Gesundheit, freue mich über meinen Mann und meine Tochter, meine Familie, meine Schwestern, meine Freunde, meine Tiere, mein Haus, meine Freiheit. Dann bedanke ich mich bei Gott und meinen Engeln und meinen spirituellen Lehrern, wie Jesus, Zarathustra, Häuptling Grey Wolf und meinem Adler. Dann wünsche ich meiner Tochter Julia, daß meine Lehrer und Engel auch immer bei ihr sein mögen. Am Schluß bedanke ich mich bei diesem neuen Tag und all seinen Herausforderungen, bestätige noch mal meine Bereitschaft zum Lernen und daß ich mich darauf freue, zu wachsen und ein besserer Mensch zu werden. Der Tag beginnt dadurch anders, fröhlicher, dankbarer.
Früher war mein erster Gedanke oft etwas Unangenehmes.

Dinge, die ich hinausgeschoben hatte. Z. B. ich muß noch Soundso anrufen, um abzusagen, oder eine unangenehme Konfrontation, eine Aussprache, die mir Tage vorher schon im Magen lag. Und natürlich beeinflußte das meine Stimmung. Das »count my blessings« erinnert mich immer daran, wie gut es mir geht. Es gibt immer irgend etwas im Leben, für das man dankbar sein kann. Und selbst in den schlimmsten Momenten kann man noch »Wundervolles« finden. Manchmal mag es einem klein erscheinen, aber je mehr man sich darauf konzentriert, desto mehr wundervolle Kleinigkeiten findet man, die einem helfen, sich in eine andere Stimmung zu bringen.

Es ist noch dunkel, als ich von selbst aufwache. Fast vier Uhr, wie mein Wecker mir bestätigt. Auch zu Hause fällt es mir leicht, meine neue Disziplin aufrechtzuerhalten. Ich putze mir die Zähne, wasche mein Gesicht und ziehe mir etwas Bequemes über. Der frühe Morgen ist meine kreativste Zeit. Das Haus ist still, jeder schläft; kein Telefon klingelt, und niemand lenkt mich ab. Nur ich bin da, meine Liebe zu Gott und meine Arbeit.

Wir sind vor ein paar Monaten umgezogen, und mein Meditations- und Arbeitszimmer liegt jetzt im Gästehaus. Im alten Haus hatte ich ein »blaues Zimmer«, um zu meditieren. Mein blaues Zimmer war nicht immer blau. Es war einmal eine größere Rumpelkammer, in der neben einem Ersatzbett ein kleiner Schrank und eine Kommode Platz hatten. Als ich vor drei Jahren anfing zu meditieren, hatte ich Sehnsucht nach einem Platz für mich ganz alleine. So wurde aus der Rumpelkammer langsam mein Meditationszimmer, und als ich die Wände blau bemalte, mein blaues Zimmer. Darin stand mein Altar mit einem Bild von Jesus und Zarathustra, einer Statue von Buddha. Shiva und Franz von Assisi, Engeldarstellungen und jeder Menge Kristalle. Meine Pfeife lag dort in ihrem roten Tuch eingewickelt. Federn, Steine und Erde aus Gegenden, die mir etwas bedeuten, und eine Schale Wasser waren lose um eine Kerze herum arrangiert. Gebündelter Salbei und geflochtenes Sweetgrass lagen in einer Abaloni-Muschel.

Mein Büro war damals von meinem Meditationszimmer getrennt. Ich wußte, daß ich in unserem neuen Haus dort arbeiten muß, wo ich auch bete. Das Gästehaus war, bevor wir einzogen, ein professionelles Musikstudio mit dicken schalldichten Wänden. Der Keller und das Erdgeschoß hatten keine Zwischendecke und waren zu zwei großen Räumen verbunden. Es gab einen Raum für die Technik mit all den Reglern, die man so braucht, und einen anderen Raum für die Musiker. Die Fenster waren verdunkelt, und man hatte das Gefühl, in einem tiefen Keller zu stehen. Als wir das Haus kauften, war mir gleich klar, daß dies mein Platz sein wird. Die Wände erfüllt von schöner Musik, wie passend für einen Raum, in dem man sich wohlfühlen soll. Ich brauchte dringend mehr Platz, da es für meine Meditationsgruppen und Workshops im alten Haus zu eng wurde.

Ich ließ alles herausreißen, dann wurden Stufen eingebaut und verschiedene Ebenen, um den riesigen Raum zu gestalten. Ein sanfter ockerfarbener Teppich wurde über die ganze Fläche ausgelegt, und die längste Wand bemalte ich mit meinem Blau, in wundervollen Wellen. Das Wasser als Symbol für Leben, Bewegung, Veränderung, Stille. Von einem kleinen Schreibtisch schnitt ich die Beine ab, um in Zukunft mit verschränkten Beinen auf dem Boden sitzend zu arbeiten. Er steht vor vier riesigen Glasschiebetüren, und wenn ich nach draußen schaue, sehe ich die Hügel auf der anderen Seite des Canyons. Jetzt sehe ich natürlich noch nichts, dazu ist es zu dunkel. Ich öffne die Schiebetür aus Glas und ziehe meine Hausschuhe aus. Auf der anderen Seite steht unter einem großen Fenster mein Altar, und ich setze mich mit verschränkten Beinen davor. Ich zünde eine Kerze an und verbrenne etwas Salbei. Mit einer Feder schiebe ich den Rauch sachte um meinen Körper. Dabei halte ich den Gedanken, mich von allen alten, negativen und belastenden Vorstellungen zu lösen. Von nordamerikanischen Indianern habe ich gelernt, den Rauch des Salbeis als Reinigung zu benutzen. Ich schließe meine Augen und spreche mein Gebet: »Mutter-Vater Gott, geliebte Engel, danke für meine Reise nach Indien und für meine neuen Erfahrungen. Ich freue mich auf meine Disziplin und bin bereit, auch heute wieder etwas Neues zu lernen«. Ich stelle mir vor, wie über mir das Licht Gottes hell, warm und voller Liebe strahlt und wie es durch die Schädeldecke in meinen Kopf dringt. Langsam bewegt es sich mein Rückgrat hinunter, um dann vorne in meinem Schritt anzuhalten. Ich lasse das Licht wie in einer langgezogenen Spirale hinauf zum Herz, über den Hals und das dritte Auge in meinen Kopf zurückfließen. Durch meine Vorstellungskraft wird dieses Licht angeregt, genau das zu tun, was ich mir wünsche. Ich lasse das Licht in meinem Gehirn kreisen und nach einiger Zeit durch meine Schädeldecke hinaus. Ich fühle mich, als ob ich gerade eine innere Dusche genommen hätte. Ich lasse mich treiben, genieße die Ruhe in mir und warte. Manchmal empfinde ich in meinen Meditationen eine Leere. Vollkommenes Dasein. Kein Gedanke, nur Wohlfühlen. So wie jetzt.

5. Kapitel

*Von Engeln, die für Tiere da sind,
und was passiert, wenn Gott
dein Vater wird*

Ich höre Samantha in meinen Gedanken. Sie hat eine wundervolle Stimme. Sie spricht mit soviel Liebe und Zärtlichkeit, daß man sich in ihren Arm legen möchte, um bemuttert und gestreichelt zu werden. Kein Wunder, daß sich alle Tiere zu ihr hingezogen fühlen. Ich erinnere mich an ein Gespräch, das wir über ihre Engel hatten. Vor zwei Jahren hörte ich von einer »Konferenz für Visionäre« in Washington State. Die Liste der Sprecher war lang und imponierte mir sehr. Da gab es Dr. Valerie Hunt, Professorin an der Universität von Los Angeles, die über Energiefelder sprach. David Berry, Mitglied des U. S. Büros für Umweltschutz, Robert Dean, ehemaliger NATO-Offizier sprach über UFOs, Don Alejandro, Shamane vom Amazonas, der noch nie vorher Peru verlassen hatte. Arvol Looking Horse, der Träger der Original Sacred Pipe, und Samantha Khury, die darüber referierte, wie man mit Tieren spricht.
Die Konferenz erstreckte sich über ein Wochenende. Über 100 gleichgesinnte Leute waren versammelt, und selbst da fiel Samantha auf. Sie sieht wie ein Engel aus: zarte, blonde Locken, helle blaue Augen. Sie ist um die 50 Jahre alt, sehr jugendlich, und sie strahlt diese Sicherheit aus, die Menschen haben, wenn sie um sich selbst wissen. Ich hatte das Gefühl, ich würde sie schon seit Urzeiten kennen. Ihre Bewegungen waren harmonisch, ihr Blick offen, verständnisvoll und freundlich.

Das Konferenzzentrum lag ungefähr zwei Stunden vom Flughafen entfernt, und es ergab sich, daß Samantha mit mir im Auto zurückfuhr. Wir waren kaum auf der Autobahn, als ich sie bat, mir mehr von sich zu erzählen.

»Ich wurde unehelich geboren, meine Mutter war noch ein Teenager« erzählt sie, »und zu der damaligen Zeit war das eine große Schande. Die ältere Schwester meiner Mutter nahm mich bei sich auf, weil meine Mutter zu jung war, um mich aufzuziehen. Über meinen Vater wurde niemals gesprochen. Es war ein ungeschriebenes Gesetz in meiner Familie, und selbst als kleines Kind stellte ich nie Fragen nach meinem Vater.«

»Hast du oft über ihn nachgedacht?«

»Ja, ich stellte mir vor, wie er aussehen würde und was er zu mir sagen würde. Er war in meiner Phantasie immer vorhanden. Eines Tages nach dem Gottesdienst, ich muß so um die fünf Jahre alt gewesen sein, fragte mich der Pfarrer beim Nachhausegehen: Weißt du, wer dein Vater ist?«

»Er sprach mit dir über deinen Vater?« frage ich sie, mich bemühend, meine Augen nicht vom Autobahnverkehr abzuwenden.

»Warte«, meint Samantha lächelnd, »ich sagte ›Nein‹, und mein Herz begann zu klopfen. Ich dachte mir: ›Endlich erfahre ich mehr über meinen Vater.«

Samantha macht eine kleine Pause und fährt dann fort: »Der Pfarrer sagte: Gott ist dein Vater. Und ich dachte mir: Gott ist mein Vater! Kein Wunder, daß niemand in meiner Familie darüber spricht.«

Ich lachte. »Da mußt du gedacht haben, dir geht es so wie Jesus.«

»Genau«, erwiderte Samantha. »Gott ist mein Vater. Und immer, wenn ich bete, sprach ich zu meinem Vater. Schließlich hatte es mir der Pfarrer bestätigt.«

»Hast du je mit deiner Familie darüber gesprochen? So nach dem Motto: Ich weiß jetzt, wer mein Vater ist?«

»Nein, nein, mir reichte die Gewißheit, daß Gott mein Vater ist«, erklärte mir Samantha. »Von da an war mein Leben leichter. Gott ist mein Vater. Selbst wenn ich einsam oder traurig war – und ich war oft einsam und traurig – gab es tief in mir die Gewißheit, daß Gott, mein Vater, immer für mich da ist.«

Was für eine wundervolle Fügung, denke ich mir. Ein Kind, das sich oft einsam fühlt und seinen Vater vermißt, von der Autorität Pfarrer erfährt, daß Gott sein Vater ist. Ich kann nur ahnen, welchen Einfluß das auf ihr Leben gehabt haben muß.

»Ich war immer von Tieren umgeben, die Hilfe brauchten, und das schon als kleines Mädchen«, erzählt sie weiter. »Vögel fielen von den Bäumen, wenn ich spazierenging, verletzte Igel lagen auf dem Weg, kleine Feldmäuse waren zu schwach zum Weglaufen.« Sie lächelte und erklärte dabei: »Ich wurde streng katholisch erzogen und weiß natürlich, wie oft das Bibelwort anders ausgelegt wird. Mir wurde gesagt, daß durch den Versuch zu heilen dem Teufel die Möglichkeit gegeben wird, durch dich zu arbeiten. Doch was sollte ich tun? Ich fand einen verletzten Vogel, den Flügel seltsam nach außen gespreizt, und mein Gefühl gebot mir, ihn aufzuheben und meine Hände um den kleinen, zitterigen Körper zu legen. Mein Verstand dagegen sagte, daß ich damit etwas Schreckliches tue.« Sie zuckt mit den Schultern. »Ich war so erfüllt von dem Wunsch zu helfen, daß ich Gott, meinen Vater, um Rat bat. Gleich danach fühlte ich wie meine Hände warm wurden und meine Liebe für dieses Tier sich wie eine warme Decke um den Vogel legte. Immer wenn ich mich auf meine Gefühle und meinen Wunsch zu helfen konzentrierte, wurden meine Hände sehr warm.«

»Wie alt warst du da?« frage ich neugierig.
Sie denkt nach. »Ich muß ungefähr fünf oder sechs Jahre alt gewesen sein. Vielleicht auch jünger. Ich erinnere mich, daß ich jedesmal, wenn ich einem Tier half, diese zwei riesigen Gestalten neben mir gespürt habe. Eine rechts und eine links.«
»Welche riesigen Gestalten?«
»Damals wußte ich noch nicht, daß das Engel waren. Diese Gestalten waren mir sehr vertraut. Ich schaute immer nach oben, weil ich erwartete, daß dort jemand stand. Da stand aber niemand. Ich meine, niemand, den ich sehen konnte.«
»Spürtest du denn einen Windhauch oder eine Berührung?«
»Nein«, Samantha schüttelt den Kopf, »es war mehr so, als wenn dir jemand über die Schulter schaut. Du weißt einfach, daß er da ist. Ich erinnere mich noch, wie überrascht ich jedesmal war, daß ich die Engel nicht sehen konnte. Sie waren da, um mich zu ermutigen, weiterzumachen. Meine Hände wurden wärmer und wärmer, und kurze Zeit später plusterte der Vogel seine Flügel auf und flog davon.«
Ich bin fasziniert. »Da müssen dir ja alle möglichen Leute ihre Tiere gebracht haben.«
»O nein«, antwortet Samantha, »ich sprach nicht darüber. Ich war mir ja nicht sicher, ob man das überhaupt darf. Ich tat immer so, als ob ich mit diesen Heilungen nichts zu tun hätte. Das ging Jahre so.« Samantha streicht sich über ihre Hände. »Ich war ungefähr zwölf oder dreizehn Jahre alt, als die verletzten Tiere nicht mehr in meiner Nähe auftauchten. Ich war jetzt viel zu beschäftigt, ein typischer Teenager zu sein. Mit siebzehn Jahren heiratete ich, und nach der Geburt meines Sohnes kamen auch wieder Tiere in unser Haus. Drei Katzen. Eine davon war Frosty, die ich halbverhungert im Garten fand und mit einer winzig kleinen Flasche fütterte. Ich fühlte mich als Frostys Mutter. Sie war so klug, so liebevoll

und zärtlich. Sie wußte immer genau, wie mir zumute war. Ich hing sehr an ihr.« Ihr Lächeln wird plötzlich traurig. »Ich war mittlerweile 25 Jahre alt, als ich mich mit Frosty auf den Weg zum Tierarzt machte. Sie hatte seit Tagen nichts mehr gefressen. Mir fiel auf, daß sich ihre Haut um die Schnauze herum zurückzog und ich ihr tief in den Kiefer schauen konnte. Jeden Morgen wurde diese Öffnung etwas größer, und sie hatte sogar Schwierigkeiten zu trinken. Ich hielt Frosty auf meinem Schoß, als der Tierarzt sie sorgfältig untersuchte. ›Das ist unheilbar‹, sagte er zu mir und schlug mir vor, sie einschläfern zu lassen. Frosty hatte eine Krankheit, bei der die Zellen abstarben und ein Loch hinterließen, das immer größer wurde. Sie werde jämmerlich verhungern, machte mir der Tierarzt klar. Um dem Tier die Schmerzen zu ersparen, sollte ich Frosty gleich einschläfern lassen.«
Ihre Stimme beginnt zu zittern, und ich schaue vom Straßenverkehr schnell zu ihr herüber. Ich sehe Tränen in ihren Augen. Ich erinnere mich, daß sie ihre Tränen auch während ihrer Rede auf der Konferenz nicht zurückgehalten hatte. Sie distanzierte sich nicht von ihren Gefühlen. Sie hatte sie einfach. Nicht wie ich, die versuchte, über den Dingen zu stehen und sich nichts anmerken zu lassen. Die noch darüber nachdachte, was die anderen wohl denken würden, wenn ich jetzt zu weinen anfangen würde. Ich setzte Weinen mit Schwäche gleich, aber da war nichts schwach an Samanthas Tränen. Sie waren der natürliche Ausdruck ihrer Liebe zu Frosty. Ich bin verwirrt. Wie soll ich mich jetzt verhalten? Samantha ließ die Tränen einfach laufen. Langsam merke ich, wie auch meine Augen zu brennen anfangen, wie ich ihren Schmerz in meinem Herzen fühle. Zuerst will ich diese Gefühle unterdrücken. »Spinnst du jetzt?« höre ich in meinem Kopf. Ich fühle, wie sich meine Augen mit Wasser füllen und meine Gedanken bei Frosty und Samanthas Schmerz sind.

Dann entschließe ich mich, diese Gefühle zuzulassen. Komisch, ich fühle mich zum ersten Mal beim Weinen nicht schwach und verletzbar. Ich fühle mich seltsam wach – irgendwie größer und stärker. Ich fühle mich in Harmonie mit mir. Samanthas Stimme dringt wieder in mein Ohr: »Ich starrte meinen Tierarzt voller Entsetzen an. Meine Frosty? Einschläfern? Sie war wie mein zweites Kind, und dieses Todesurteil verschlug mir die Sprache. Das war ausgeschlossen, ich konnte sie nicht einschläfern lassen! Ich drückte Frosty noch näher an mich, weinte und schluchzte und stürmte aus dem Behandlungszimmer. Ich weiß noch, wie mir der Tierarzt kopfschüttelnd über soviel Unverstand hinterherrief: Das ist grausam, was Sie da tun. Sie fügen dem Tier nur unnötige Schmerzen zu.
Ich zitterte am ganzen Körper, als ich nach Hause kam. Frosty schaute mich mit ihren klugen Augen an, und die Erinnerung an meine Kindheit kam empor – die Erinnerung, daß meine Hände heiß werden, wenn ich ein krankes Tier halte. Nichts auf der Welt wollte ich in diesem Augenblick mehr als dieses Gefühl der Wärme zu spüren.«
Ich wischte mir meine Augen mit dem Handrücken ab. Samanthas Tränen tropften ungestört von ihrem Kinn auf ihre gefalteten Hände.
»Ich setzte Frosty auf meinen Schoß, um ihren Kopf legte ich zart meine Hände. Und ich betete mit aller Kraft und Konzentration und Liebe, die ich hatte. Mit aller Inbrunst und Überzeugungskraft, die ich aufbringen konnte, sagte ich: Mein geliebter Gott, bitte sende mir deine göttliche Kraft, damit Frosty geheilt werden kann. Wenn du mir dabei hilfst, verspreche ich herauszufinden, was es mit meinen heißen Händen auf sich hat. Ich werde mein Talent weiterentwickeln, um dir und der Welt zu dienen. Ich werde tun, was immer ich tun muß, bis ich sterbe, das schwöre ich, im

Namen von Jesus Christus. Amen. Und ich bat Gott aus tiefstem Herzen, daß diese Wärme wieder durch meine Hände kommt.«
Sie hört auf zu weinen. »Und dann fühlte ich sie wieder: Die beiden Engel, diese riesigen Gestalten meiner Kindheit, wie sie an meiner Seite standen, und ich weiß noch, wie dankbar ich war. Wie unendlich dankbar. Ich fühlte ihre Körper neben meinem, leicht angelehnt, als wenn ich zart umarmt werde. Und ein Gefühl der Sicherheit, daß alles wieder in Ordnung kommt, erfüllte mich. ›Mach weiter, mach weiter. Vertraue Deinem Instinkt‹, diese Gedanken kamen laut und deutlich in meinen Kopf. Ich vertraute, und dann wurden meine Hände sehr warm.«
Sie strahlt mich an. »Dreimal am Tag legte ich Frosty meine Hände auf. Morgens, gleich nach dem Aufstehen, holte ich sie auf meinen Schoß und sprach mein Gebet.
Ich fühlte, wie meine Hände immer wärmer wurden. Frosty schnurrte und schnurrte und schnurrte. Mittags eilte ich vom Büro nach Hause. Sie schnurrte während der ganzen Behandlung. Am Abend noch einmal eine halbe Stunde. Nach drei Tagen fühlte ich meine Hände durch ihren Speichel ganz naß werden. Sie ließ ein so tiefes Schnurren ertönen, wie ich es vorher noch nie von ihr gehört hatte. Eine kurze Weile später drehte Frosty sich um und schaute mich direkt an. Sie schob ihren Kopf in meinen Bauch, wie um sich zu bedanken. Ich begann in einer Mischung aus Freude und Dankbarkeit zu weinen. Ich wußte, irgend etwas ist passiert, und war sicher, daß Frosty bald geheilt sein würde. Ich wußte, daß etwas wirklich Wichtiges nicht nur in Frostys Leben passiert war, sondern auch in meinem.«
Wieder füllen sich ihre Augen mit Tränen. Und wieder bin ich fasziniert von der Normalität, mit der sie ihre Gefühle zuläßt.

»Ich beobachtete Frosty«, erzählt sie weiter, »wie sie von meinem Schoß heruntersprang und zu ihrem Futternapf ging. Sie fing zu fressen an! Nach sieben Tagen fraß sie wieder!« Sie schaut glücklich zu mir herüber. »Durch Frosty begann ich, mein Talent als Heiler zu fördern. Ich wußte jetzt, daß das ein Geschenk Gottes ist. Ich suchte nach einer Art Training. Irgend jemanden, der mir helfen könnte, noch mehr darüber zu lernen. Schließlich landete ich in einer Schule die »Actualism« lehrt. Dort wurde mir beigebracht, daß der Körper mehr ist als eine Ansammlung von Gewebe. Siebzehn Jahre studierte ich, lernte massieren und wie ich Energie für Heilungen nutzen kann. Meine Klienten waren Menschen, die andere Wege suchten, gesund zu werden.«
»Aber wie kam es, daß du lerntest, mit Tieren zu reden?«
»Das war viele Jahre später. Ich war Ende dreißig, als mein ältester Sohn einen Fasan mit nach Hause brachte, der von einem Auto angefahren worden war. Er war unverletzt, stand aber unter Schock, und ich hatte das Gefühl, daß der Fasan glaubte, daß er sterben wird. Ich baute in der Küche aus ein paar Stühlen eine Art Gehege für ihn. Ich wollte ihn nicht einsperren, sondern ihm nur ein Gefühl von seinem eigenen Platz vermitteln. Ich legte meine Hände um den Körper des Fasans, aber er reagierte nicht. Am nächsten Morgen, als die Kinder aus dem Haus waren, setzte ich mich zu dem Fasan in das Gehege. Ich schloß meine Augen und sprach ein Gebet: Lieber Vater, mein Gott, bitte erlaube mir, eins mit diesem Tier zu sein, so daß ich ihm mitteilen kann, daß er unverletzt ist. Daß er wegfliegen kann, denn er hat sich nichts gebrochen. Daß er wieder Vertrauen in seine Fähigkeit zu fliegen hat und seine Freude am Fliegen zurückkommt.«
Samantha schließt ihre Augen, und auch ich fühle in mir ihr Gefühl der absoluten Konzentration. In der nichts anderes zählt als das, was man gerade im Augenblick tut.

»Und plötzlich, so schnell wie wenn man einen Lichtschalter anknipst«, beginnt sie, »war ich eins mit dem Fasan. Ich war nicht mehr Samantha, ich war dieser Vogel! Ich fühlte meine Flügel bis tief in die Spitzen und flog! Ich fühlte den Wind, der durch meine Federn glitt, ich roch die frische Luft, sah die Tannen unter mir, die Erde, Bäume und Büsche. Ich kann mich nicht erinnern, daß ich irgendeine Straße wahrnahm. Ich flog mit einer Leichtigkeit, einer Natürlichkeit, alle Sinne weit geöffnet – und dann fühlte ich die Kraft eines Aufpralls, den Schmerz und die Angst. Ich machte meine Augen auf und war wieder Samantha.«

Ich merke, daß mein Mund offen steht. So etwas würde ich auch gerne erleben wollen.

Samantha hält einen Moment inne, dann erzählt sie weiter:
»Als ich meine Augen öffnete, saß, nur ein paar Zentimeter von meinem Gesicht entfernt, der Fasan und starrte mich an, als hätte ich ihm gerade eine furchtbar spannende Geschichte erzählt. Dann spreizte er seine Federn und flog durchs offene Küchenfenster davon. Es dauerte eine ganze Zeit, bis ich mich wieder bewegen konnte. Ich war überwältigt von diesem Erlebnis. Ich wußte jetzt, daß es mir möglich ist, Informationen von Tieren zu bekommen. Ich hatte nur keine Ahnung, wie.«

»Weißt du denn jetzt, wie du diese Informationen bekommst?« frage ich neugierig.

»Ja. Unsere Gedanken mußt du dir wie lebendige Partikel vorstellen, die in der Atmosphäre herumfliegen. Das beginnt mit unserem individuellen Verstand. Der ist Teil des Gruppenverstandes.«

»Gruppenverstandes?«

»Wenn du zum Beispiel mit Leuten zusammenarbeitest, dann bildet dein Verstand mit den anderen einen sogenannten Gruppenverstand. Deine Gedanken werden oft von den

anderen aufgefangen. Dann gibt es den Massenverstand. Je nachdem, wie es der Masse der Menschen geht, ist dieser Verstand von Ängsten oder Liebe geprägt. Übrigens, je mehr wir uns persönlich zum Besseren verändern, desto positiver wird natürlich auch der Massenverstand. Deshalb sind wir dafür verantwortlich. Dann gibt es noch den universellen Verstand. Das ist die Summe aller Lebewesen in dieser und den anderen Galaxien. Und dann gibt es noch den göttlichen Verstand, in dem absolute Weisheit und absolute Liebe wohnen. In diesen verschiedenen Bereichen fängt jeder von uns seine Informationen auf.«
»Das mußt du mir ausführlicher erklären.«
»Angenommen du gerätst mit einem Flugzeug in eine Gewitterfront. Beim ersten starken Wackeln des Flugzeuges denken viele Passagiere an Absturz. Und selbst wenn du keine Angst hast, kommt oft der Gedanke, daß du vielleicht abstürzen könntest. Du fängst damit die »Gruppengedanken« auf. Die müssen nicht unbedingt deine sein.« Was für ein Konzept! Meine Gedanken sind nicht alle meine Gedanken?
»Aber woher weiß ich denn, welche Gedanken meine sind und welche den anderen gehören?«
»Durch aufmerksames Beobachten all deiner Gedanken.«
Das kann ja anstrengend werden, denke ich mir. Oder denkt das jemand anderer? Ich bin verwirrt. Mir muß das wohl im Gesicht geschrieben stehen, denn Samantha fängt zu lachen an. »Keine Angst, die meisten deiner Gedanken sind deine eigenen. Aber wenn aus heiterem Himmel ein Gedanke zu dir kommt, der gar nichts mit dir zu tun hat, schaue ihn dir einmal genauer an. Nach ein paar Tagen wirst du verstehen, was ich meine.«
»Die Gruppengedanken sind ja nicht so faszinierend. Wie komme ich denn in diese göttlichen Gedanken hinein?« will ich wissen. Wie herrlich würde das sein, wenn ich nur noch

göttliche Gedanken hätte. Das würde doch auch bedeuten, daß endlich alle meine Fragen beantwortete werden würden. Ich will unbedingt diese göttliche Gedankengruppe finden.
»Du erreichst sie, indem du dich darauf einstellst.«
»Wie ein Radioempfänger?«
»So ungefähr. Zuerst einmal bittest du darum. Das mache ich mit einem Gebet. Dann glaubst du daran, daß es funktioniert. Du vertraust darauf, daß die Informationen, die zu dir kommen, göttlich inspiriert sind, und lernst, keine negativen Gedanken mehr zu haben.«
Ja, dieses Konzept kenne ich schon: Keine negativen Gedanken mehr zu haben. Jeder negative Gedanke hält uns von unseren Wünschen ab.
»Weißt du, wie das funktioniert?« fragt Samantha.
Ich nicke: »Jeder negative Gedanke ist wie eine Leine, die uns weiter weg von unseren Wünschen zieht.«
»Genau. Da gibt es die tollsten Beispiele. Ich würde gerne Geld haben, aber Leute mit Geld sind Schweine: Autsch, schon zieht die Leine zurück. Ich würde gerne einen tollen Mann finden, doch tolle Männer gibt es nicht mehr – schon holt einen die Leine zurück. Ich würde gerne mein Hobby zu meinem Beruf machen, aber das gibt es ja nur im Märchen. Und wieder hast du die berühmte Leine.«
»Also«, fasse ich zusammen, »um mit Tieren zu reden, hilft es, erst einmal daran zu glauben, daß das möglich ist.«
»Ja, das kann man sagen«, schmunzelt sie. »Und wenn du diesen Schritt gemacht hast, kommst du zum nächsten: Du öffnest dich im Gebet oder in der Meditation dem ›göttlichen Gedanken‹. Das ist eine wundervolle und spannende Sache.«
»Nachdem Frosty geheilt war, hast du deine Praxis aufgemacht?«
»Kurz danach. Ich dachte ja immer, meine Aufgabe wäre es, als Heiler Menschen zu unterstützen, sich selbst zu heilen.

Das Heilen von Tieren empfand ich als ersten Schritt, um mich auf das Heilen von Menschen vorzubereiten. Menschen waren meine Klienten, nicht Tiere. Ich mußte an all die Jahre denken, die ich im Studium verbracht hatte. Ich sah mich immer nur als Heiler. Dieses Erlebnis, das wußte ich, wird mein ganzes Leben verändern.« Mittlerweile verlassen wir die Autobahn und sind fast schon am Flughafen.
Samantha schaut zu mir herüber: »Ich mußte dringend mit meiner Lehrerin sprechen. Ich weiß noch genau, wie ich vor ihr saß und ihr von dem Fasan erzählte. Ich sagte ihr, daß ich jetzt mit Tieren kommunizieren wolle. ›Das ist wundervoll‹, antwortete sie mir, ›dann wird es Zeit, daß du die zwei Engel triffst, die mit dem Königreich der Tiere arbeiten.‹ Sabrina, das war so ein wundervolles Gefühl: Sie sprach von meinen Engeln. Den beiden Engeln, die ich schon seit frühester Kindheit immer wieder gefühlt hatte. Sie sprach davon, als wenn das jeder wüßte! Ich fühlte mich zum ersten Mal bestätigt. Da ist jemand, der kennt diese zwei Engel genauso gut, wie ich sie kenne!
Wir meditieren zusammen, und kurz nachdem ich meine Augen geschlossen hatte, sah ich meine beiden Engel. Wie eine helle Glühlampe, die weit über ihre physikalische Form hinaus strahlt. Ich erinnere mich noch genau an die Kurve, die der Flügelform folgte. Ich fühlte wieder dieses wunderbare Gefühl der Geborgenheit, das mir als Kind schon so vertraut war, wenn diese Engel in der Nähe waren. Sie sprachen mit mir durch ein Gefühl. Ein Gefühl, daß es richtig ist, was ich tue. Daß sie immer bei mir sein werden, wenn ich mit Tieren arbeite.«
»Haben sie dir gesagt, wie sie heißen?«
»Ja, aber die Namen habe ich vergessen. Doch das Gefühl bleibt unauslöschlich.«
»Weißt du, ich habe meine Engel noch nie so intensiv gefühlt.

Ich hatte noch nie das Gefühl, sie stehen direkt hinter mir. Kann man das denn lernen?«
Samantha läßt sich mit ihrer Antwort Zeit.
»Weißt du, Sabrina, ich glaube das ist eine Kombination von vielen Dingen. Erst einmal dein Einsatz für Gott und daß du Gutes tun willst und anderen Menschen, oder wie in meinem Fall, Tieren helfen möchtest. Und es hilft natürlich auch, wenn man seine Sensibilität trainiert.«
»Wie trainiert man denn seine Sensibilität?«
»Ich gebe nächste Woche wieder einen Kurs, wie man mit Tieren spricht und das Vertrauen in die eigene Aufnahmefähigkeit findet. Komm doch einfach.«
»Gerne.« Ich freue mich über die Einladung und kann es kaum erwarten.

6. Kapitel

Wie man seine Aufnahmefähigkeit erhöht, und wo der Punkt des Wohlbefindens sitzt

Eine Woche später fahre ich nach Manhatten Beach, einer Gegend südlich von Los Angeles. Samanthas Haus ist leicht zu finden. An der Tür lehnt ein Schild: »Willkommen in unserem Heim. Wir folgen dem japanischen Brauch, die Schuhe auszuziehen.«
Ich ziehe meine Schuhe aus und bin froh über meine weißen Socken. Kaum bin ich in der Tür, fliegt mir auch schon etwas entgegen. Ich ziehe schnell den Kopf ein, mache einen Satz nach vorne und trete dabei beinahe auf ein weißes Kaninchen.
»Komm rein«, höre ich Samantha rufen, »ich bin gerade dabei, Albert zu füttern.« Ihr Mann Stan, ein Hawaianer, begrüßt mich mit einer kräftigen Umarmung und schiebt mich in die Küche. Da sitzt Samantha mit einer Pinzette in der Hand und füttert ein federloses Etwas, das aussieht, als ob es von einem anderen Planeten kommt. Amüsiert stelle ich fest, daß mich selbst außerirdisches Getier bei Samantha nicht im geringsten wundern würde. Und da ist es wieder, das Gefühl der Vertrautheit, als wenn wir uns seit vielen Jahren kennen würden. Wer weiß, wahrscheinlich stimmt es sogar.
»Was ist denn mit Albert passiert?« will ich wissen.
»Er wurde mir von einem Klienten gebracht. Er litt unter einer seltsamen Krankheit, bei der er fast alle seine Federn verlor. Er vermißt das Fliegen.«

»Und woher stammen der Vogel und das Kaninchen im Wohnzimmer?« frage ich neugierig.
»Fluffy ist im Wohnzimmer?« fragt sie mich erstaunt. »Fluffy, komm her!«
Und da kommt das Kaninchen schon um die Ecke gehoppelt. Den Kopf leicht schief gelegt, beobachtet es mich aufmerksam, oder bilde ich mir das vielleicht nur ein? Ich schaue mich um und sehe zwei Nester an Samanthas Deckenlampe. Darunter steht ein Laufstall mit zwei weiteren Kaninchen und mein Blick aus dem Fenster streift vier Katzen, die gerade ihr Abendessen vertilgen. Ich sehe keinen Vogelkäfig. Offensichtlich fliegen die Vögel frei herum. »Hast du keine Angst, daß deine Vögel wegfliegen?« frage ich neugierig.
»O ich will, daß sie wegfliegen«, lächelt Samantha, »das bedeutet, daß sie gesund sind und sich selbst versorgen können.« Eigentlich hätte ich mir das denken können. Es paßt nicht zu Samantha, Tiere als unselbständige Wesen zu behandeln.
Albert scheint satt zu sein. Er hoppelt auf Samanthas Schulter, steckt seinen Schnabel in ihr Ohr und springt dann über ihren Rücken auf den Boden. Dann watschelt er am Kaninchen vorbei und macht es sich in Samanthas Hausschuh bequem.
Samantha schlägt eine gemeinsame Meditation vor, und ich nicke erfreut. Auf dem Weg ins Wohnzimmer fällt mir wieder einmal auf, wie anders mein Leben jetzt abläuft. Vor drei Jahren hätte ich noch tratschend am Küchentisch geklebt. Heute bete ich mit Freunden. Ich freue mich immer, neue Meditationstechniken zu lernen, und bitte Samantha, die Meditation zu führen. Dabei spricht sie leise, was sie innerlich erlebt. So kann ich ihrer Meditation folgen.
Wir sitzen aufrecht im Schneidersitz, die Hände, mit den Handflächen nach oben aufeinandergelegt.

»Diese Meditation ist eine meiner Lieblingsmeditationen«, erklärt sie leise, »weil sie so einfach ist: Lausche deinem Atem.«
Ich soll meinem Atem zuhören? Das ist alles? Na gut, sie wird schon wissen, was sie tut. Ich wußte gar nicht, daß mein Atem ein Geräusch macht, das ich hören kann.
Ich atme tief ein und aus, und ja, da ist der Ton, den mein Atem macht. Ich atme jetzt normal, und wieder höre ich den Ton. Einen bestimmten beim Einatmen und einen anderen beim Ausatmen. Ich konzentriere mich darauf, und alle andere Gedanken verschwinden. Ich merke schon nach kürzester Zeit, wie ruhig und gelassen ich mich fühle. Das ist ja herrlich! Die wohl einfachste Meditationsmethode, die mir jemals untergekommen ist.
Kaum sind wir fertig, klopft es an der Tür. Ich lächele. Es fällt mir auf, wie perfekt diese Meditationen immer aufhören. Herrlich, wie das Universum funktioniert.
Einer nach dem anderen kommt barfuß oder bestrumpft in Samanthas und Stans Wohnzimmer. Wir stellen uns vor, und dann beginnt auch schon Samanthas Workshop. Zuerst bittet Samantha, etwas von unseren Haustieren zu erzählen. Da ist Michael, dessen Katze immer in sein Bett pinkelt, wenn er ins Büro geht. Olivia, deren Hund sich so kratzt, daß er schon wunde Stellen an den Beinen hat. Karen, deren Katze nach dem Umzug kaum mehr fressen will. Paul, dessen Papagei, ein African Grey, kein Wort von sich gibt. Linda hat einen Hund, der jeden anderen Hund unbedingt beißen will. Mein Problem ist unser Hund Sister, der Barney, den orangefarbenen Kater, liebt und Boots, unsere schwarze Katze, regelmäßig wutentbrannt aus dem Haus jagt.
Samantha nickt bei all unseren Erzählungen verständnisvoll, und irgendwie habe ich das Gefühl, daß sie das alles schon mal gehört hat. Dann erzählt sie erst einmal von sich, von

Gott, ihrem Vater, von ihren ersten Erlebnissen mit den Vögeln, dem Fasan und ihren beiden Engeln, die immer an ihrer Seite sind.

»Tiere kommunizieren durch Gedankenübertragung. Und zwar nicht durch Worte, sondern durch Bilder.« Wir hören ihr aufmerksam zu. »Ist euch schon aufgefallen, was passiert, wenn jemand eine Katzenallergie hat und in ein Haus mit Katzen kommt?« – »Ja«, antwortete Karen, deren Katze nicht mehr fressen will, »alle Katzen kommen sofort zu dieser Person.«

Wir nicken, das stimmt. »Warum ist das so?« will Michael wissen.

»Was glaubt ihr«, fragt uns Samantha, »denkt diese Person, wenn sie Katzen sieht?«

Linda kapiert es als erste: »Klar, sie denkt: O mein Gott, schau die Katze, sie wird gleich zu mir kommen, und dann muß ich wieder fürchterlich niesen.«

»Und wie denkt diese Person das?«

»Indem sie sich das in Gedanken vorstellt. Sprich Bilder losschickt«, antworte ich und Samantha beendet meinen Satz: »... und dann fühlt sich die Katze gerufen und kommt her.«

»Was sollen wir also denken?«

»Genau andersherum: Stellt euch vor, die Katze macht einen großen Bogen um euch.«

Bei soviel Logik bin ich immer ganz baff. Ich nenne das mein Aha-Erlebnis – also so funktioniert das. Darauf hättest du auch selber kommen können.

Samantha bringt uns bei, wie man Gedanken sendet. Erst einmal geht das nur in Liebe, bei Ärger oder Zorn dringt kein Gedanke bis zum Tier vor. Es zieht sich zurück wie wir Menschen auch, wenn uns jemand anbrüllt. Dann spricht man ein Gebet und stellt sich in Bildern vor – wie Kino im

Kopf –, wie man das Verhalten der Tiere gerne hätte. Wenn ich mir dauernd vorstelle, wie Sister Boots aus dem Haus jagt, kann sich nichts ändern. Also muß ich mir vorstellen, daß Sister sitzen bleibt, wenn sich Boots ins Haus schleicht. Einfach andersherum. Und dann gehören auch noch die passenden Gefühle dazu.
»Stelle dir vor, wie du dich freuen wirst, wenn dein Tier das und das tut. Die Gefühle sind wie ein Telefonkabel. Sie transportieren deine Bilder zum Tier.«
Das Senden von telepathischen Informationen scheint relativ übersichtlich zu sein, aber wie sieht es mit dem Empfangen aus? Samantha bittet uns, einen Partner zu suchen. Ich drehe mich zu Linda, einer zierlichen Dreißigjährigen, die gleich neben mir sitzt.
»Einer von euch wird senden und der andere empfangen. Stimmt euch ab, und schließt eure Augen«, werden wir von Samantha gebeten. Linda will zuerst empfangen, also sende ich.
»In der Mitte eures Gehirns ist ein Punkt des Wohlbefindens«, fährt Samantha fort. »Stellt euch vor, ihr grabt einen Tunnel von dem Punkt zwischen euren Augen und einen zweiten von eurer Schädeldecke und diese beiden Tunnel treffen sich in der Mitte.«
An meinem Scheitel verläuft eine Linie senkrecht nach unten und von der Mitte meiner Augenbrauen ziehe ich eine weitere Linie waagerecht. Im Zentrum treffen sie sich und ich stelle fest, daß ich lächele. Da höre ich auch schon Samanthas Stimme: »Ihr werdet feststellen, daß ihr lächeln müßt.«
Woher weiß sie das, fährt es mir durch den Kopf. »Der Sender stellt sich jetzt ein Objekt vor. Ein einfaches Objekt mit einer starken Farbe. Wenn der Empfänger glaubt, sie zu haben, sagt er es einfach.« Was könnte ich mir nur vorstellen?

Vielleicht einen roten Ball. Das wird für Linda hoffentlich nicht zu schwer sein. Ich stelle mir vor, wie er sich dreht und springt. Das Rot ist kräftig, und er ist so groß wie ein Fußball. Gar nicht einfach, sich länger als fünf Sekunden auf diesen Ball zu konzentrieren. Plötzlich kommt ein Regenschirm dazwischen. Denke ich den, oder fange ich die Gedanken von jemand anderem auf? Also zurück zu dem Ball. Dann muß ich an Julia, meine Tochter denken: Ich darf nicht vergessen, ihr morgen einen Brief an die Kindergärtnerin mitzugeben. Sabrina, tadele ich mich, woran denkst du denn schon wieder. Und da ist wieder der rote Ball.
»Also, es muß irgend etwas Rundes sein.«
Überrascht öffne ich die Augen. Linda schaut mich fragend an: »Ist es rund?«
»Ja«, nicke ich.
»Orange vielleicht?«
»Fast«, versuche ich ihr zu helfen.
»Irgendwie sprang das Ding, ein Ball vielleicht?«
»Ja! Du bist ja gut!« freue ich mich.
»Nicht orange?«
»Rot, aber orangerot«, lache ich. Das ist ja spannend. Ich bin begeistert. »Jetzt ich.«
Ich schließe meine Augen und suche den »Punkt des Lächelns«. Mein inneres Blickfeld ist dunkel, und ich ertappe mich bei der Frage: Was könnte sich Linda bloß denken? Aufhören, rufe ich mir zu. Warte einfach ab. Ich bemerke bei den anderen eine freudige Stimmung, also müssen sie wohl alle ihr Objekt gefunden haben. Ich merke, wie ich mich unter Erfolgsdruck setze. Bitte, lieber Gott, bete ich, laß es mich auch sehen. Da kommt plötzlich ein Löffel aus der Dunkelheit nach vorne gesprungen. »Ein Löffel«, rufe ich freudig aus und öffne dabei meine Augen. Linda schaut mich überrascht an und antwortet zögerlich »Nein, tut mir leid«. Nächster Ver-

such. Ich schließe meine Augen wieder und werde von Objekten bombardiert: ein altes Auto, ein gelbes Kleid, eine kleine Katze und ein Brief. Das kann ja heiter werden. Das darf doch nicht wahr sein, fährt es mir durch den Kopf, bin ich der einzige Idiot, der das nicht kann. Jetzt bin ich total abgelenkt und mit Mühe und Not suche ich mir wieder den »Punkt des Lächelns«. Ich warte oder besser gesagt versuche zu warten. Was könnte sie sich bloß denken, meldet sich mein Verstand wieder. Das ist wie Rätselraten ohne den kleinsten Hinweis. Und wieder strömen mir Objekte entgegen: Ein dickes Buch, ein Ski, eine Kerze.

Langsam werde ich ungeduldig. Ich höre die anderen leise miteinander flüstern. Sie sind wahrscheinlich alle schon fertig, und ich bin die einzige, die das noch nicht kapiert hat. Kein Wunder, daß ich keine Engel sehe, ich kann ja noch nicht mal ein Objekt telepathisch auffangen. Also noch mal, rufe ich mich zur Ordnung. Erneut komme ich zum »Punkt des Lächelns« und warte einfach auf das nächste Objekt. »Eine Kuh«, sage ich bestimmt und hoffe sehnsüchtig auf ein begeistertes: »Sabrina, das ist ja fabelhaft. Es stimmt.« An Lindas Blick erkenne ich, daß ich die richtige Antwort nicht gefunden habe.

»Was war es denn?« frage ich frustriert.

»Die Sonne!«

Die Sonne! Einfacher geht es wahrlich nicht mehr. Etwas rundes, strahlendes, gelbes. Vielleicht hat jemand in meiner Nähe an eine Kuh gedacht? Wie war das noch mal mit dem Gruppenverstand? Jetzt will ich es wissen und frage. Nein. Niemand? Auch gut. Ich lasse einen tiefen Seufzer los. Jetzt tauschen wir unsere Erlebnisse aus. Bis auf mich und Michael hat jeder seine Objekte gefunden.

»Macht gar nichts«, meint Samantha, »das wird schon.«

Als nächstes sollen wir uns ein Gefühl vorstellen und es

zu unserem Partner schicken. Linda wirft mir ein aufmunterndes Lächeln zu. Vom Empfangen habe ich erst einmal genug.
»Macht es dir etwas aus, wenn ich wieder anfange?«
»Nur zu«, meint Linda.
Ich schließe die Augen und suche den Mittelpunkt meines Gehirns. Welches Gefühl soll ich ihr schicken? O ja, ich weiß schon. Ich schicke ihr mein Gefühl der Einsamkeit, das mir früher so vertraut war. Ich hatte nie das Gefühl, daß ich dazugehöre. Ich war so, wie ich dachte, daß die anderen mich haben wollen. Ich spielte eine Rolle. Ich spüre, wie es mir wieder den Magen zusammenzieht. Mein Hals tut mir weh, und meine Augen brennen. Ein Teil von mir beobachtet das Gefühl, wie ein Forscher etwas unter einem Mikroskop betrachten würde. Es fühlt sich an, als ob ein dicker Strick Magen, Hals und Augen miteinander verbindet und zuzieht. Zum ersten Mal beobachte ich meine Gefühle und gebe mich ihnen nicht einfach hin. Es ist spannend, wie viele unterschiedliche Bewegungen dabei ablaufen. Ich fühle die Tränen, die sich hinter meinen geschlossenen Augenlidern sammeln. Dieses Gefühl hatte ich fast vergessen. Wie stark das doch damals war. Ich atme einmal tief durch und öffne meine Augen.
Linda hat Tränen in den Augen. »Das hat so wehgetan«, schluchzt sie. »Alles in Ordnung?« rufe ich erschrocken.
»Ja, da ist dieses Gefühl in der Magengegend, als wenn sich alles zusammenzieht, und dann konnte ich nicht mehr schlucken und begann zu weinen.«
Ich starre sie mit offenem Mund an. Das ist ja Wahnsinn! Ich bestätige ihr jedes Wort.
»Wie fühlte sich das denn an?« will ich wissen.
»Das kann ich gar nicht in ein Wort fassen«, nachdenklich schließt sie ihre Augen noch mal. »Es war so eine Traurigkeit,

so ein Verlorensein, eine Einsamkeit, wie wenn man nirgendwo dazugehört.«
Meine Augen füllen sich mit Tränen. Ja, das war's. Dieses Gefühl, das mich damals oft begleitete und das ich immer unterdrückte. Wir umarmen uns. Eine Vertrautheit war zwischen mir und dieser vollkommen fremden Frau, die ich noch nie in meinem Leben gesehen hatte, entstanden. Da war eine Liebe und eine Achtung, ein gegenseitiges Verstehen. Schön war das. Unglaublich schön.
Nun war ich wieder dran. Mit einem tiefen Seufzer schließe ich meine Augen. Mal sehen, wie es jetzt gehen wird. Ich suche mir wieder den »Punkt des Lächelns« und höre noch Samanthas Stimme: »Beobachtet einfach euren Körper. Tastet ihn in Gedanken ab. Wo ist eine Bewegung, ein Gefühl das vorher noch nicht da war.«
Also gut, dann probiere ich das einmal. Meine Füße fühlen sich normal an. Meine Beine? Vielleicht ein bißchen schwer. Müde. Bin ich das, oder ist das Linda? Der Magen ist normal. Herz auch. Hals. Nichts. Mund. Auch nichts. – Moment mal. Da ist so ein komisches Ziehen an meinem Zahnfleisch. Ganz zart. Einfach nur abtasten, erinnere ich mich. Je stärker ich mich auf meinen Mund konzentriere, desto mehr nehme ich wahr. Die Zähne fühlen sich an, als wenn sie fest aufeinandergepreßt werden. Der Kiefer, als wenn er Muskelkater hätte. Komisch. Das habe ich noch nie gefühlt. Mir fällt ein ärgerliches Pulsieren auf. Ein Gefühl, daß ich nicht sagen kann, was ich will, kommt hoch. Nein, nein, es ist mehr eine Wut, daß ich nicht sagen kann, was ich eigentlich sagen möchte. Ein wütendes Zähneknirschen. Das soll von Linda kommen? Ich kann mir das nicht vorstellen. Sie ist doch so zart, so lieblich. Ja, das Wort paßt zu ihr. Diese Wut kann doch nicht von ihr stammen. Vielleicht ist das noch mein alter Ärger.

»Komm, mach endlich die Augen auf. Du brauchst aber lange«, höre ich in meinem Kopf. Sei still, beruhige ich den hektischen Teil von mir. Das ist zu spannend. Dieser Schmerz im Kiefer ist wirklich unglaublich. Fast wie ein Krampf. Ich mache meine Augen auf und schaue Linda aufmerksam an. Sie hebt fragend ihre Augenbrauen. Wieder fällt mir auf, wie zart, fast zerbrechlich sie aussieht. Schmale Schultern, ein helles, fließendes Kleid, ihre Beine hat sie fest angezogen. Sie soll so wütend sein? »Mach dir keine Gedanken, du liegst sowieso wieder verkehrt«, meckert es in meinem Kopf. Selbstsabotage ist immer noch die effektivste Methode, denke ich mir und schüttele über mich selbst den Kopf. Ich schaue Linda an und fasse mir ein Herz:
»Ich hatte das Gefühl, als ob mein Mund wie ein Schraubstock ist. Verschlossen, ärgerlich und wütend.«
Aufmerksam beobachte ich ihre Reaktion. Ihre Augen ziehen sich zusammen und werden dunkel.
»Ja«, gesteht sie traurig, »das war ein Gefühl aus meiner Kindheit. Ich mußte parieren. Wenn ich sagte, was ich dachte, gab es Prügel.« Ich fühle dieses Verständnis wieder, das wir eine Welle über mich kommt. Wir umarmen uns noch mal. Es ist fast, als ob wir uns gegenseitig von unseren früheren Wunden heilen würden. Als wir uns verabschieden, trifft es Michael auf den Kopf: »Ich gehe so viel leichter, als ich gekommen bin.« Wir nicken alle und lachen. Ja, das stimmt.
Ich bedanke mich in Gedanken nochmals bei Samantha. Was für eine wundervolle Frau sie ist. Ich öffne meine Augen, bleibe aber noch still vor meinem Altar sitzen.
Es ist schon erstaunlich, wie schnell jeder von uns damals die Grundbegriffe der Telepathie gelernt hat. Offensichtlich besitzen wir alle diese Fähigkeit. Wir müssen sie nur wieder hervorholen. Es ist eine natürliche Gabe, die wir eigentlich

alle beherrschen, wie essen oder trinken. Aber wollen wir denn wirklich telepathisch sein? Ich kann nämlich nicht sagen, ich lasse auf dieser Seite des Gehirns Telepathie zu, aber auf der anderen Seite habe ich meine Geheimnisse, und die gehen dich nichts an. Mit Telepathie gibt es keine Geheimnisse mehr. Nichts, was wir voreinander verstecken können. Es bleibt nur das einzige, wahre ICH übrig. Aber das würde ja bedeuten, daß jeder unsere Gedanken lesen könnte! Was für ein Konzept! Es gäbe keinen Betrug, keine Mißverständnisse, keine Heuchelei, keine Falschheit, keine Einsamkeit mehr. Meine Gedanken konzentrieren sich auf diese wundervollen Aussichten. Wir verschwenden soviel Energie damit, unseren Mitmenschen nicht zu zeigen, was wir fühlen, daß wir mit Telepathie wahrscheinlich sehr viel entspannter leben würden. Wir könnten uns gegenseitig helfen, ohne den Telefonhörer abzuheben. Wir würden fühlen, wenn jemand unsere Liebe und Unterstützung braucht. Wir bräuchten uns nicht mehr zu verstecken, wir könnten einfach so sein, wie wir sind. Ich stelle mir vor, wie anders unsere Verabredungen ausschauen würden. Liebespaare, Ehepaare. Eltern. Lehrer. Geschäftsleute. Politiker. Wir würden wahrscheinlich an einem Tag mehr erreichen als derzeit in einem Jahr. Jetzt schon erlebe ich es oft, daß mich jemand »zufällig« anruft, wenn ich an ihn denke. Das ist schon Telepathie, wahrscheinlich der Anfängerkurs. Ich spüre dieses Hochgefühl in mir, diese Freude um die Zukunft. Jetzt müssen wir nur noch bereit sein, unsere Gedanken lesen zu lassen. Deswegen wohl auch die Dringlichkeit aller weisen Lehrer, daß wir lernen müssen, unsere Gedanken zu kontrollieren. Positiv zu denken. Wieviel Prozent meiner Gedanken bin ich bereit lesen zu lassen?
Vor drei Jahren hätte ich noch mit 10 Prozent geantwortet. Doch hat sich viel an mir verändert, und ich beobachte sehr

genau, was ich denke. 95 Prozent meiner Gedanken würde ich heute, ohne rot zu werden, lesen lassen. Was ist mit den restlichen fünf Prozent?

Wann denke ich diese Gedanken, für die ich mich schäme. Langsam erkenne ich sie: Wenn ich Leute be- und verurteile. Wenn ich jemanden sehe, der wütend ist, und ihn kritisiere, daß er sich wohl noch nie über seine Gedanken »Gedanken« gemacht hat. Wenn jemand dreckig und schlampig ist. Wenn jemand alles auf andere schiebt. Doch wie werde ich diese Gedanken los? Ich muß einfach noch mehr Verständnis für meine Mitmenschen in ihren verschiedensten Situationen entwickeln. Denn wenn ich Verständnis habe, werde ich nicht mehr verurteilen. Jeder Mensch sucht nach Liebe und Geborgenheit und kreativer Erfüllung. Ich verspreche, mich noch mehr darum zu kümmern, mich noch mehr darauf zu konzentrieren.

Und wenn wir alle unsere Gedanken kontrollieren, wenn wir alle telepathisch kommunizieren, welchen Einfluß wird das auf unsere Engel haben? Wird es dann nicht einfacher für sie, sich mit uns auszutauschen? Sind es diese fünf Prozent, die mich davon abhalten, Engel zu sehen? Aber wieso sehen dann andere Leute Engel, die vielleicht ihre Gedanken nicht so kontrollieren wie ich.

Ich schließe noch mal meine Augen. Ich atme ein paar Mal tief ein und bitte Jao, meinen Engel, mir diese Frage zu beantworten. »Wieso sehen andere Leute Engel, die ihre Gedanken vielleicht nicht so kontrollieren wie ich?«

»Woher willst du wissen, daß andere Menschen ihre Gedanken nicht so kontrollieren wie du. Ist das nicht eine Annahme?« höre ich in meinem Kopf.

Ja, das stimmt. Das nehme ich an. Da ist vielleicht doch noch etwas vom spirituellen Größenwahn übriggeblieben. Wenn wir Engel in den Phasen unseres Lebens sehen, in denen wir

positiv denken, würde das nicht auch bedeuten, daß Kinder sehr viel mehr Engel sehen als wir? Ich warte auf die Antwort in meinem Kopf.
»Woher glaubst du, daß all die unsichtbaren Freunde eurer Kinder kommen?«
Ja, aber es heißt doch immer, daß das nur eine lebhafte Phantasie ist.
»Heißt das so?«
Wollt ihr mir etwa sagen, daß alle unsichtbaren Spielgefährten unserer Kinder Engel sind? frage ich in mir.
»Das ist es, was wir dir sagen wollen.«
Wie oft stand ich schmunzelnd dabei, wenn Eltern mir von den Erlebnissen ihrer Kinder erzählt haben. Und wie oft haben wir uns amüsiert, was für eine lebhafte Phantasie unsere Kleinsten doch haben. Also doch. Mit dem Älterwerden und dem Akzeptieren der »Realität« verlieren wir den Glauben und damit auch die Möglichkeit, unsere Engel zu sehen. Ich muß einmal mit einigen Kindern darüber sprechen. Da gibt es bestimmt viel zu lernen. Ich denke an meine Tochter Julia. Sie und ich sind auf jeden Fall telepathisch verbunden. Oft sagt sie Dinge, an die ich gerade denke. Ich muß es ihr noch öfter sagen, denke ich mir. Damit sie weiß, was sie tut.
Wir sind enge Freunde geworden, Samantha und ich. Ich nenne sie meine Schwester. Ich weiß noch, wieviel Hoffnung sie mir gegeben hat. Was sie alles gelernt hat. Daß das Dazulernen möglich ist. Den Glauben und das Vertrauen an ihre Engel, auch ohne sie gesehen zu haben. Ist es leichter für sie, weil sie als kleines Kind schon spirituell war? Weil sie glaubte, daß Gott ihr leiblicher Vater ist?
Ich hatte immer nur das Gefühl, daß ich bei der Geburt vertauscht worden bin. Ich fühlte mich einsam in meiner Familie. Das einzige Spirituelle, woran ich mich als Kind

erinnere, war, daß ich einmal in den Spiegel blickte und mein Gesicht betrachtete. Und ich dachte mir: »So sehe ich jetzt also aus. Komisch.« Ansonsten erinnere ich mich nur, daß ich als Kind immer gewußt habe, daß es besser wird, wenn ich endlich erwachsen bin. Ich konnte es kaum erwarten, alleine zu leben. Wir lebten in engen Verhältnissen. Mein Vater war Raumausstatter, sehr begabt, aber unfähig, mit seinen Finanzen umzugehen, und Alkoholiker. In der Enge unserer Drei-Zimmer-Wohnung ging meine lebensfrohe Mutter ein. Drei Töchter, keine Hilfe, wenig Geld und eine unglückliche Ehe. Ich hatte immer eine ganz bestimmte Vorstellung, wie schön ein Familienleben zu sein hat. Und ich wollte es selbst formen, aber dazu mußte ich erst einmal größer werden. Ich kann mich noch genau an meinen 12. Geburtstag erinnern. Noch sechs Jahre! Sechs Jahre, und dann kann ich endlich alleine leben. Ich spürte, daß es einfacher sein würde, wenn ich endlich meine eigenen Entscheidungen treffen könnte und nicht mehr abhängig von den Stimmungen meines Vaters wäre. Noch sechs Jahre!
Ich hätte gerne von Engeln gewußt und gerne welche gehabt, die mich trösten. Doch soweit ich mich erinnern kann, gab es kein Erlebnis, das auch nur annähernd einer Engelsbegegnung entsprach. Vielleicht ist es ein angeborenes Talent? Einer ist musikalisch oder sprachbegabt, und der andere sieht Engel. Oder ist das Engelsehen etwas, das wir lernen können wie rechnen und schreiben. Wie wichtig ist es, Engel zu sehen? Reicht es nicht auch, wenn wir sie spüren? Irgendwie würde ich mit mehr Autorität sprechen können, wenn ich Engel schon einmal gesehen hätte. Schließlich gebe ich Seminare und Workshops darüber, wie man Kontakt mit seinen Engeln aufnehmen kann. Wäre es nicht herrlich, wenn ich sagen könnte: »Ja, ich habe sie schon mit eigenen Augen gesehen. Ich verspreche euch, daß es Engel gibt.«

Würde das nicht den Leuten helfen, die zu mir ins Seminar kommen? Ich wäre dann sozusagen der Experte. Bin ich weniger Fachfrau, weil ich sie noch nie gesehen habe? Hm. Ich sehe jetzt schon sehr viel mehr als früher, vielleicht ist das Engelsehen einfach eine weitere Stufe?
Vor zwei Jahren lernte ich, wie man eine Aura sieht. Das war recht einfach. Einfacher als schreiben lernen. Ich las damals das Buch *Die Prophezeiungen von Celestine* von James Redfield, und in einem der Kapitel wird beschrieben, wie es funktioniert.
Am besten geht es bei Sonnenuntergang, wenn das Licht nicht so grell ist. Ich konnte es kaum erwarten, bis die Abenddämmerung kam. Werde ich wirklich in der Lage sein, die Aura meines Fingers zu sehen? Ist das so einfach, wie es in dem Buch beschrieben wird? Funktioniert es auch, wenn man kurzsichtig ist? Ich hatte Angst, daß es nicht klappt. Werde ich mir einbilden, daß ich etwas sehe, nur weil ich es unbedingt sehen will?
Kurz nach dem Abendessen ging ich nach draußen. Ich atmete ein paarmal tief durch, um mich zu beruhigen, und sprach ein kurzes Gebet: »Lieber Gott, bitte hilf mir. Ich will unbedingt diese Aura sehen!« Wie war das noch einmal beschrieben? Ich soll meine Hände auf Augenhöhe hochheben und 20 Zentimeter vor meinen Kopf halten. Ich hob sie hoch und streckte meine Zeigefinger aus, ließ sie sich fast berühren und konzentrierte mich auf den Baum im Hintergrund. Gleichzeitig versuchte ich auf meinen Finger zu schauen, ohne mich darauf zu konzentrieren. Im Buch stand, daß man die Aura nicht durch Konzentration wahrnimmt, sondern durch Leichtigkeit. Das ist gar nicht so leicht mit dieser Leichtigkeit, sich nicht auf das zu konzentrieren, was man sehen will. War da nicht ein heller Schein um meine Fingerspitzen? Ich konzentriere mich darauf, und schon ist er

verschwunden. Klar, ich habe mich ja darauf konzentriert. Also noch mal. Ich sehe diesen drei Millimeter dicken Schein. Moment mal, der wird ja größer! Komisch. Ich nehme meinen Finger nach unten und betrachte die Hügel im Hintergrund. Wie durch Zufall fällt mir auf, daß jetzt der Baum im Vordergrund steht, und ich sehe um den Baum die Aura. Allerdings größer als um meinen Finger. Pulsierend fast. Ich bin fasziniert. Ich betrachte die Hügelkette und konzentriere mich auf den fast dunklen Himmel. Die ganze Hügelkette hat diesen Schein! Das ist ja unglaublich, daß mir das früher nie aufgefallen ist. Die Erinnerung daran bringt mich zum Schmunzeln. Ich lief damals ins Haus zurück und rief vor Freude aus: »Ich kann die Aura sehen, ich kann die Aura sehen!« Mein armer Mann hat schon einiges mit mir erlebt. Ich öffne meine Augen und schaue in die Kerze, die ruhig und fast bewegungslos auf meinem Altar brennt. Auch hier sehe ich die Aura der Flamme. Zartes, hellblaues Licht, das sich an die Flamme schmiegt. Kleine Regenbogenstreifen fallen mir bei einer plötzlichen Bewegung des Lichtes auf. Früher habe ich solche Kleinigkeiten nie bemerkt. Ich habe wohl nie genau hingesehen. Vielleicht gilt das gleiche für die Engel? Ich sehe jetzt öfter für Sekundenbruchteile Bewegungen oder komische Fragmente von irgend etwas in meiner Nähe.

Vielleicht ist das ein Engel? Vielleicht muß ich nur mehr auf dieses »irgend etwas« aufpassen, das ich aus meinen Blickwinkeln erhasche?

7. Kapitel

Warum Engel gerne bei Alltäglichkeiten helfen und von der Macht der Gebete

Durch mein erstes Buch, meine Seminare und Radiosendungen erhalte ich viel Post, die ich auch ausführlich beantworte. Dafür ist der Morgen am besten geeignet. Ich gehe nur ein paar Schritte von meinem Altar zum Schreibtisch. Dieser kurze Weg hat für mich eine tiefere Bedeutung. Ich habe erkannt, daß ich meine Spiritualität und mein Leben nicht trennen kann. Früher war ich »heimlich« spirituell. Nur nicht darüber reden. Ich betete alleine, wenn ich etwas erreichen wollte. Wenn ich zum Beispiel mit einer Gruppe von Leuten zusammensaß und wir gemeinsam an einem Projekt arbeiteten, habe ich die anderen nie aktiv an meinen Gebeten beteiligt. Ich betete *für* sie und nicht *mit* ihnen. Das fiel mir zum ersten Mal auf, als wir umzogen. Das Haus hatte alles, was wir brauchten, war aber renovierungsbedürftig. Unsere einzige Herausforderung war die Zeit. Mir war klar, daß dieser Umbau anders ablaufen mußte als der in unserem alten Haus. Wir gaben damals doppelt soviel Geld aus, wie wir geplant hatten, vieles ging daneben, und die Umbauarbeiten zogen sich über ein Jahr hin. Das wollte ich vermeiden. Doch wie?
»Lebe, wovon du sprichst«, höre ich in meiner Meditation, und ich weiß genau, was damit gemeint ist. Da kam auch schon eine Idee. Ich brauche ein Gebet, eines, bei dem jeder, der zum Haus kommt, das Gefühl hat, daß er ein Teil dieses Schöpfungsprozesses ist und nicht einfach jemand, den wir

bezahlen, damit er gefälligst seine Arbeit tut. Diesen Gedanken behielt ich im Kopf und bekam dann von meinem Engel Jao ein Gebet. Ich schrieb es auf ein riesiges Blatt Papier und hängte es über die Haustür.

> Wir erbitten Gottes Segen für dieses Land
> und dieses Haus.
> Mögen alle Neuschöpfungen und
> Veränderungen mit
> Freude und Harmonie erfolgen
> und alle, die daran arbeiten, gesegnet sein.
> Wir wünschen einen wundervollen Tag.

Eine Bekannte konnte sich gar nicht mehr beruhigen: »Aber Sabrina, die denken doch, du bist verrückt?« Ich mußte lachen: »Ja, und da ich nicht mehr so tun muß, als wenn ich normal wäre, kann ich endlich tun, was ich für richtig halte!«
Was ist schon normal? Die Vorstellung von normal ändert sich in der Gesellschaft oft genug. Irgendwann wird meine Ansicht einmal normal sein. Ich kann es kaum erwarten!
Dann traf ich mich mit meinem Bauleiter.
»Das dauert mindestens vier Monate«, war seine Prognose.
»Ich habe aber nur sechs Wochen. Glauben Sie an Wunder?«
»Wunder? Nicht auf dem Bau«, antwortete er.
»Schauen Sie, ich weiß, daß ich alles, woran ich glaube und worauf ich mich konzentriere, auch erreichen kann. Ich glaube, wir können das in sechs Wochen schaffen, und ich habe auch schon einen Plan. Wenn Sie aber nicht daran glauben, wird es nie gelingen. Denn Ihre Annahme wird dieses Projekt davon abhalten, in sechs Wochen fertig zu sein. Also, ich kann Sie nur engagieren, wenn Sie daran

glauben, daß es möglich ist, in sechs Wochen fertig zu werden.«
Pause. Lange Pause. Er denkt nach, schluckt, Nach einer langen Weile antwortet er: »Nun gut, ich kann es ja mal versuchen. Vielleicht ist es wirklich in sechs Wochen zu schaffen.«
Wir haben es in sechs Wochen geschafft. Meine Engel haben mich unterstützt, wo sie nur konnten. Fast bei jeder Entscheidung fragte ich. Alle Voraussagen (Sind das tragende Mauern oder nicht? Jao: nein) waren richtig. Meine Handwerker haben sich angewöhnt, das Wort »Problem« mit dem Wort »Herausforderung« zu ersetzen. Mein wohl phantastischstes Erlebnis war, wie mir mein Bauleiter von einer neuen »Herausforderung« erzählte. Er führte mich in den Garten zur Terrasse, die aus Ziegel besteht. Eines der Regenabwasserrohre darunter war verstopft, und die Arbeiter hatten ohne Erfolg versucht, es durchzustoßen. Nun suchten sie die andere Seite in der Hoffnung, daß es von dort aus gelingen würde. Aber sie konnten das Ende des Fallrohres nicht finden. Da wir auf einem Hügel wohnen, konnte es in jede Richtung gelegt worden sein. Sie glaubten, es ging geradeaus, und seit sieben Stunden wurde am Ende der Ziegelterrasse gegraben. Diese Rohre haben nur sechs Zentimeter Durchmesser, und man kann sie leicht verpassen. »Was ist die Alternative?« frage ich, und mir wird erklärt, daß wir vielleicht die ganze Terrasse abtragen müssen, um es zu finden. Wenn das Rohr verstopft bleibe, gäbe es eine Überschwemmung im Haus.
Das kann es nicht sein, denke ich mir und höre auch schon den Gedanken in meinem Kopf: »Du kannst das Rohr finden.«
»Ich?«
»Ja.«

»Nun gut, wenn ihr sagt, daß ich es finden kann, dann wird das schon stimmen.« Ich drehe mich zu meinem Bauleiter, dem Klempner und dem armen Mann, der in der Erde gräbt, und sage: »Mein Engel sagt, daß ich das Rohr finden werde.« Der Klempner schaut mich an, als ob er in meinem Oberstübchen gehörig zu arbeiten hätte, und eine winzigkleine Stimme in meinem Kopf meint: »Wenn du es jetzt nicht findest, hast du dich ganz schön blamiert.« Das ist meine Angst, die sich jetzt schon sehr viel weniger meldet als früher, aber gelegentlich doch noch zum Vorschein kommt. Ich stelle mich auf den Punkt wo der Klempner die Verstopfung gefunden hat, schließe meine Augen und spreche ein Gebet: »Lieber Gott, liebe Engel, hier bin ich. Was soll ich jetzt tun?« Ich habe das starke Gefühl, daß ich meine Augen geschlossen halten muß, damit ich mich besser konzentrieren kann. Dann höre ich, wie ich meine Arme nach vorne strecken soll und es heißt: »fühle.« Die Arbeiter um mich herum sind ganz still geworden. »Was soll ich fühlen?« frage ich in Gedanken. »Fühle«, ist die einzige Antwort. Ich beobachte meinen Körper, taste ihn ab, wie ich es bei Samantha gelernt habe, und spüre ein zartes Ziehen in meinen Fingerspitzen. Langsam bewege ich mich in die Richtung, in die es mich zieht. »Wohin zieht es mich jetzt?« Weiter nach vorne. Also den nächsten Schritt. Nochmal einen Schritt und noch einen. Dann zieht es mich plötzlich scharf nach links und wieder scharf nach rechts. Ich folge mit kleinen Schritten. Irgendwann fühle ich die Hecke an meinen Beinen, die das Ende der Terrasse ankündigt. Ich öffne meine Augen und schaue nach unten. Hinter der Hecke ist schon fleißig gegraben worden. Nur wo ich hinschaue ist die Erde noch unberührt, und ich sage zu den überraschten Männern. »Da müßt ihr graben. Unter dem einzelnen Blatt ist das Rohr.« Mir fällt sofort auf, mit welcher Bestimmtheit ich das äußere. Nicht: Da *könnte* die Leitung

sein. Nein, da *ist* die Leitung. Der Bauleiter und ich gehen zur Garage, und kurz danach kommt unser Klempner mit dem erstauntesten Gesichtsausdruck, den ich jemals gesehen habe: »Wir haben das Rohr gefunden.« Er schaut mich an, als ob ich vom Mars kommen würde. »Und es war genau da, wo Sie gesagt haben.« Ich freue mich riesig. Rohre hatte ich bis dahin noch nie gefunden.
»Du hast bisher auch noch nie welche gesucht«, höre ich im Kopf. Auch wieder wahr.
Eine halbe Stunde später kommt der Bauleiter zu mir und ich merke, es liegt ihm etwas auf der Seele. »Ich hätte da mal eine Frage«, sagte er zögerlich, und ich nicke ihm aufmunternd zu.
»Also, ich bin jetzt schon seit ein paar Wochen da, und ich verstehe ja, daß Sie oft die Augen zumachen und mit Ihren Engeln sprechen.« David, ein großer schlaksiger 40jähriger, schaut mir nachdenklich in die Augen. »Schauen Sie, mir wurde als Kind beigebracht, daß man Respekt vor Gott hat und natürlich auch vor seinen Engeln. Ich meine«, er macht eine Pause und schaut entschuldigend, »die stört man nicht alle fünf Minuten wegen irgendeiner Kleinigkeit. Haben sie nichts Besseres zu tun als uns beim Wassersuchen zu helfen?« Jetzt ist es raus, und er atmet erleichtert auf.
»Ich verstehe, was Sie meinen, David. Haben Sie einen Verwandten, den Sie nur ab und zu sehen?«
David blickt erstaunt auf. Er weiß nicht, worauf ich hinaus will.
»Ja, ich habe einen Onkel, den ich nur alle Jubeljahre einmal treffe.«
»Würden Sie sagen, Sie haben ein enges Verhältnis zu ihm?«
»Nein.«
»Würden Sie ihn um Rat bitten, wenn Sie Unterstützung brauchen?«

»Nein, ich kenne ihn ja kaum.«

»Genauso ist es mit Gott und seinen Engeln. Je mehr Zeit Sie mit ihnen verbringen, je näher Sie sich kommen, desto besser lernen Sie sie kennen.«

»Das leuchtet mir ein, aber sollte ich Gott nicht mit diesen Kleinigkeiten verschonen?«

»Warum?«

»Vielleicht hat er Besseres zu tun?«

»Vielleicht freut es Gott und unsere Engel, wenn sie um Unterstützung gebeten werden. Vielleicht fühlen sie sich dann willkommen. Und je öfter wir sie einladen, das ist wie bei unseren Verwandten, desto öfter kommen sie und um so natürlicher halten sie sich bei uns auf.«

»Das stimmt.«

»Ich glaube, es ist wichtig, daß wir ein persönliches Verhältnis zu Gott entwickeln. Daß wir mit unseren Engeln ganz normal umgehen, wie mit einem engen Freund, der immer bei uns ist. Ich frage meine Engel sogar nach einem Parkplatz.«

»Nach einem Parkplatz?«

»Ja, immer wenn ich beim Autofahren am Ziel ankomme, bitte ich meine Engel um einen Parkplatz.«

»Und?«

»Ich finde immer einen.«

»Das werde ich jetzt auch einmal probieren«, antwortet David.

Er dreht sich um und bleibt dann abrupt stehen. »Da hätte ich noch eine kleine Frage.«

»Nur zu.«

»Muß ich denn irgend etwas Besonderes tun, um mein Verhältnis mit Gott und den Engeln ein bißchen ... ein bißchen enger zu gestalten?«

»David, stellen Sie sich vor, Gott, will bei Ihnen einziehen.«

»Bei mir? In meine Wohnung?«

»Ja, aber ich meine eigentlich mehr in Ihren Körper. Würden Sie sagen: Weißt du, Gott, suche dir lieber jemand anderen. Ich esse nur Fastfood, lache kaum, tanze nie, singe nur an Feiertagen, außerdem gefalle ich mir nicht, wie ich aussehe. Ich bin ein bißchen schlampig mit meinen Klamotten, in meiner Wohnung liegt zuviel Kram herum. Ich glaube nicht, daß du dich bei mir wohlfühlen würdest. Oder sagen Sie: Ich habe schon alles vorbereitet. Ich achte meinen Körper und passe auf, was ich ihm zum Essen gebe. Ich segne meine Nahrung, kümmere mich um mein körperliches Wohlbefinden. Ich bin oft an der frischen Luft, bekomme Massagen und entspanne mich regelmäßig. Ich lache viel und tanze gern. In meiner Wohnung umgebe ich mich mit Blumen und herrlichen Farben, Düften und Musik. Ja, lieber Gott, du kannst bei mir einziehen. Ja, liebe Engel, ihr werdet euch bei mir wohlfühlen. Und wenn ich sonst noch etwas zu eurem Wohlbefinden beitragen kann, werde ich es tun.« In Davids Augen geht ein Leuchten auf.
»Ich verstehe, was Sie meinen. Wir müssen uns achten und uns selbst anständig behandeln.«
Ich nicke.
»Ja, unser Körper ist unsere Kirche, unser Tempel, unser Schloß. Und es liegt in unserer Verantwortung, wie dieser Tempel aussieht. Das ist keine Eitelkeit, sondern hat etwas mit Achtung zu tun. Sich selbst zu achten und zu ehren läßt uns auch andere achten und ehren.«
Nach sechs Wochen verabschieden sich David. Er hat eine neue Frisur, und mir ist aufgefallen, daß seine Hemden in den Farben lebhafter wurden. Ich umarme ihn am letzten Tag und bedanke mich für seinen Einsatz und seine vielen Talente.
»Übrigens, die neue Brille steht Ihnen gut«, mache ich ihm ein Kompliment.

»Ich dachte mir, wenn Gott schon bei mir einzieht, soll er wenigstens anständig sehen können.«
Wir lachen über seinen Witz.
In Gedanken bedanke ich mich noch mal bei ihm und seinen Mitarbeitern und betrachte liebevoll mein Studio, das mit ihrer Hilfe so geworden ist, wie ich mir das vorgestellt habe. Dieses Zimmer ist der äußere Beweis dafür, daß ich nicht mehr zwischen Spiritualität und normalem Leben trenne: Ich lebe jetzt ein spirituelles Leben. Das bedeutet, daß ich immer so bin, wie ich bin. Es ist eine Herausforderung, auch dann sein Essen zu segnen, wenn es keiner am Tisch tut. Nicht zu tratschen, wenn jeder über jeden spricht. Da wird die eigene Integrität geprüft. Selbst wenn es für meine Umgebung eine Herausforderung ist, will ich mich nicht verstellen. Bin ich, wer ich bin, oder bin ich, wie die anderen mich haben wollen? Es ist viel einfacher, nur ich zu sein.
Ich zünde die Kerze auf meinem Schreibtisch an. Auch er ist zu einem Altar geworden. Da sind Kristalle und Engelstatuen, da ist eine Kerze, die immer brennt, wenn ich arbeite, eine Schale für die Räucherstäbchen. Statuen von Johanna von Orleans und Albert Einstein stehen hinter den Bildern meiner Familie. Ich umgebe mich gerne mit Dingen, die ich bewundere und die mich inspirieren. Einstein bewundere ich für seinen unkonventionellen Verstand und Johanna von Orleans für ihre Stärke, ihren Visionen zu folgen. Und dann öffne ich den ersten Brief.
Zwei Stunden später kommt meine Tochter verschlafen herein und will auf meinen Schoß. Ich singe mit ihr unser Guten-Morgen-Lied, und wir gehen in die Küche zum gemeinsamen Frühstück. Mein Mann liest seine Zeitung, und eine halbe Stunde später gebe ich beiden ihre Küsse und winke ihnen zu, wie sie gemeinsam im Auto wegfahren. Mein Mann bringt Julia jeden Morgen in den Kindergarten.

Nach dem Duschen kommt auch schon meine Assistentin Sünje, und wir gehen den Tagesplan durch. Termine für meine Klienten, Besprechungen, Besorgungen.
Heute morgen will meine Freundin Deborah Renteria vorbeikommen. Sie ist eine Jin-Shin-Jytsu-Therapeutin, das ist wie Akupunktur ohne Nadeln. Zuerst hört sie am Puls ab, wie der Körper sich fühlt, und dann legt sie zart ihre Fingerspitzen auf die Akupunkturpunkte. Ich wußte am Anfang nie genau, was eigentlich mit mir passiert, nur daß es mir unglaublich guttut. Als ich mehr und mehr meinen Körper verstehen lernte und sehr viel sensibler wurde, begann ich die einzelnen Verbindungen in meinem Körper zu erkennen. Wenn Deborah jetzt ihre Finger auflegt, fühle ich genau, welche Organe oder Körperteile miteinander verbunden und somit ausbalanciert werden. Wir haben eine gemeinsame Patientin, die gerade eine Krebsoperation hinter sich hat, und wollen zusammen meditieren und für sie beten.
Die wundervolle Wirkung von Gebeten wurde mir von meiner Tante Erna und meinem Freund Stan bestätigt. Meine Tante Erna hatte ein schwere Operation vor sich und am Tag zuvor fühlte sie schon die Kraft der Gebete: »Ich fühle mich so gut, Sabrina«, sagte sie zu mir am Telefon. »Ich fühle mich richtig leicht. So viele Menschen denken an mich, das fühle ich richtig.« Die Operation verlief gut, und nach einer Woche wurde sie nach Hause entlassen. Doch damit hörten auch die Gebete auf. »Weißt du Sabrina, jetzt wo jeder denkt, ich bin aus dem Gröbsten raus, fühle ich die Gebete gar nicht mehr. Sie haben mir so gutgetan, ich brauche sie noch.« Ich verstand. Die ganze Verwandtschaft fing wieder zu beten an. Mein Freund Stan, Mitte Sechzig und ein Berg von einem Mann, hatte einen Herzanfall. Er selbst ging der Idee vom Sterben jahrelang erfolgreich aus dem Weg: »Wenn irgend jemand ernsthaft krank war, konnte ich mich kaum mehr als

zwei Minuten am Krankenbett aufhalten und schon fühlte ich mich, als wenn mir die Luft abgeschnitten wird. Ich schickte lieber Blumen oder schrieb einen belanglosen Brief mit ein paar guten Wünschen. Beerdigungen vermied ich und schob schnell eine »unaufschiebbare« Geschäftsreise vor. Ich wollte es nicht zugeben, aber ich hatte panische Angst vor dem Sterben. Ich ließ mich jedes Jahr von meinem Arzt von Kopf bis Fuß untersuchen, und mir wurde immer wieder bestätigt, daß ich rundum gesund sei. Und da erwischte es mich. Ich war im Bodybuilding-Center und fühlte komische Muskelschmerzen in beiden Armen. Ich hatte am Tag davor ein bißchen zuviel gefeiert, zuviel Butter auf meinem Steak und zuviel Bier nachgeschüttet und dachte, ich hätte einfach einen Kater. Ich ging nach Hause, und meine Frau gab mir eine Schmerztablette. Dann ging es mir besser, und ich wollte zum Büro fahren. Im Auto wurde mir gleich wieder schlecht, und ich drehte um. Meine Frau bemerkte, wie grau ich im Gesicht war, und wir riefen einen Freund an, der Arzt ist. Der hörte mir ein paar Minuten zu und schickte mich dann zum Notarzt ins Krankenhaus. Im Krankenhaus machten sie verschiedene Tests, bis sie herausgefunden hatten, daß ich dringendst eine Bypass-Operation brauche, da eine meiner Arterien blockiert war. Die Operation wurde für den nächsten Morgen anberaumt, und meine Frau rief alle unsere Freunde an und bat sie, für mich zu beten. Dreimal am Tag. Jeweils um neun Uhr, um zwölf Uhr und am Abend um acht beteten meine Freunde für mich. Manche alleine, einige unserer Freunde gemeinsam. Dabei zündeten sie immer eine Kerze an. Am Vortag meiner Operation, nachdem meine Frau mit allen unseren Freunden telefoniert hatte, war das erste gemeinsame Gebet für den Abend angesetzt. Meine Frau zündete eine Kerze neben meinem Bett an. Innerhalb einer Stunde ging es mir besser. Ich war ruhiger, gelassen.

Nach zehn Minuten merkte ich, daß ich immer ruhiger wurde. Vorher hatte ich mir irrsinnige Sorgen gemacht. Ich war nervös, hektisch, gereizt und ängstlich. Ich, der dem Tod aus dem Weg ging, stand plötzlich vor einer Operation, die auch schief gehen kann. Und dann kam diese Ruhe über mich. Die Operation verlief wunderbar, und meine Ärzte bestätigten mir, daß sie noch nie jemand gesehen haben, dessen Narben so schnell verheilten. Ich wußte, daß das mit den Gebeten zu tun hatte. Wenn ich es nicht selbst an mir erlebt hätte, hätte ich es nie geglaubt. Die Ruhe, die Gelassenheit, die Sicherheit und die Liebe, ich fühlte alles in mir. Nicht schlecht, nicht wahr?«
Ich fragte ihn damals auch, ob er Engel gesehen hätte. »Weißt du, ich glaube, es war eine Kombination von Gebeten und himmlischen Kräften. Gesehen habe ich keine Engel, aber ich fühlte mich oft umarmt. Diese Operation hatte einiges für sich. Unter anderem habe ich seitdem keine Angst mehr vor dem Tod. Ich habe nie gedacht, daß ich mich in solchen Krisensituationen heldenhaft verhalten würde, aber mit Hilfe der Gebete habe ich es recht gut gemeistert.«
Alles ist Energie, und jeder Gedanke verschwindet nicht auf Nimmerwiedersehen. Jeder Gedanke erreicht sein Ziel. Jedes Gebet den, der das Gebet braucht.

8. Kapitel

Von Engeln, die wie himmlische Tanten sind, und vom Suchen, Fühlen und Vertrauen

Es wird wieder einmal ein herrlicher Tag werden, wie mir der Blick aus meinem Fenster bestätigt. Los Angeles hat fast nur herrliche Tage, und da kommt auch schon Deborahs Wagen.
Ich weiß, daß ich heute Deborahs Hilfe brauche. Vielleicht hat sie ein paar gute Ideen, wie ich mit meiner Engelssuche vorankomme. Von Deborah habe ich gelernt, auf meine Instinkte zu hören und auch darüber zu sprechen. Wie einsam fühlte ich mich bei den ersten Schritten in die Spiritualität. Meine alten Freunde sprachen nicht über Gott, frühere Leben oder Engel. Meine spirituellen Lehrer waren in Deutschland, und ich lebte hier ganz alleine. Das dachte ich zumindest. Heute weiß ich, daß Los Angeles eines der spirituellen Zentren ist, und ich muß immer schmunzeln, wenn ich daran denke, daß ich davon damals keine Ahnung hatte.
Meine alten Freunde verschwanden langsam, einer nach dem anderen. Verabredungen wurden abgesagt. Freunde zogen weg oder waren plötzlich zu beschäftigt. Das fiel sogar meinem Mann auf, der sowieso sehr besorgt über die »neue« Sabrina war: »Siehst du«, meinte er, »vielleicht gehst du wirklich etwas zu weit.« Ja, dachte ich, vielleicht tue ich das wirklich. Ist denn niemand hier, mit dem ich reden kann? Damals traf ich Deborah auf einer Party, und wir schlossen uns sofort ins Herz. Sie sprach über Gott wie andere Leute

über Nachtisch. So ganz normal. Sie sagte Sätze wie: »Mein Schutzengel meint das und das« oder »Da muß ich erst mal meditieren« oder »Ich habe so ein Gefühl der Traurigkeit« oder »Ich hatte so ein Gefühl, ich muß Dich anrufen«. Ich kannte niemanden, der so sprach und so offen mit seinen Gefühlen umging. Und ich traute mich es erst recht nicht. Ich wollte doch so gerne als Intellektuelle dastehen. Zu dem Zeitpunkt dachte ich noch, ich müßte mich zwischen Intelligenz und Spiritualität entscheiden. Mein Verstand ist ganz in Ordnung, lernte ich, ich darf ihn nur nicht dazu benutzen, meine Gefühle zu unterdrücken und ihn alle meine Entscheidungen alleine treffen zu lassen. Mein Leben ist Teamarbeit: Zwischen Gott und mir: meinem Verstand, meiner Seele, meinem Körper und meinen Gefühlen.
Ich lernte von Deborah, mich auszudrücken. Nicht nur den Verstandesteil von mir, sondern auch den Gottesteil, den Seelenteil und den Gefühlsteil. Sie machte es mir vor, und ich lernte schnell. »Ich muß dich etwas fragen«, fange ich an, als wir es uns auf den Gartenstühlen bequem machen. Wir sitzen unter einem Dach von orangefarbenen Begonien, und Deborah, eine strahlende Mitvierzigerin, hebt eine der abgefallenen Blüten auf und streichelt sie zärtlich. »Erzähl mir von deinen Engeln«, bitte ich sie, »kannst du sie sehen?«
»O ja«, sagt sie und lächelt dabei. »Habe ich dir jemals erzählt, wie mir meine Engel das Schwimmen beigebracht haben?«
»Nein«, rufe ich aus, »erzähl!« Gespannt lehne ich mich nach vorne.
»Meine Eltern fuhren mit mir in jenem Sommer aufs Land. Wir besuchten unsere Verwandten. Ihr Haus lag neben einem See, und meine Eltern waren ein bißchen besorgt, denn ich konnte noch nicht schwimmen.«
»Wie alt warst du?«
Sie denkt kurz nach: »Ich muß um die fünf Jahre alt gewesen

sein. Meine Eltern wollten mir unbedingt das Schwimmen beibringen. Manche Eltern sind bestimmt gute Lehrer, meine waren furchtbar hektisch und nervös«, erklärte sie lachend. »Und natürlich übertrug sich ihre Nervosität auf mich. Irgendwie wollte ich mir das Schwimmen lieber alleine beibringen. Ich brauchte einfach mehr Ruhe dazu. Mein Eltern brachen den Schwimmunterricht entnervt ab, und ich mußte versprechen, daß ich ohne einen Erwachsenen nicht in die Nähe des Sees gehen würde. Ohne Zögern gab ich das Versprechen. Ich war ein sehr zuverlässiges kleines Mädchen, und meine Eltern wußten, daß sie sich auf mich verlassen konnten«, erklärt sie schmunzelnd.
»Komisch. Irgend etwas glaube ich dir daran nicht. Das hast du deinen Eltern doch nur so versprochen?« fragte ich neugierig.
»Das stimmt, ich hatte nämlich schon einen Plan. Für diesen Nachmittag hatte sich Besuch angemeldet. Jugendfreunde meiner Eltern, und ich hoffte auf etwas Zeit alleine. Ich stellte mir vor, wie ich die Erwachsenen unbemerkt alleine lassen würde, um in Ruhe alleine meine ersten Schwimmversuche zu machen. Meinen Badeanzug versteckte ich vorsorglich neben dem langen Bootssteg, der tief in den See hineinragte.«
Deborahs Augen leuchten: »Endlich war es soweit. Der Besuch war da, der Tisch mit Kaffee und Kuchen gedeckt und die Erwachsenen so beschäftigt, daß niemand mich vermißte. Ich tat so, als ob ich in das Gästezimmer gehen würde und schlich aus der Hintertür zum See. Ich zog meinen Badeanzug an und weiß noch, wie feucht er sich anfühlte. Ich blickte noch mal kurz zum Haus zurück und rannte zum Ende des Bootssteges. Einen Steinwurf entfernt schaukelte ein Boot sanft vor sich hin. Es war eines dieser langen Kanus, die in dieser Gegend oft zum Angeln benutzt werden.«

»Wie sehen die denn aus«, will ich wissen.
»So ungefähr sieben Meter lang und über zwei Meter breit. Sie sind ganz aus Holz«, erklärt sie mir. »Ich stellte mich auf die Zehenspitzen, um zu sehen, ob jemand im Boot war. Vielleicht machte jemand gerade ein Nickerchen. Es war leer, und ich war beruhigt. Ich wollte ganz alleine sein, um schwimmen zu lernen. Langsam ließ ich mich in das kühle Wasser gleiten. Ich hielt mich immer noch am Bootssteg fest. Der See war flach, und ich fühlte bald Boden unter meinen Füßen. Der Schlamm preßte sich durch meine Zehen, und ich sank ein bißchen tiefer ein. Ich hielt einen Moment inne und fühlte plötzlich, daß ich nicht alleine war.«
»Wie meinst du das«, frage ich neugierig.
»Das ist ein Gefühl, das man nur schwer beschreiben kann«, erklärt Deborah. Ihre Augen wandern zum Himmel, als ob es dort geschrieben stünde. »Ich hatte das Gefühl, als ob meine himmlischen Tanten um mich herum waren. Ich fühlte mich von Weiblichkeit umgeben. Ich hörte sehr hohe Töne, so als ob sich die Engel miteinander unterhalten würden. Ich konnte nicht verstehen, wovon sie sprachen, aber es hörte sich wie Musik an.«
Ihre Augen strahlen beim Erzählen, und ich spüre, daß sie vor ihrem inneren Auge alles noch einmal erlebt. »Du weißt ja, daß ich mich seit frühester Kindheit von Engeln umgeben fühlte. Sie waren immer da, so weit ich mich zurückerinnern kann. Aber ich dachte auch, daß Engel etwas ganz Privates sein müssen, weil die Erwachsenen nicht darüber sprachen. Ich fühlte mich oft einsam als Kind«, erklärt sie mir, »und meine Engel gaben mir Sicherheit. Sie waren für mich meine himmlischen Tanten. Manchmal sah ich ihre Gesichter und Körper. Es waren immer mehrere. Sie waren durchsichtig wie milchiges Glas und strahlten von innen heraus. Mein Herz zog sich immer zusammen, wie wenn man etwas

besonders Schönes sieht. Ich hatte das Gefühl einer tiefen Erinnerung, oft wie Heimweh. Du fühlst Engel eher innen, tief in dir drin. Als wenn sich deine Seele zum Tanzen aufmacht.« Mich streift einer ihrer liebevollen Blicke.
Ich vergleiche ihr Engelerlebnis mit meinen: Also hat sie ihre Engel auch schon mal gesehen, nicht nur gefühlt. Dann erzählt Deborah weiter: »Wie ich so bis zum Nabel im Wasser stehe, höre ich von meinen Engeln ein schnelles »Nein, nein, nein.« Ich weiß noch, wie es zweimal kam. »Nein, nein, nein.« Doch ich hatte mich so darauf gefreut, schwimmen zu lernen, daß ich den Stimmen einfach nicht zuhören wollte. Ich zog meine Beine an, streckte mich nach vorne und legte mich voller Zuversicht ins Wasser. Und tatsächlich trieb ich im Wasser. Meine Lungen waren voller Luft, ich hatte die Augen geschlossen und gab mich völlig dem Gefühl des Wassers hin. Ich liebte es zu schwimmen«, erinnerte sich Deborah. »Nicht daß ich groß meine Arme und Beine bewegte, nein, ich genoß einfach die Stille und fühlte mich ein bißchen wie in einer anderen Welt. Ich merkte langsam, daß ich wieder Luft schnappen mußte, doch als ich meinen Kopf aus dem Wasser heben wollte, spürte ich einen harten Schlag und mir wurde schwindelig.«
»Was war passiert?« fragte ich besorgt.
»Die Strömung hatte mich unter das Fischerboot getrieben und nun konnte ich nicht auftauchen. Ich öffnete meine Augen, um nach dem Ende des Bootes zu suchen, aber das Wasser war zu trüb. Ich streckte meine Beine nach unten aus, um wenigstens Halt zu finden, doch der See war an dieser Stelle zu tief. Ich dachte mir, einfach ein bißchen weiter nach vorne zu schwimmen. Doch da wurde ich plötzlich von links abgelenkt. Ich drehte meinen Kopf und hörte beruhigende Stimmen, fast wie wenn jemand singt: »Mund zu und laß deine Augen auf.« Ich drehte meinen Kopf noch weiter nach

links, und etwas Strahlendes wartete dort auf mich. In keiner anderen Richtung konnte ich etwas erkennen. Nur auf meiner linken Seite strahlte, wie ein Wunder, etwas Großes. Alles lief wie in Zeitlupe ab. Dieser leuchtende Ball, der mich wie ein Magnet anzog. Ich wußte instinktiv, daß ich auf jeden Fall nach links zu diesem Licht schwimmen mußte. Weißt du«, erklärt mir Deborah, »du fühlst fast mehr als du siehst. Obwohl ich zwei leuchtende Arme erkennen konnte. Es war wie wenn —‹ sie suchte nach dem passenden Vergleich, »wie wenn eine Mutter ihre Arme ausstreckt, sobald ihr Kind zu ihr läuft. Ich paddelte ein bißchen mit meinen Beinen und schwamm nach links, geradewegs in die offenen Arme hinein. Je näher ich kam, desto fröhlicher wurde ich. Als ob dort ein Geschenk auf mich warten würde. Ich konnte es kaum erwarten, endlich diese Arme zu fühlen.« Deborah schaut mich lächelnd an: »Und da hörte ich wieder diese hellen Töne, und ich wußte instinktiv, daß ich jetzt meinen Kopf aus dem Wasser heben konnte. Ich erinnere mich noch, wie überrascht ich war, daß diese Arme mich nicht einfach hochhoben. Ich fühlte mich sicher und beschützt. Das Licht war verschwunden, und ich erkannte das Fischerboot neben mir. Meine Kinderarme reichten kaum bis an den Bootsrand, aber ich schaffte es, mich am heraushängenden Ruder festzuhalten.

»Was wäre passiert, wenn du nicht nach links in die offenen Arme geschwommen wärest?« frage ich sie nachdenklich.

»Das Boot war zu lang«, erklärt sie fast flüsternd. »Ich glaube nicht, daß ich das geschafft hätte. Meine Engel halfen mir nicht nur zu schwimmen, sie sorgten auch dafür, daß ich gesund und heil wieder ans Ufer kam.«

»Und deine Eltern?« wollte ich von ihr wissen.

»Ich lief triefend naß, wie ich war, über die Wiese zum Haus und erklärte den staunenden Erwachsenen, daß ich jetzt

schwimmen könne. Ich verschwieg allerdings mein Erlebnis mit den Engeln und daß sie mir das Leben gerettet hatten«, vertraut Deborah mir an. »Weißt du, damals glaubte niemand an Engel.«
»Was für ein wunderschönes Erlebnis«, seufzte ich.
Deborah beobachtet mich aufmerksam. Sie kennt mich zu gut, um nicht zu bemerken, daß ich wieder mal – wie sie es nennt – wachsen will.
»Was hast du auf dem Herzen?« will sie wissen.
»Es ist nicht einfach, das in Worte zu fassen«, fange ich an. »Ich habe so ein Gefühl des Versagens in mir. Das nagt an meiner Seele und meinem Wohlbefinden herum.«
»Du und versagen?« Deborah lacht. »Ich kenne niemanden, der so zielstrebig ist wie du. Was andere Leute in einem Jahr schaffen, erledigst du in einer Woche. Was rede ich denn, an einem Tag.«
Das Kompliment tat mir gut. Ja, ich habe mittlerweile anerkannt, wie schnell ich Dinge erledige. Wie hochkonzentriert ich bin. Ich widme mich nur noch einer Sache, anstatt drei Dinge auf einmal zu tun. In dem Moment, wo ich meine Konzentration aufteile, schaffe ich kaum etwas.
Unsere Ideen und Wünsche sind wie Magneten. Je konzentrierter die Kraft, desto stärker mit der Wirkung von Magnet vergleichbar. Je stärker der Magnet, umso schneller erfüllen sich deine Wünsche. Zur Zeit konzentriere ich mich auf Engel, und das hätte ich gerne in meinem berühmten einen Tag erledigt.
Deborah beobachtet mich aufmerksam. »Wo warst du?« will sie wissen.
Ich seufze. »Ich merke, wie meine Ungeduld wieder überhand nimmt. Müßte ich nicht schon weiter sein? Müßte ich nicht schon Engel gesehen haben? Andererseits weiß ich, daß alles zur rechten Zeit kommt. Ich muß nur Geduld haben.«

»Hast du mir nicht erzählt, daß du ein Buch über Engel schreiben willst?«
»Ja«, antworte ich, »das soll *Wie Engel uns lieben* heißen.«
»Wie weit bist du denn schon?«
»Ich habe noch nicht angefangen.«
»Wann mußt du es abgeben?«
»In drei Monaten.«
»Kein Wunder, daß du etwas ungeduldig bist«, meint sie trocken.
»Weißt du, ich dachte zuerst, ich sammle wahre Engelsgeschichten von Menschen, die ich kenne, und damit werden dann auch andere inspiriert, über ihre Engel nachzudenken.«
»Hört sich gut an«, antwortet Deborah.
»Da fehlt aber noch etwas«, ich runzele mit der Stirn, »irgend etwas übersehe ich.« Mein Nacken beginnt zu schmerzen. »Mein Körper reagiert schon, wenn ich über meine Zweifel spreche.«
»Was könnte denn fehlen?« fragt sie mich.
»Wie kann ich ein Buch über Engel schreiben, wenn ich selbst noch keine gesehen habe? Da fehlt mir doch einfach die Erfahrung, oder nicht?«
Deborah lächelt. »Du hast Erfahrung im Suchen, im Fühlen und im Vertrauen.«
Stimmt. Langsam dämmert es mir, vielleicht ist es die Suche, das Sehnen nach den Engeln, das Vermissen, das Glauben, das Vertrauen ... darin habe ich Erfahrung. Und verbindet uns Menschen nicht die Sehnsucht nach Engeln?
Ich schließe für einen kurzen Moment die Augen und höre auch schon Jao: »Beschreibe die Suche. Nicht nur das Ziel.«
Und wieder erfüllt mich Dankbarkeit, daß ich Freunde habe, mit denen ich über all das sprechen kann.

9. Kapitel

Wie Engel bei Heilungen helfen und einen vom Sterben wieder ins Leben begleiten

Wann greifen Engel ein und retten einem das Leben und wann nicht? Erscheinen sie, wenn wir unser Leben aus Unachtsamkeit verkürzen würden? Oder wenn wir unsere »Aufgabe« noch nicht erfüllt haben? Sind manche Menschen mehr »wert«, gerettet zu werden und andere nicht? Nein, das kann und darf es nicht sein. Der Anruf einer Frau kommt mir in den Sinn, die mich während meiner Sendung zum Thema Engel auf Antenne Bayern, einem bayernweiten Radiosender, anrief.

Sie klang sehr traurig am Telefon und stellte mir folgende Frage: »Eine Freundin ist vor kurzem gestorben, und das hat mir sehr viele Schmerzen bereitet. Meine Tochter, sie ist sechs Jahre alt, hat es natürlich mitbekommen und mich gefragt: Mama, wo war denn ihr Schutzengel? Hat der nicht aufgepaßt?«

Ich merke, daß das nicht nur die Frage ihrer Tochter ist, sondern auch ihre Frage, und fühle ihren Wunsch nach einer einleuchtenden Erklärung, die auch ihre Tochter verstehen kann. Nach einer Erklärung, die die Engel nicht auf bloße Zuschauer reduziert, wenn die Zeit für uns gekommen ist, auf die andere Seite zu gehen.

Ich halte kurz inne und bitte um eine Eingebung, und da kommt sie auch schon: »Engel halten uns nicht vom Sterben ab«, erkläre ich ihr. »Wenn die Zeit gekommen ist, helfen Engel uns bei diesem Übergang. Sie sind an unserer Seite,

und nachdem wir den menschlichen Körper verlassen haben, heißen sie uns willkommen. Engel nehmen uns die Angst vorm Sterben. Das ist wie bei einer Raupe, die zum Schmetterling wird. Irgendwann, wenn die Raupe feststellt, daß sie ihren Raupenkörper verlassen muß, um sich zu einem Schmetterling zu verwandeln, verspürt sie diese Nervosität, dieses »Kribbeln« vor dem ersten Flug. In diesem Moment sind die Engel an unserer Seite, reichen ihre Hand oder geben uns die Sicherheit, daß wir fliegen können.«
Ich höre einen tiefen Seufzer aus dem Telefon kommen. »Ah, so ist das.« Ich fühle, wie tröstlich diese Erklärung für die Anruferin war. Nein, die Engel lassen uns nicht allein, wenn es uns schlechtgeht. Sie sind an unserer Seite und trösten uns, wir müssen nur zuhören.
Zuhören, denke ich mir, wie wäre es mit zuschauen? Ich muß über meinen Anflug von Selbstmitleid lachen.
Aber verschließen wir uns nicht, wenn wir in Negativität und Traurigkeit versinken? Können wir überhaupt unsere Engel hören, wenn wir nicht versuchen, aus dieser Traurigkeit herauszukommen? Kann mich jemand anrufen, wenn ich mich weigere, den Telefonhörer abzuheben? Und ist unser Versinken in Traurigkeit diese Weigerung? An Engel zu denken bedeutet Hoffnung zu haben. Und dieses positive Gefühl bringt uns »näher zum Telefon«. Je mehr wir uns verändern, desto lauter hören wir das »Klingeln« ...
Mir geht meine Freundin Teresa nicht mehr aus dem Sinn. Ich habe das starke Gefühl, daß es mit meiner Frage zu tun hat. Was tun Engel, wenn man stirbt? Was genau ist ihre Aufgabe? Und was passiert mit den Hinterbliebenen?
In meinem Kopf sehe ich ein Bild von Teresa und habe den dringenden Wunsch, sie anzurufen. Im Büro suche ich nach ihrer Nummer. Mal sehen, warum ich mich so hingezogen fühle, gerade jetzt Teresa anzurufen.

Oder könnte ich einfach meinen Engel Jao danach fragen? Ich schließe die Augen, um ihn zu hören.
»Teresa hat deine Antwort.« Hoffentlich ist sie zu Hause. Ich suche nach ihrer Nummer, bedenke die drei Stunden Zeitunterschied nach Florida und erreiche ihren Anrufbeantworter. Ich hinterlasse ihr eine Nachricht und hoffe auf ihren baldigen Rückruf.
Es ist Sonntagmorgen, und wie immer freue ich mich auf die Gruppe von Frauen, die zwischen 10 und 12 Uhr zum Meditieren kommt. Wir sind eine lose Gruppe. Wer Zeit und Lust hat kommt. Jeder bringt beim ersten Mal einen Stein mit, hält ihn während der Meditation und läßt ihn hier zurück. Damit wird sie immer in unsere Meditationen eingeschlossen, selbst wenn ihr Körper nicht anwesend sein sollte.
Heute sind wir neun, die es sich in meinem Studio bequem machen. Die Ebene in der Mitte ist wie ein U geformt. Eine große Schale Wasser steht in der Mitte, darum ungefähr 50 Steine und Kristalle, die von Frauen mitgebracht worden sind, die hier schon einmal meditiert haben. Neben dem Wasser ist eine große Schale, die von zwei Engeln gehalten wird. Darin steht eine brennende Kerze. Paula, eine Komponistin, Jessika und Ursula, zwei Schauspielerinnen, Monika, eine Kunsthändlerin, Jenny, eine Musikpromoterin, Deborah, deren Engel ihr das Schwimmen beigebracht haben, Candice, eine Börsenmaklerin, Sandra, eine Kindergärtnerin und Donna, eine Künstlerin, die Engelbilder malt, sind heute gekommen.
Wir umarmen uns bei der Begrüßung. Candice ist zum ersten Mal hier, und ich mache sie mit allen anderen bekannt.
Wir reichen uns die Hände, und Donna spricht unser Gebet. Sie schaut stumm und lächelnd in die Runde, schließt dann ihre Augen und sagt: »Geliebte Engel, geliebtes Licht, wir sind

hier zusammengekommen, um das Leben und die Liebe zu achten und zu unterstützen und zu verbreiten. Mögen wir an diesem Morgen finden, was wir suchen, mögen unsere Fragen beantwortet werden und unsere Körper gestärkt nach Hause gehen. Amen.«

Wir summen gemeinsam ein Ohm, bis jeder von uns ein Gefühl der Ruhe und Gelassenheit bekommt. Dann führe ich die Meditation, höre auf meine innere Stimme und öffne öfters die Augen, um zu sehen, wie es jedem geht. Manchmal kommen Tränen oder Emotionen auf, und ich möchte bereit sein, falls jemand während der Meditation eine Umarmung braucht.

Nach der Meditation benutzen wir unseren »Sprechstab«, den Talking Stick. In der Tradition der Indianer darf immer nur der reden, der den »Sprechstab« in der Hand hält. Er redet so lange, wie er will, und niemand unterbricht ihn. Das hat den Vorteil, daß die Konzentration der Gruppe auf der Sprecherin ruht und sie sich soviel Zeit lassen kann, wie sie will. Inklusive aller Sprech- und Nachdenkpausen.

Anschließend legen sich diejenigen, die Heilung brauchen, nacheinander in die Mitte des Kreises, und jeder von uns gibt, was sie brauchen.

Unser Körper hat eine unglaubliche Kraft, sich selbst zu heilen. Manchmal braucht es nur einen Schubs, um diese Heilkraft zu entfalten. Westliche Medizin verbunden mit östlicher Medizin, der richtigen Einstellung und dem Wissen, daß eine Krankheit dazu da ist, uns auf ein Ungleichgewicht aufmerksam zu machen, wäre die ideale Kombination. Am besten ist es allerdings, wenn wir von vornherein unserer Seele und unserem Körper mehr Aufmerksamkeit zuwenden, damit dieser erst gar nicht krank wird. Unsere Einstellung zur Krankheit entscheidet über die Schnelligkeit des Heilungsprozesses. Die Krankheiten kommen zu uns, weil wir irgend etwas lernen wollen oder weil wir seit einiger Zeit nicht mehr auf den Körper gehört haben und er uns mitteilen will, »was zuviel ist, ist zuviel.« Krankheiten bringen auch oft mehr Verständnis für andere. Ich habe von einem jungen Mann gehört, der fast seine gesamte Kindheit in einem Gipsbett verbringen mußte. Sein einziger Wunsch war es, Arzt zu werden, um anderen Kindern zu helfen, die wie er an dieser Krankheit leiden. Er hat es geschafft und ist ein wundervoller Arzt.

Ich bin so gut wie nie krank, trotzdem erwischte mich vor ein paar Monaten eine starke Grippe. Wenn mich Freunde fragten, was ich denn habe, antwortete ich: »Ich habe einen Fall von schlechtem Hören.«

Die ganze Woche vorher merkte ich schon, wie ich an den Kraftreserven nagte. Daß ich mir zuviel aufgeladen hatte und zu sehr unter Zeitdruck stand. Ich versuchte durch Barfußgehen Kraft zu tanken. In einer Meditation höre ich Jao sagen: »Morgen wirst du den ganzen Tag im Bett verbringen und nichts tun. Du mußt dich entspannen.«

Ich erkannte aus der Dringlichkeit seiner Worte, daß es wichtig war, und folgte seinem Rat. Ich blieb den ganzen Tag im Schlafzimmer. Meine Assistentin Sünje fand einen Zettel vor und schmunzelte. Ja, sie ist schon einiges gewöhnt. Ich sprach mit niemandem, schlief, meditierte, schlief. Das Feuer brannte im Kamin, und ich hatte mir ein paar Kissen und Decken davor aufgebaut. Das Feuer besitzt eine große Heilkraft und nach jedem Nickerchen fühle ich mich besser. Gegen neun Uhr abends fühlte ich mich großartig. Voller Kraft und Energie. Mein Mann war auf Reisen, meine Tochter im Bett, und ich mußte an die 35 Briefe denken, die ich noch beantworten wollte. Ich holte mein Diktiergerät, alle unbeantworteten Briefe und machte es mir damit im Bett gemütlich.

Alle meine Briefe sind immer etwas länger, und gegen Mitternacht stellte ich fest, daß gut die Hälfte beantwortet war. Erschöpft schob ich das Diktiergerät zur Seite und verkroch mich unter meiner Bettdecke. Ich fange zu meditieren an und sehe Jao vor meinem inneren Auge. Er sagt nur: »Das nennst du entspannen?«
Zu blöd, denke ich mir, damit war wohl niemand ganz zufrieden. Weder meine Engel noch mein Körper. Ich fühle, wie sich mein Hals zuzieht, und beginne wieder zu husten und – welche Überraschung – meine Nase läuft auch.
»Wenn wir einen Tag sagen, meinen wir einen ganzen Tag, und du weißt das sehr wohl«, höre ich es noch streng. Dann herrschte Funkstille, und ich war drei Tage krank. Jetzt lag ich drei Tage statt einem, und es war »ein Fall von schlechtem Hören.«
Es ist wundervoll zu sehen, wenn eine meiner »Schwestern« in der Mitte dieses Meditationskreises liegt. Völlig entspannt die Atmosphäre genießt, sozusagen ein Energiebad nimmt. Schwesterliche Liebe fühlt und annimmt. Dieses Mal braucht meine Freundin Donna, die Malerin, Hilfe. Ihre Eierstöcke bereiten Schwierigkeiten. Sie ist als Kind von ihrem Vater mißbraucht worden, und manchmal sind ihre Eierstöcke in Unruhe. Sie ist klein und zierlich, fast immer in weiß gekleidet und hat ihre langen hellroten Haare zum Zopf gebunden. Ich tauche meine Hände kurz ins Wasser und lasse sie dann über die Kerze gleiten. Damit verbinde ich mich mit den Elementen, die uns ausmachen. Ich lege meine Hände mit der offenen Handfläche nach unten über Donnas Körper. Candice schaut neugierig, was ich da tue, und so erkläre ich ihr die Macht der Liebe.
»Ich glaube, daß viele Krankheiten geheilt werden könnten, wenn wir den Menschen einfach tagelang nur halten und umarmen würden. Immer mehr Wissenschaftler finden her-

aus, wie wichtig gegenseitige Unterstützung ist. In New Jerseys berühmten Columbia-Presbyterian-Medical-Center gibt es sogar Heiler im Operationsraum. Einer der führenden Herzspezialisten in den USA, Dr. Mehmet Oz, hat während seiner Operationen Heiler am Kopfende des Patienten plaziert, damit diese die Energie balancieren. Du kannst dir vorstellen, wie mutig das von diesem Arzt war. Ein anderer Herzspezialist, Dr. Dean Ornish, verschreibt Meditation zur Vorbeugung von Herzanfällen. Und stell dir vor, jetzt haben Krankenversicherungen es in ihr Programm aufgenommen. Donna liegt in der Mitte, die Augen geschlossen. »Candice, nimm deine Hände, beide nach unten geöffnet und lass sie langsam auf Donnas Körper wandern.«
Candice rückt ein bißchen näher und streckt ihre Hände aus.
»Wenn du langsam deine Hände nach unten gleiten läßt, wird dir plötzlich ein leichter Widerstand auffallen. Nur zu«, nicke ich aufmunternd.
Candice schließt die Augen, und hochkonzentriert läßt sie ihre Arme langsam von einem Meter auf 50 Zentimeter, von 50 auf 30 Zentimeter heruntergleiten.
»Da, da«, ruft sie überrascht. »Da fühle ich was.« Sie bleibt mit ihren Armen in dieser Position und öffnet ihre Augen. »Was ist das?« will sie wissen.
»Das ist Donnas sogenannte Aura. Die kann man messen und sogar fotografieren. Du endest nicht mit der Haut. Du bist sehr viel größer als dein Körper.«
Candice schaut mich überrascht an. »Dann habe ich das auch?«
»Genau. Jedes Lebewesen, jeder Stein, jeder Baum besitzt eine Aura.«
»Wozu?«
»Das ist unser Sensorenfeld. Dort sammeln wir Informationen. Es ist dir bestimmt schon mal passiert, daß du in

ein Zimmer mit Menschen gehst und dich sofort unwohl fühlst?«

»Ja«, antwortet Candice, »erst letzte Woche war ich auf so einer fürchterlichen Party.«

Ich nicke. »Du hast die Vibrationen, die Schwingungen deiner Mitmenschen aufgenommen. Wir nehmen nicht nur mit unseren Augen und Ohren Informationen auf, sondern besonders mit unserem Sensorenfeld. Dein Sensorenfeld hat die anderen Sensorenfelder berührt – deine Seele hat die anderen Seelen berührt – und damit hast du schon, vor dem ersten Satz, vor der Begrüßung aufgenommen, wie die Stimmung in dem Raum ist.«

Candice zieht ihre Hände zurück. »Nein, nein«, schlage ich vor, »strecke sie nochmals aus.« Sie streckt sie aus.

»Schließe deine Augen.«

Sie schließt ihre Augen.

»Wenn jemand krank ist«, fahre ich fort, »ist der Körper nicht ausbalanciert. Aber er sucht das Gleichgewicht, die perfekte Harmonie. Wann fühlen wir uns harmonisch und im Gleichgewicht?«

Candice denkt nach: »Wenn wir uns wohl in unserem Leben fühlen, wenn wir geliebt werden, wenn wir Spaß haben«, zählt sie auf.

»Genau, und unser Sensorenfeld ist, wenn du so willst, voller positiver Ladung. Wenn der Körper gesund ist, die Seele zufrieden und glücklich, dann pulsiert das Sensorenfeld in den herrlichsten Farben. Candice, gehe jetzt bitte in Gedanken zu einer Zeit in deinem Leben zurück, in der du vollkommen glücklich warst.«

Candice ist still, hat ihre Augen wieder geschlossen und denkt nach. »Ich habs'«, kommt es nach einer Weile, und wir alle können es sehen: Sie lächelt glücklich.

»Jetzt spüre, wie dieses Gefühl durch deinen ganzen Körper

geht.« Wir alle beobachten Candice, wie sie mehr und mehr lächelt. »Und jetzt fühlst du, wie dieses Gefühl der Liebe aus allen deinen Poren nach außen tritt.«
Candice nickt.
»Auch aus deinen Handflächen.«
Candice nickt. Ihre Handflächen befinden sich noch immer über Donnas Körper.
Nach einer Weile frage ich leise: »Wie fühlst du dich, Donna?«
»Einfach herrlich. Es kommt sehr warm von ihrer Hand, und ich fühle mich viel leichter.«
»Wirklich?« Candice öffnet überrascht ihre Augen. »Ich wußte nicht, daß ich ein Heiler bin.«
»Ist das nicht phantastisch? Jeder ist ein Heiler«, lache ich, »wir müssen nur damit anfangen.«
Das war der Auftakt für die anderen Frauen, ihre Hände auszustrecken und Donna Liebe zu schicken. Jessika fühlt sich inspiriert, Donnas Füße zu halten. Ich fühle mich inspiriert, ihr in das Herz zu blasen. Der Atem enthält unsere Lebenskraft. Ich blase meine Liebe in Donnas Herz.
Donna genießt die Liebe und Zärtlichkeit von uns Frauen. Jessika ist die nächste. »Es ist ganz schön viel los bei mir zu Hause, ich könnte ein bißchen Liebe gut brauchen.«
Zwei Frauen streicheln ihre Arme, eine hält ihren Kopf, zwei haben ihre Handflächen ausgestreckt, und ich halte ihre Füße. Sie atmet tief und gleichmäßig, und irgend jemand sagt: »Mensch, bist du schön.« Wir alle fangen zu lachen an.
»Weißt du, was das Schönste ist«, sagte Paula, »ich kann einer Frau den Arm streicheln, ohne daß jemand gleich glaubt, ich sei lesbisch.«
Wir wissen alle, was sie meint. Sie will damit homosexuelle Liebe nicht abwerten. Wenn es das ist, was jemanden glücklich macht, wie wunderbar. Aber wie oft haben wir uns mit

unseren Umarmungen zurückgehalten, weil die andere vielleicht denkt, »wir wollen was«. Wir sind alle Schwestern, und Schwestern umarmen sich, halten sich und trösten sich.
Meine Freundin Rita erklärte mir einmal, daß ich bei einer Pfeifenzeremonie immer wie ein Mann aussehe. Ja, das stimmt. Die Pfeifenzeremonie bringt meine männliche Seite zum Vorschein. Wenn ich tanze oder heile, kommt mehr meine weibliche Seite zum Vorschein. Unser Ich ist männlich und weiblich.
Die zwei Stunden sind wie immer schnell vergangen. Jessika strahlt. »Danke, meine Damen.« Wir umarmen sie. Ich will noch schnell meine Frage loswerden: »Wie ihr wißt, schreibe ich an meinem Buch und brauche noch ein paar Engelerlebnisse.« Deborah nickt: »Meines hast du ja schon.«
Donna holt ihre Handtasche und schlägt vor: »Ich kann dir mein Engelerlebnis, wie ich gestorben bin, erzählen.«
Jeder von uns bleibt wie erstarrt stehen. »Wie du gestorben bist?« fragt Paula.
»Ja«, antwortet Donna wie selbstverständlich.
»Das will ich hören, soviel Zeit muß sein«, meint Jenny und setzt sich sofort wieder hin.
Wir alle machen es uns wieder bequem, und Donna beginnt: »Ich war auf einer Segelyacht unterwegs und hatte die schlimmsten Nierenschmerzen, und dann merkte ich, wie ich meinen Körper verlasse …«
»Moment, Moment«, unterbreche ich sie. »Ich brauche den Anfang der Geschichte. Wann hast zu zum ersten Mal Kontakt mit einem Engel gehabt?«
Donna braucht keine Sekunde nachzudenken: »Ich war vier Jahre alt. Mein Vater war wieder einmal fürchterlich wütend. Er schlug mich und schrie mich an, wie nutzlos ich sei und wie dumm und daß ich doch nur im Weg bin. Glücklicherweise kam kurz danach eine meiner Tanten, um mich in ein

Museum mitzunehmen. Da sah ich ein Bild von Goya hängen, der einen kleinen Jungen gemalt hatte. Ich hörte eine fremde Stimme in meinem Kopf, die mir sagte, daß ich ein Maler werden würde. Ich fühlte mich seltsamerweise besser. Von dem Tag an malte ich die meiste Zeit. Mein Vater sagte dauernd zu mir, daß ich mit dem nutzlosen Zeug nur meine Zeit und sein Geld verschwende.«
»Was war mit deiner Mutter?« fragte Candice.
»Meine Mutter tat immer so, als wenn sie nichts mitkriegen würde.«
»Ja, aber wenn er dich geschlagen hat?« hakt Sandra noch mal nach.
»Dann ging sie aus dem Zimmer.«
Wir starren sie mit offenem Mund an. »Hat er jemals deine Mutter geschlagen?« will Paula wissen.
»Nein, meine Mutter hätte ihn verlassen, also wendete er sich an mich. Ich glaube jetzt, daß er eine gespaltene Persönlichkeit hatte. Ich wußte nie, wann er losbrüllte. Das kam immer so unvorbereitet. Dementsprechend war ich immer nervös und ängstlich. Ich dachte dauernd an Selbstmord. Ich hatte auch Unterleibsschmerzen, erst vor kurzem kam die Erinnerung wieder hoch, daß er mich zwischen meinem fünften und neunten Lebensjahr sexuell mißbraucht hat. Ich hatte das komplett verdrängt. Eines Tages wurde mein Vater schwer krank, ich muß so um die achtzehn Jahre alt gewesen sein, und meine Mutter sagte ständig, daß das meine Schuld sei. Wenn ich ihn nicht dauernd so aufgeregt hätte, dann wäre Vater nicht im Krankenhaus.«
Donna schaut auf ihre Hände und dann uns an: »Sie sagte, ich sei an allem schuld. Achtzehn Jahre meines Lebens wurde mir gesagt, wie dumm und nutzlos ich sei, und irgendwann einmal habe ich das geglaubt. Ich wurde nie für irgendein Talent gelobt, deshalb dachte ich nicht, daß ich welche hätte.

Mit achtzehn hatte ich nichts, wofür es sich zu leben lohnte. Ich sperrte mich mit einem riesigen Küchenmesser im Badezimmer ein und wollte mir die Kehle durchschneiden.« Deborah nimmt Donnas Hand. Donna lächelt ihr zu und fährt fort: »Und wie ich das Messer an meine Kehle setze, sah ich mich im Badezimmerspiegel und hörte wieder diese Stimme in mir, die zu mir gesprochen hatte, als ich vier Jahre alt war. Es sind sie, nicht du! Du mußt verstehen, daß deine Familie krank ist. Du bist völlig normal.«

Donna schluckt. »Das war so befreiend für mich. Leute, die nicht seelisch und körperlich als Kinder mißhandelt worden sind, verstehen das kaum. Wenn dir als Kind immer wieder gesagt wird, wie nutzlos du bist, wenn du nie gelobt wirst, nie in mütterlicher oder väterlicher Liebe gestreichelt und gehalten wirst, dann glaubst du, daß du wertlos bist. Und irgendwann einmal hältst du es nicht mehr aus.«

»Was hast du dann gemacht?« will Monika wissen.

»Ich bin bei Nacht und Nebel von zu Hause abgehauen. ich hatte Angst, daß mich mein Vater zurückholen würde, aber ich fühlte mich jetzt durch die Stimme im Badezimmer etwas stärker. Irgend etwas ist in mir aufgewacht. Ich würde zur Polizei gehen, wenn er mich noch einmal anfassen würde. Ich übernachtete bei einer Mitschülerin von der Kunstschule, die ich damals besuchte. Ich hatte etwas an, was ich selber entworfen und genäht hatte. Ich brauchte etwas Zeit, um nachzudenken, wovon ich jetzt leben sollte, und am gleichen Tag sprach mich eine der Lehrerinnen an. Ich glaube, sie fühlte, wie schlecht es mir ging. Ich habe ja damals mit niemandem über meine Situation zu Hause gesprochen. Sie meinte, daß meine Kreationen bestimmt auch anderen Leuten gefallen würden, und gab mir die Namen von verschiedenen Geschäften. Ich solle doch mal hingehen und schauen, vielleicht würden die meine Klamotten kaufen. Das machte

ich auch, und jede dieser Boutiquen bestellte etwas. Damit begann meine Designerkarriere.«
Wir alle atmen hörbar auf. Gott sei Dank ist diese schreckliche Kindheit vorbei, scheinen wir alle zu denken.
»Einige Jahre später traf ich meinen Ehemann. Er meditierte und war sehr romantisch. Blumen, Limousinen, erster Klasse reisen, nur die besten Hotels, er verwöhnte mich nach Strich und Faden. Er machte irrsinnig viel Geld an der Börse und inspirierte mich auch wieder zu malen. Er spielte mir vor, daß er besorgt um mich war, und erst sehr viel später merkte ich, daß er mich eigentlich nur kontrollieren wollte. Er war als Kind von seiner Mutter in ein Heim abgeschoben worden und hatte irrsinnige Angst, verlassen zu werden. Und er glaubte, je mehr er mich kontrollierte, desto sicherer sei er, daß ich auch bei ihm bleibe.«
»Wie lange warst du denn glücklich mit diesem Mann?« will ich wissen.
»Das erste Jahr war einfach phantastisch. Kurz nach unserer Hochzeit zogen wir nach Australien und hatten eine wundervolle Zeit. Ein Jahr später verkaufte er dort alle seine Geschäfte, und wir zogen nach New York. Er arbeitete dann eine Zeitlang nicht mehr, und ich verbrachte meine ganze Zeit mit ihm. Bald war mir das zu langweilig. Ich wollte wieder malen. Und dann begannen unsere Probleme. Langsam fing ich auch wieder an, meine Bilder zu verkaufen. Zeitungen schrieben über meine Werke. Damals arbeitete ich mit abstrakten Formen und Spiegeln, und ich bereitete gerade meine erste große Ausstellung vor. Er war besessen von der Idee, daß ich ihn bald verlassen würde. Bei uns ging es zu wie in einem Hotel. Es waren immer irrsinnig viele Leute um uns herum. Sein fast erwachsener Sohn lebte bei uns, ebenso eine meiner Freundinnen, die pleite war. Ich hatte zwei Assistentinnen, die mir bei der Ausstellung halfen, neben den

Leuten von der Galerie sowie einer PR-Tante. Ich hatte in der letzten Phase vor der Vernissage kaum Zeit für meinen Mann. Meine Freundin, die bei uns lebte, bot sich an, sich um ihn zu kümmern. Ich hatte einen Bodyguard, Limousine mit Fahrer und ein Handy. Mein Mann wußte immer genau, wo ich war und konnte mich jederzeit erreichen.«
»Die absolute Kontrolle«, meinte Paula trocken.
Donna nickt. »Mittlerweile machte sich meine Freundin an meinen Mann heran, es war einfach nur noch ein Desaster. Einmal kam ich spät nach Hause, der Schlüssel steckte von innen und ich klingelte vergeblich. Er tat so, als ob er mich nicht hören würde, und ich habe die Nacht im Auto verbracht.«
»Und du hast ihn nicht verlassen?« fragte Jessika neugierig.
»Nein, ich liebte ihn doch. Ein paar Wochen später war dann meine Ausstellungseröffnung, und alles hätte wunderbar sein können. Ich hatte eine tolle Presse, und alle liebten meine Bilder, aber niemand kaufte sie.«
»Warum?«
»Mein Mann bestand darauf, die Preise für die Bilder festzulegen, und er setzte sie viel zu hoch an. Ich war ja kein berühmter Künstler, sondern stand am Beginn meiner Karriere. Ich versuchte ihm zu erklären, daß der Kunstmarkt nicht so funktioniert. Aber er hielt mir entgegen, daß er schließlich der erfolgreiche Geschäftsmann sei und die Millionen verdiene, und er wüßte schon, was richtig ist.«
Donna zuckte mit den Schultern. »Wißt ihr, damals war ich noch nicht selbstbewußt genug, um mich auf mich selbst zu verlassen. Ich dachte zu jener Zeit, ich hätte keine andere Wahl. Gott sei Dank habe ich mittlerweile einiges dazugelernt. Wir haben damals all das Geld verloren, das wir in die Ausstellung gesteckt haben. Peter, mein Mann, war wütend, und das Schlimme war dann auch noch, daß seine Geschäfte,

eines nach dem anderen, pleite gingen. Zudem wurde ich krank. Meine Nieren haben mir seit meiner Kindheit riesige Probleme bereitet, und wir mußten alles verkaufen. Unser einziger Besitz war eine 15 Meter lange Segelyacht auf den Bahamas, und wir zogen dorthin, um auf diesem Boot zu leben.«
»Habt ihr denn alles verloren?« frage ich.
»Ja, fast alles. Ich dachte wieder an Selbstmord. Damals war das für mich der einzige Ausweg. Ich versuchte es auch ein paarmal, indem ich weit aufs Meer hinausschwamm und hoffte, daß ich irgendwann einmal so erschöpft sein werde, daß ich untergehe. Aber es klappte nicht. Komischerweise hatte ich dann immer eine unglaubliche Energie, obwohl ich mich während dieser Zeit sehr schwach fühlte. Ich schaffte es immer zurück. Ich war wütend, nicht einmal umbringen konnte ich mich.«
Ihre Stimme wird leiser und ihre Augen suchen die Decke ab, als ob das, was sie jetzt erzählen möchte, dort oben geschrieben steht.
»Es war ein Donnerstag als ich starb, das weiß ich noch genau. Eine Schlechtwetterfront hatte sich angekündigt, doch Peter wollte unbedingt segeln. Ich lag auf einer Sitzbank und war zu schwach, um zu protestieren. Ich litt unter unglaublichen Nierenschmerzen und hatte das Gefühl, daß Peter wußte, daß ich ihn verlassen werde. Vielleicht wollte er uns da draußen umbringen. Wer weiß. Dann kam das Unwetter, und es war der schlimmste Sturm, den ich jemals erlebt habe. Am hellichten Tag wurde es schwarz wie die Nacht, die Wellen krachten mit irrsinniger Gewalt auf unser Deck. Es donnerte und blitzte, und das Boot schaukelte so stark, daß ich mich auf den Boden legte, denn ich konnte mich auf der Bank nicht mehr festhalten. Peter war kreidebleich, und ich schrie ihm durch das Tosen des Sturms

entgegen: ›Ich hoffe, du bist bereit zu sterben. Ich fange jetzt zu beten an.‹ Ich glaube, da wurde ihm erst richtig bewußt, was er angerichtet hatte, und er schrie: ›O Gott, o Gott, ich will nicht sterben.‹ Der Sturm fühlte sich an, als ob er nie aufhören würde, aber irgendwie haben wir es doch überlebt. Wir trieben wieder Richtung Land, und Peter schwamm zum Strand, um Vorräte und ein neues Beiboot zu besorgen. Unseres hatte der Sturm weggerissen.«
»Wie ging es dir?« fragte Jessika.
»So schlecht wie noch nie in meinem Leben. Mein ganzer Körper tat weh. Jeder Muskel war verkrampft. Ich hatte die fürchterlichste Migräne, die Tränen liefen mir nur so herunter. Es waren die schlimmsten Schmerzen meines Lebens, und ich sagte zu Gott, daß ich fertig bin mit dem Leben, daß ich nicht mehr leiden möchte. Ich war mittlerweile dreißig Jahre alt, und seit meinem vierten Lebensjahr hatte ich diese entsetzlichen Kopfschmerzen. Ich war müde, meine Ehe war eine Katastrophe, ich konnte mir nicht einmal mehr Farbe und Leinwand zum Malen leisten, geschweige denn eine Wohnung. Ich war einfach total erschöpft und fertig mit der Welt.«
Donna nimmt ein Kissen und hält es vor ihren Bauch. »Dann fühlte ich mich plötzlich aus meinem Körper herausgezogen, wie von einem riesigen Staubsauger. Ich hatte schreckliche Angst, denn ich wußte nicht, was mit mir passierte. Ich sah ein riesiges helles Licht und wurde nach oben gezogen. Ich hatte absolut keine Kontrolle darüber. Ich erinnerte mich nicht mehr daran, wer ich war oder wie ich hieß! Ich schaute mich nur um, und da waren irrsinnig viele Gestalten, die alle aus diesem hellen Licht gemacht waren, und wie ich an mir herunterblickte, merkte ich, daß auch ich so aussah wie die anderen. Ich fühlte mich so friedlich! Es war das erste Mal, daß ich ein Gefühl der Ruhe in mir hatte. Das erste Mal in

meinem dreißigjährigen Leben! Ich dachte an nichts. Ich war einfach nur da. Nichts war mehr wichtig, ich war so ruhig und gelassen, es war wunderschön. Plötzlich bewegte ich mich langsam wieder nach unten. Und plötzlich wußte ich auch wieder, wer ich war, und sah das Boot von oben. Im nächsten Moment war ich in der Kajüte, in der ich gestorben war, und sah meinen Körper dort liegen. Meine Lippen waren ganz blau und mein Gesicht weiß wie eine Wand. Ich wußte, daß ich tot war. Ich habe meinen Vater sterben sehen. Der sah genauso aus.«

»Wie hast du dich dabei gefühlt?« fragt Paula.

»Ich war am meisten überrascht, wie wenig mich mein Körper interessiert. Es war mir völlig egal, daß ich tot war. Ich machte mir Sorgen um Peter und was er wohl tun würde, wenn er mich finden würde. Aber ich schob diesen Gedanken weg und wollte wieder zum Licht gehen. Eine Sekunde später fühlte ich, wie es mich wieder in meinen Körper zurückzog. Ich war wieder in mir. Ich öffnete meine Augen und sah diesen riesigen Engel über mir.«

»Beschreibe ihn mir«, bitte ich sie.

»Er war einfach riesengroß. Die Stehhöhe der Kajüte betrug ungefähr zwei Meter zwanzig, aber er muß mindestens vier Meter groß gewesen sein. Ich überlegte mir, wie er wohl unter Deck paßte. Er schwebte über mir und war von unglaublichem Licht umgeben.

»Irgendwelche bestimmten Farben?«

»Nein, ich weiß nicht mehr genau, wie er aussah. Ich erinnere mich nur, daß er riesig war. Er fühlte sich eher männlich an, das fiel mir auch noch auf. Ich war ärgerlich. Ich wollte nicht in meinem Körper sein. Ich sagte zu ihm, daß ich wieder in das Licht gehen wollte, aber ich bekam keine Antwort. Nach einer Weile verschwand er.«

»Und du warst wieder am Leben.«

»Ja«, nickt Donna, »ich hatte damals keine Ahnung, wie sehr dieses Erlebnis mein Leben verändern sollte. Fast alle meine Schmerzen waren weggeblasen. Meine Migräne kehrte nie wieder zurück. Sogar meine Nieren waren geheilt. Ich fing auch wieder zu malen an. Ich malte einen Engel mit einem Baby im Arm. Dann verließ ich meinen Mann und ging zu Freunden nach Los Angeles. Ich malte immer noch wie früher, aber keiner kaufte diese Arbeiten. Jeder wollte diese Engelbilder. Und irgendwann malte ich nur noch Engel.«

»Diese zwei in meinem Studio sind von Donna«, und ich deutete auf zwei wundervolle große Ölbilder, die ich vor einiger Zeit gekauft hatte.

»Die fielen mir gleich beim Hereinkommen auf«, sagt Candice bewundernd.

»Danke«, antwortet Donna.

»Ich weiß, daß du oft mit deinen Engeln sprichst. Wie fing das an?« frage ich neugierig.

»Es begann mit einem Summen im Ohr. Als ob du nach dem Fliegen deine Ohren nicht freikriegst. Zuerst zog ich von einem Ohrenarzt zum anderen, aber niemand konnte etwas finden. Bis ich merkte, daß meine Engel zu mir sprachen.«

»Wie?«

»Ab und zu hatte ich einen scharfen Schmerz in meinem Ohr, und irgendwann paßte ich auf, in welchen Situationen dieser Schmerz auftrat.«

»Ja?« fragt Jenny neugierig. »Ich habe auch ab und zu ein Summen im Ohr.«

Donna schaut zu Jenny: »Immer wenn ich Menschen um mich habe, die lügen, dann bekomme ich diesen Schmerz.«

»Das ist ja irre«, sagt Jenny. »Ich muß jetzt mal genau aufpassen, wann ich diese Geräusche höre.«

»Ja, dieses eingebaute Warnsystem hat mir schon in vielen Situationen geholfen.«

Paula meint: »Ich hatte auch schon mal das Gefühl, als wenn mich ein riesiger Staubsauger aus meinem Körper zieht. Ich hatte damals fürchterliche Angst und schaffte es mit Müh und Not aufzustehen. Ich habe aber nie gedacht, daß ich da gestorben bin.«

»Dieses Gefühl kenne ich auch«, antworte ich ihr. »Mir passiert es jetzt öfters, daß ich plötzlich in einer anderen Realität bin. Das ist möglich, ohne daß du dabei stirbst. Früher hatte ich dabei fürchterliche Angst. Es war einfach ungewohnt, und ich hatte von so was noch nie gehört! Heute freue ich mich darauf. Ich will ja Neues erfahren. Allerdings habe ich herausgefunden, wie ich jederzeit wieder in meinen Körper zurück kann.«

»Wie?«

»Ich sage einfach zu mir: Ich bin ein Kind Gottes. Ich kenne mich ja in diesen anderen Welten noch nicht so aus, und dieser Satz ist sozusagen meine Reiseversicherung. Wenn ich in meinen gewohnten Körper zurück will, sage ich einfach ›Ich bin ein Kind Gottes und will in meinen gewohnten Körper zurück‹. Und umgehend bin ich wieder in meinem Körper.«

»Donna, ich muß zugeben in meinem Kopf dreht sich jetzt alles.« Candice beugt sich nach vorne. »Woher willst du wissen, daß du tot warst. Ich meine, vielleicht hast du dir das eingebildet? Versteh mich nicht falsch«, erklärt sie besorgt. Aber ich hab einfach noch nie jemanden getroffen, der schon einmal gestorben war.«

Donna schaut liebevoll zu ihr herüber. »Natürlich ist das ungewöhnlich, und ich verstehe auch deine Zweifel. Doch ich bin mir tausendprozentig sicher, dieses Erlebnis war einfach zu real.« Sie denkt kurz nach und sucht nach einer besseren Erklärung. »Wann hattest du deinen ersten Orgasmus?« fragt sie Candice.

»Wie bitte?« Candice lacht. »Mit 24 Jahren oder so.«
Donna grinst. »Hast du dir vorher Gedanken gemacht, ob du schon einen gehabt hast?«
»Ja«, antwortet Candice, »das stimmt. Bei jedem einigermaßen schönen Erlebnis dachte ich mir, vielleicht war das ein Orgasmus.«
»Und wie du mit 24 Jahren deinen Orgasmus hattest, was war dann?«
»Na klar, da war ich mir absolut sicher, daß das jetzt einer gewesen sein muß.«
»Siehst du, so ähnlich ist es mit dem Sterben auch. Wenn es passiert, bist du dir absolut sicher!«
Wir amüsieren uns köstlich. Candice rollt auf dem Teppich. Sie lacht so sehr, daß sie kaum mehr Luft kriegt. »Und ich dachte, spirituelle Leute wären langweilig.«

10. Kapitel

*Wie Engel trösten,
wenn man den eigenen Körper verläßt
und einen anderen bekommt*

Meine Freundinnen und ich verabschieden uns. Julia, die gerade ins Studio kommt, bläst alle Kerzen aus, und ich werfe beim Hinausgehen noch einen Blick auf meinen Anrufbeantworter. Er blinkt. Ich drücke die Taste und höre auch schon Teresas Stimme: »Hallo Sabrina, hier ist Teresa. Es ist jetzt Samstagabend, und ich habe morgen frei. Gegen Mittag bin ich auf jeden Fall zu Hause.«
Herrlich, denke ich mir. Das läuft heute wieder wie am Schnürchen. Ich bedanke mich bei meinem Engel, bitte meine Tochter noch um ein bißchen Geduld und schalte den Computer ein.
»Kann ich hierbleiben?« fragt Julia.
»Klar mein Schatz.«
Julia geht zu ihrem Altar und arrangiert ihn ein bißchen um. Sie hat gestern einen besonders schönen Stein gefunden, und dafür sucht sie jetzt den idealen Platz.
Ich setze mich vor meinen niedrigen Schreibtisch und wähle Teresas Nummer.
»Ja, Teresa hier«, höre ich am Telefon.
»Hallo, ich bin es, Sabrina.«
»Wie geht's? Schön, daß du anrufst.«
»Mir geht es prima. Ich schreibe gerade an einem Buch über Engel, und du kommst mir dauernd in den Sinn.«
Ich höre sie am anderen Ende lachen. »Ja, so funktioniert das am Besten.«

Ich stimme ihr zu. »Ich versuche gerade die Frage zu beantworten, was Engel machen, wenn jemand gestorben ist. Hast du vielleicht in deinem Beruf als Krankenschwester irgend etwas in dieser Richtung erlebt?«
Ich höre sie am anderen Ende der Leitung schlucken. »Ja, erst letzte Woche.«
»Kann ich das in meinem Buch erzählen?«
»Ja, klar.«
Ich schiebe das Telefon noch näher an meinen Computer und frage sie: »Macht es dir etwas aus, wenn ich das gleich mittippe?«
»Kommt darauf an, wie schnell du bist?« fragt sie amüsiert.
»Schnell«, antworte ich. »Ich bin soweit.«
»Also, es war letzte Woche Montag. Ich war im Krankenhaus und hatte Frühdienst. Ich fühlte mich den ganzen Tag schon so komisch.«
»Warst du krank?« werfe ich ein, während ich ihre Antwort in den Computer tippe.
»Nein, eigentlich nicht. Ich hatte nur so ein Gefühl, als ob ich dringend nach Hause müßte. So eine Unruhe, und ich spürte, ich muß jetzt gehen. Ich sagte meiner Chefin, daß ich mich nicht wohl fühle, und sie schickte mich nach Hause. Ich war richtig in Eile, fast so als wenn ich eine Verabredung verpassen würde. Ich sollte auch bald herausfinden, warum. Auf der Schnellstraße bremste ein Auto vor mir plötzlich scharf und bog nach rechts in die Ausfahrt. Ich trat auf die Bremse und hatte Gott sei Dank genug Abstand gehalten. Dann hörte ich hinter mir die Reifen quietschen und sah im Rückspiegel, daß der Fahrer hinter mir die Kontrolle über seinen Wagen verlor und auf die Gegenfahrbahn geriet. Es ging alles furchtbar schnell. Ich schaute nach links, der Wagen schlitterte an mir vorbei, und da hörte ich das Hupen von einem Lastwagen, der entgegenkam. Es war fürchterlich! Mir blieb fast das Herz

stehen. Der Lastwagen krachte in die Beifahrerseite, schleuderte das Auto auf den Seitenstreifen und blieb erst 100 Meter später stehen.«
Ich fühlte eine Traurigkeit in mir. Was für ein Alptraum.
»Ich war entsetzt. Ich stellte meinen Wagen ab und rannte zu dem Unfall. Einige andere Autos hielten ebenfalls, da hörte ich schon jemanden schreien: ›Da ist ein Baby drin.‹ Der Fahrer war eine Frau, ihr Sitz war durchgebrochen, und es hatte sie nach hinten geschleudert. Ihre Beine lagen auf dem Rücksitz und ihr Oberkörper hing halb aus dem Auto. Der ganze Wagen war fürchterlich zugerichtet, und einige Leute versuchten, die bewußtlose Frau aus dem Hinterfenster herauszuziehen. Auf dem Vordersitz saß ein 10 Jahre alter Junge, und ein Baby lag auf dem Rücksitz. Einige versuchten mit aller Kraft die verklemmten Türen aufzubekommen. Ich schrie: ›Die Kinder müssen da raus.‹ Jemand holte einen großen Schraubenschlüssel und versuchte, das Fenster einzuschlagen. Die hintere Tür, wo das Baby lag, war total zusammengedrückt, da konnte niemand durchlangen, aber es gab eine Möglichkeit, durch das vordere Seitenfenster nach hinten zu greifen. Ich streckte meinen Arm nach hinten und spürte, wie die zerbrochene Fensterscheibe meine Haut zerkratzte und ich zu bluten anfing.«
»War sonst irgendwo Blut?«
»Nein, nirgends. Ich streckte, so gut ich konnte, meinen Arm nach hinten und erwischte das Handgelenk des Babys. Meine Finger tasteten nach dem Puls. Ich betete, daß ich etwas fühle.« Teresas Stimme wird sehr leise. »Da war keiner mehr. Die Lippen des Babys waren blau. Ich kam nicht nahe genug heran, um Wiederbelebungsversuche zu machen.«
Wir beide sind eine Weile still.
Dann höre ich einen tiefen Atem durch das Telefon: »Ja, der 10jährige Junge atmete noch schwach, aber ich kam nicht

nahe genug an ihn heran. Als der Notarztwagen kam, waren beide Kinder tot.«

Ich fühle eine tiefe Traurigkeit in mir und schaue zu meiner Tochter, die gerade an ihrem Hausaltar spielt. Wie schrecklich muß es sein, sein Kind zu verlieren.

»Die Polizei kam und stellte Abschirmwände auf. Die Rettungssanitäter versuchten, die Mutter aus dem Wagen zu befreien. Ab und zu kam sie zu sich und fing zu schreien an. Ich glaube nicht, daß sie wußte, daß ihre Kinder tot waren. Sie wurde immer wieder ohnmächtig. Ich stand erschöpft am Wegesrand und betete und weinte. Dann fing es auch noch zu regnen an. Ich schaute auf das zerquetschte Auto und sah plötzlich die Engel.«

»Wo?«

»Gleich auf der Beifahrerseite, wo die Kinder saßen. Die Engel bildeten einen Kreis um die Kinder.«

»Wie viele Engel hast du gesehen?«

»Das müssen fünfzehn oder zwanzig gewesen sein. Leuchtend, strahlend, riesig. Sie hatten ihre Flügel so ausgestreckt, daß die Kinder das Auto und ihre Mutter nicht sehen konnten. Ich fühlte plötzlich, wie mir erlaubt war, die Kinder in diesem Kreis zu beobachten. Die Kinder lachten und freuten sich am Fliegen. Die ganze Szene spielte sich etwa zwei Meter über dem Boden ab. Es kam mir vor, als ob sie versuchten, die Kinder abzulenken.«

»Wie alt war das Baby?«

»Circa ein Jahr alt. Ich hatte das Gefühl, als ob das Baby dem 10jährigen Jungen bei dieser Erfahrung half. Das Baby konnte sich ja noch an die Zeit vor seiner Geburt erinnern. Es bewegte sich sehr viel selbstverständlicher in dieser neuen Umgebung.«

»Wie lange hast du die Engel gesehen?«

»Ich weiß nicht, es gab für mich keine Zeit mehr. Ich war

völlig durchnäßt. Nach einiger Zeit verlor ich die Engel aus dem Blick. Sie wurden wieder durchsichtig und mit ihnen die Seelen der Kinder.«

»Wo war die Mutter?«

»Sie war immer noch im Wagen eingeklemmt. Es dauerte lange, bis sie die Mutter aus dem Wagen befreit hatten. Ich hatte das Gefühl, ich müßte die Mutter unterstützen. Du weißt ja, wie unser Sensorenfeld funktioniert. Ich stellte mir vor, es wird größer und größer und berührte ihr Sensorenfeld. Ich schickte meine Liebe und meine Gedanken zu ihr. Die Polizei kam und wollte mich zum Unfall befragen, aber ich bat sie, noch zu warten, da ich noch für die Frau beten wollte.«

»Hat der Polizist das akzeptiert?«

»Ja, das war ein ganz toller Mann. Er lächelte mir traurig zu und nickte. ›Ich verstehe‹, sagte er noch. Endlich war die Frau aus dem Wagen und wurde ins nächste Krankenhaus gebracht. Ich wartete im Auto auf meine Vernehmung und meditierte, um zu sehen, wie es den Kindern geht.«

»Wie hast du das gemacht?«

»Ich atmete zwei-, dreimal tief ein und sprach ein Gebet, in dem ich fragte, ob ich etwas tun könne, um die Kinder zu unterstützen. Dann öffnete sich meine Schädeldecke und wie in einem Film sah ich die Kinder mit ihren Engeln. Ich fühlte ihre Freude in mir, wieder fliegen zu können. Ich weiß, daß sie in Ordnung sind. Wie von einem Lasso gezogen, kam ich in meinen Körper zurück, denn der Polizist klopfte an das Autofenster. Das war's.«

»Was für ein Erlebnis. Wie fühlst du, daß es der Mutter geht?« frage ich sie.

»Ich fühle oft ihre Schmerzen. Sie fühlt sich schuldig am Tod ihrer Kinder, und gerade heute habe ich zum ersten Mal versucht, durch das Krankenhaus mit ihr Kontakt aufzunehmen. Ich glaube, es ist wichtig, daß sie weiß, daß ihre Kinder

in Sicherheit sind. Ich will ihr unbedingt erzählen, was ich gesehen habe. Ich hoffe, daß es ihren Heilungsprozeß unterstützen wird.«
»O ja, es ist ihr von Herzen zu wünschen. Ich schließe sie in meine Gebete ein.«
»Danke,« antwortet Teresa, »bis bald.«

Mein Hals ist ein bißchen steif, als ich den Hörer zurücklege. Ich wünsche mir von Herzen, daß die Mutter in Florida Trost darin finden wird, daß ihre Kinder »leben«. Ein anderes Leben als das, was wir auf Erden kennen. Das Vermissen ist wohl das Schlimmste. Jemanden nicht mehr berühren, nicht mehr hören können. Nicht einmal Abschied nehmen. Und um wieviel schwerer muß es sein, wenn ich glaube, daß mit dem Tod alles vorbei ist. Diese Endgültigkeit, jemanden nie wieder zu sehen! Ich kann nur die Verzweiflung erahnen, die damit verbunden sein muß. Wieviel Trost doch das Wissen bringt, daß man sich wiedersieht. Wiederfühlt. Oft melden sich die Verstorbenen noch einmal von der anderen Seite. Ich erinnere mich gut, wie eine Freundin von mir ihren erwachsenen Sohn durch einen Autounfall verlor. Ich hörte ein paar Stunden später von dem tragischen Ereignis und rief sie an: »Warum, warum?« war ihre verzweifelte Frage und »Er hatte doch noch sein ganzes Leben vor sich!«
Ich meditierte anschließend und sah ihn vor meinem inneren Auge. Ich fragte ihn, ob es irgendeine Möglichkeit gäbe, daß er sich noch einmal bei seiner Mutter meldet. Er sagte mir, sie solle sich in die Badewanne legen. Ich bedankte mich bei ihm und rief sofort meine Freundin an.
Es dauerte ein paar Tage, bevor sie die Kraft fand, sich in die Badewanne zu legen, und anschließend rief sie mich an. Sie erzählte mir von ihrer Begegnung mit ihm. Sie lag in der Badewanne, schloß ihre Augen, und ein paar Minuten später

sah sie ihn. Seine Augen waren geschlossen, und er zeigte sich in verschiedenen Gestalten. Meine Freundin machte ihre Augen überrascht auf und gleich wieder zu. Ja, da war immer noch das Bild ihres Sohnes da. »Was bedeutet das, daß er die Augen zuhatte?« wollte sie wissen. »Ruhe, glaube ich, und Gelassenheit. Daß er sich in verschiedenen Gestalten zeigte, bedeutet, daß er schon mehrere Leben hatte und auch noch mehrere Leben haben wird. Damit wollte er dich beruhigen.« Leider hielt diese Beruhigung nicht lange. Sie sprach mit vielen Leuten über ihren Sohn und das Erlebnis in der Badewanne. Die anderen glaubten ihr nicht und taten es als esoterische Spinnerei ab. »Das waren die Beruhigungstabletten.« – »Das hast du dir nur eingebildet.« – »Das hast du geträumt.« Und schließlich glaubte sie selbst, daß sie sich alles »nur eingebildet« habe.

Dann kam der Zorn und die Wut auf Gott. Der Tod ihres Sohnes fühlte sich so ungerecht an. Warum mußte er so jung sterben? Der Schock und der Schmerz waren groß. Manche Leute glauben, daß ein langsamer Tod schlimmer ist. Meine Freundin Jacqueline Snyder erklärte mir einmal: »Wird ein Tod schwerer oder leichter, wenn er langsam oder schnell kommt? Ich weiß es nicht. Ich glaube, es ist wichtig zu wissen, daß Menschen, die in Unfällen ums Leben kommen, ihren Körper vor der Gewalteinwirkung verlassen. Ich erinnere mich noch gut an einen Flugzeugabsturz in Seattle, der Stadt, in der ich lebe. Das Flugzeug stürzte auch noch über einer Wohngegend ab, und viele Menschen waren verzweifelt. Ich volontierte damals bei einer Organisation, die sich »Gottes Weg zum Leben« nannte, und eine wundervolle ältere Dame hatte die Gabe, mit Seelen Kontakt aufzunehmen. Viele Verwandte der Toten aus diesem Flugzeugabsturz suchten ihren Rat und kamen zu ihr in der Hoffnung, mehr über den Verbleib ihrer Familienmitglieder »auf der anderen Seite« zu

erfahren. Viele Seelen kamen durch, und jede einzelne beschrieb, daß sie von dem Aufprall überhaupt nichts mitbekommen hatten. Sie fühlten sich von hellem Licht umgeben, hörten wundervolle Musik, und einige sprachen von ihren Engeln, die in ihrer Nähe waren. Die Besucher stellten durch das Medium alle möglichen Fragen an die Seelen, um auch sicher zu sein, daß sie wirklich mit ihren verstorbenen Verwandten sprachen. Jeder von ihnen war getröstet.« Und ich erinnere mich noch sehr gut daran, wie meine Freundin Monika, eine Kunsthändlerin, mir dieses Phänomen bestätigte. »Als meine Mutter erschossen wurde, lächelte sie. Sie war vollkommen ohne Schmerz.«
Ich weiß noch, wie schockiert ich war. Ich hatte keine Ahnung, daß ihre Mutter gewalttätig gestorben war. So fing sie an, mir die ganze Geschichte zu erzählen: »Meine Eltern fuhren wie jedes Jahr im Herbst zu dem Bruder meiner Mutter und seiner Frau nach Korsika. Ich war damals 28 Jahre alt, gerade frisch verheiratet und im achten Monat schwanger. Ich erinnere mich noch genau, daß alle Vorzeichen schlecht standen. Mein Vater wollte in dem Jahr nicht nach Korsika, aber meine Mutter war regelrecht besessen davon. Es gab jede Menge Streit darum, aber sie ließ sich nicht davon abhalten. Selbst die Reise war schwierig. Es gab Pannen und Verspätungen, was in den vorherigen sechs Jahren nie passiert war. Mein Vater war stinksauer. An dem besagten Abend gingen sie zum Essen. Kurz vorher lud mein Onkel sein Gewehr, denn er wollte am nächsten Tag auf die Wildschweinjagd gehen. Der Abend verlief feuchtfröhlich. Jeder trank ein bißchen, wieviel genau ist nicht mehr zu klären. Meine Eltern und mein Onkel und meine Tante kamen gegen Mitternacht nach Hause, machten noch eine Flasche Wein auf und blödelten noch ein bißchen herum. Mein Onkel und meine Mutter haben immer irgendeinen

Blödsinn gemacht. Obwohl meine Mutter schon 47 Jahre alt war, waren sie sehr übermütig, immer ein bißchen zu wild. Meine Mutter mußte auf die Toilette, sie stand vom Tisch auf und ging zur Badezimmertür. Mein Onkel kam auf die Idee »die erschreck' ich jetzt«. Er nimmt sein Gewehr, schleicht hinter ihr her und will den Abzugshahn an ihr Ohr halten und sie durch das Klicken des Gewehres erschrecken.«
»Aber das war doch geladen. Wußte er das nicht mehr?«
»Gute Frage, das muß er irgendwie vergessen haben. Er hat abgedrückt in der Meinung, daß er den Lauf am Kopf vorbeigeschoben hat. Aber das stimmte nicht. Er traf ihren Kopf. Viel, viel später sprach ich mit meinem Onkel über diese Todesnacht, und ich wollte wissen, ob sie Schmerzen hatte und wie sie reagiert hatte. Weißt du, das Gewehr war mit Wildschweinschrot, einem irrsinnigen Kaliber, geladen. Mein Onkel sah meine Mutter nach dem Riesenknall lachen und dachte zuerst, es ist nichts passiert, da ist nur ein 30 Zentimeter großes Loch hinter ihr an der Wand. Als ihre Knie nachgaben und sie an der Wand herunterrutschte, erlöschte ihr Lachen. Anscheinend hat sie den Schmerz nicht mitbekommen. Sie ist aus dem Albern in den Tod gegangen. Das war typisch für meine Mutter. So wie sie gelebt hat, ist sie auch gestorben.«
»Hast du sie nach ihrem Tod noch mal gefühlt?« fragte ich sie. Wohl wissend, daß das sehr oft der Fall ist.
Sie nickt. »Ja. Das Eigenartige war, daß ich ihre Todesnacht in meinem Elternhaus in Freising verbracht habe. Irgendwie wollte ich da hin.«
»Warum?«
»Das kann ich mir nicht mehr erklären. Ich habe keine Ahnung. Ich bin am Abend mit meinem Mann von München nach Freising gefahren. Frage mich nicht warum. Ich habe keine Ahnung. Ich weiß nur noch, wie mitten in der Nacht

das Telefon klingelte und mein Opa ins Telefon schluchzte, daß mein Onkel meine Tante erschossen hat.«
»Deine Tante?«
»Ja, das hatte er falsch verstanden. Ich war natürlich schockiert und sagte ihm, daß ich mich sofort darum kümmern werde und in Korsika anrufen werde. Ich rufe also in Korsika an, höre eine Frauenstimme und frage »Mama?« Und dann sagt diese Frauenstimme in einem schrecklich traurigen Ton »Nein.« Da wußte ich sofort, daß meine Mutter gestorben war. Es war meine Tante am Telefon. Ich bin dann zusammengebrochen.
Mein Mann war sehr besorgt um mich, ich war ja hochschwanger. Zwölf Stunden später war ich immer noch in meinem Elternhaus. Ich konnte mich zu nichts aufraffen. Ich legte mich zu einem Mittagsschlaf hin und wachte auf, da mich jemand an der Stirn berührte. Ich öffnete meine Augen, schaute nach oben und roch meine Mutter! Diesen ganz speziellen Geruch ihrer Haut, ihres Parfums. Ich sagte »Mama« und war hellwach. Mir war ganz klar, daß sie hier bei mir im Zimmer war. Das war ihr Geruch! Das ganze dauerte ungefähr zehn Sekunden und es tat mir richtig gut. Da ist auch noch etwas Eigenartiges mit ihrer Katze passiert. Sie reagierte plötzlich komisch, und ich brachte sie zum Tierarzt. Er stellte fest, daß sie einen riesigen Nierentumor hatte. Drei Wochen vorher war sie noch kerngesund. Der Tierarzt konnte es nicht fassen. An dem Tag, an dem meine Mutter beerdigt wurde, die Überführung der Leiche hat etwas gedauert, ist ihre Katze gestorben. Komisch, nicht wahr?«
»Ihre Katze wollte auch gehen.«
»Ja, das sieht fast so aus. Weißt du, was noch auffallend war? Meine Tante Gerda erzählte mir, daß am Tag, als meine Mutter erschossen wurde, sie beide am Strand lagen und meine Mutter zu ihr sagte: ›Mir graust es so vor dem Altwer-

den, es wäre doch ganz schön, wenn ich jetzt sterben könnte. Meine Tochter ist glücklich verheiratet und schwanger. Eigentlich ist alles erledigt.‹ Weißt du, Sabrina, meine Mutter war richtig ausgelaugt. Sie war so müde, als sie nach Korsika ging. Sie hatte irgendwie mit ihrem Leben abgeschlossen.«
»Sie wußte, daß ihre Zeit gekommen war. Der dringende Wunsch, nach Korsika zu gehen, das Gespräch mit deiner Tante, alles deutet darauf hin«, antwortete ich ihr.
»Ja, ich glaube, du hast recht. Das letzte Jahr ihres Lebens sah sie furchtbar erschöpft und müde aus. Ich glaube, daß sie ihr Ende herbeigesehnt hatte.«

Es ist unser Schmerz, unsere Einsamkeit, die zurückbleibt. Aber wir können uns auch klarmachen, daß der geliebte Verstorbene mehr als ein Körper ist, der plötzlich aufhört zu funktionieren. Es ist eine Seele, eine Energie, die nie aufhört. denn nichts in der Physik kann sich in »nichts« auflösen. Das bedeutet nicht, daß man auf die Trauerarbeit verzichtet und so tut, als wenn nichts gewesen wäre. Wir können uns die Frage stellen, warum der Verlust uns schmerzt? Manchmal ist es unsere eigene Angst vor dem Sterben; manchmal finden wir uns wie im Schock, daß sich Dinge »so stark« verändern können. Unser zerbrechliches Gebäude der »Sicherheit« ist zusammengebrochen, und wir versuchen es panisch wieder aufzubauen. Manchmal warten spirituelle Fragen auf Beantwortung, und mit dem Tod wird die Frage nach dem Sinn des Lebens wieder gestellt. In unserem Schmerz und unserer Wut zu verharren, hält uns davon ab, dazuzulernen. Das Leben ist Veränderung, auch wenn es schwerfällt. Der Erkenntnis, daß es den Verstorbenen »gut« geht, wird oft den gesuchten Trost bringen.
Ich betrachte das Leben immer wie einen langen »Abenteuerurlaub«. Irgendwann ist es Zeit, nach Hause zu gehen.

Manche reisen länger, manche kürzer. Manche bekommen früher, manche später »Heimweh«. Manche haben eine Gruppenreise gebucht, und einige von ihnen beschließen, die Reise früher abzubrechen. Selbst wenn wir unsere Reisegefährten vermissen – wir wissen, daß wir uns alle »zu Hause« wiedersehen werden.

11. Kapitel

*Wenn klitzekleine Engel nach einer
Aufgabe suchen, und wie große Engel
beim Geschichtenerzählen helfen*

Heute ist ein besonderer Tag: Ich muß mich langsam auf den Weg in Julias Vorschule machen. Einmal die Woche darf ein Kind sein Lieblingsbuch zum Vorlesen mitbringen, und diese Woche ist Julia dran. Ihre Lieblingsgeschichte habe ich erzählt, als Julias Freundin Mattie bei uns übernachtete.
Mattie, ein lebhaftes sechsjähriges Mädchen, hat mich zu seinem Engelexperten auserkoren. Nach einem lebhaften Nachmittag war es Zeit für die Kinder, ins Bett zu gehen. Nachdem ich nach der üblichen Gute-Nacht-Geschichte und dem Beten ihr Zimmer verlassen hatte, hoffte ich, daß die beiden irgendwann einmal ihr Geflüster und Gekichere einstellen und langsam einschlafen würden.
Pustekuchen. Die nächsten zwei Stunden hörte ich Gekicher, Geraschel und Lichtschalter an- und ausgehen. Alle halbe Stunde bin ich auf dem Weg in Julias Zimmer, um mit relativ ernstem Blick die Kinder zu bitten, im Bett zu bleiben und versuchen einzuschlafen. Ich verstehe ihren Spaß und kann mich noch gut an meine Aufregung erinnern, wenn ich als Kind bei einer Freundin übernachten durfte.
Natürlich haben die beiden viel zuviel Spaß, und an Einschlafen wollen sie überhaupt nicht denken. Beide haben sich fest vorgenommen, um Mitternacht heimlich Eis zu essen, und können vor Aufregung nicht zur Ruhe kommen. Es ist fast 23.00 Uhr, als Julia zu mir ins Wohnzimmer kommt und

meint: »Mama, Mattie weint so laut, da kann ich gar nicht schlafen.«
»Die Mattie weint?« frage ich erstaunt. »Was ist denn passiert?«
»Ich glaube, die will heim zu ihrer Mama«, meint Julia und schmiegt sich an mich, froh, daß ihre Mama da ist. Ich trage sie zurück in ihr Bett und schaue auf ein Häufchen Elend, das sich zitternd und schniefend unter seiner Bettdecke verkrochen hat.
»Mattie?« sage ich sachte und streichle ihre blonden Haar. »Bist du traurig?«
»Ich will zu meiner Mama«, kommt es schluchzend, aber entschieden unter der Bettdecke hervor.
Das hatte ich befürchtet. Matties Eltern wohnen eine halbe Stunde von uns entfernt, und die Vorstellung, Mattie mitten in der Nacht nach Hause zu fahren, versetzt mich nicht gerade in Hochstimmung. »Bitte«, schniefend zieht sie ihre Bettdecke soweit zurück, daß ich ihre zitternde Unterlippe sehen kann. »Ich will nach Hause zu meiner Mama.«
Bitte, schicke ich ein Stoßgebet zu meinem Engel, ich brauche dringend eine gute Idee, um Mattie zum Einschlafen zu bringen. Ich atme tief durch und höre mich plötzlich sagen: »Kennst du eigentlich den allerkleinsten Engel?«
»Nein«, kommt es zaghaft, aber doch neugierig.
»Was hältst du von meinem Vorschlag: Ich erzähle dir die Geschichte vom allerkleinsten Engel, und wenn du anschließend immer noch nach Hause willst, bringe ich dich heim.« Dabei denke ich, meine lieben Engel, hoffentlich ist eure Geschichte gut, ich habe nämlich keine Lust, heute noch Auto zu fahren. Mattie denkt kurz nach und meint dann: »Okay, aber dann bringst du mich zu meiner Mama.« – »Wenn du das nach der Geschichte noch möchtest, werde ich das gerne tun«, verspreche ich ihr. Mattie liegt oben auf

Julias Stockbett, und ich mache es mir auf dem Boden bequem, so daß beide mich sehen können.
»Also«, beginne ich, ohne die geringste Ahnung zu haben, wie es weitergeht, »es war einmal ein klitzekleiner Engel.« Ich atme tief ein und schon formuliert sich ein Satz nach dem anderen ohne mein Zutun.
»Er war so klein, daß sogar die anderen Engel ihn nicht immer finden konnten. Klitzeklein war er. Er war so klein wie die kleinste Spitze einer Schneeflocke«, fuhr ich fort, »oder der kleinste Teil von einem Zuckerstück oder der kleinste Teil von Zimt. Dieser Engel roch sogar ein bißchen danach. Aber der klitzekleine Engel war traurig. Ihm war langweilig. Er hatte nämlich nichts zu tun.«
Beide Mädchen schauen mir gebannt zu, Mattie schluchzt nicht mehr, und ich bedanke mich in Gedanken bei meinen Engeln. Die Geschichte hört sich gut an – ich bin gespannt, wie sie weitergeht. »Jeder Engel paßt auf jemanden auf. Entweder auf ein Mädchen oder einen Jungen. Eine Mama oder einen Papa. Einen Onkel oder eine Tante, eine Oma oder einen Opa«, erzähle ich. »Einige Engel passen auf Hunde, Katzen oder Pferde auf. Wieder andere kümmern sich um Delphine oder Meerschweinchen. Aber der klitzekleine Engel hatte niemanden, auf den er aufpassen konnte.« Ich gerate ins Stocken und weiß auch genau warum. Ich hatte mir gerade überlegt, was als nächstes passieren könnte und habe mich von meinem Vertrauen in die Engel ab- und meinem Verstand zugewandt. Nichts gegen meinen Verstand, der ist wunderbar, aber einfach limitiert. Er ist wie ein Computer, der gespeicherte, sprich gelernte Programme wiedergibt. Das sind logische Gedanken, und sie sind sonst sehr nützlich, nur meine Intuition, meine Gefühle, mein Vertrauen und meine Kreativität kommen da einfach nicht her. »Weiter Mama«, kommt es fordernd von Julia. Ich

atme tief ein und bekomme wieder das Vertrauen, mich einfach darauf zu verlassen, was mir in den Sinn kommt. Ich lasse mich treiben und höre mir selbst und meiner Geschichte zu.

»Bei Vollmond treffen sich alle Engel auf einem Berggipfel. Mutter Mond sieht wie eine große Käsepizza aus, und die Engel versammeln sich, um gemeinsam zu lachen und zu tanzen und um sich gegenseitig Geschichten von uns Menschen zu erzählen. Genauso wie wir unseren Freunden unsere Geschichten und Erfahrungen erzählen.«

Von dem oberen Bett fragt es besorgt: »Dann ist am Vollmond nie ein Schutzengel da?«

»Engel können an mehreren Plätzen gleichzeitig sein«, beruhige ich Mattie, »genauso wie du, wenn du schläfst. Dein Körper liegt im Bett und schläft, während deine Seele ins Traumland wandert und wunderbare Abenteuer erlebt, an die wir uns beim Aufwachen oft nicht mehr erinnern können. Also ein Teil des Engels paßt jetzt auf dich auf, während der andere Teil im sanften Mondlicht tanzt.« Beide Mädchen sind beruhigt.

»Alle Engel sehen verschieden aus. Genauso wie wir. Manche Engel haben riesige Regenbogenflügel, manche tragen glitzernde weiße Kleider, andere sind mit Blumen bedeckt. Es gibt Engel, die luftig und durchsichtig sind, andere sind warm und flauschig. Manche kichern und tanzen, während andere sich anmutig durch die Nacht bewegen. Die Engel sitzen jetzt im Kreis und erzählen von ihren Erlebnissen. Und in der Mitte steht jemand, der sehr traurig ist. Aber wo ist er? Das muß unser klitzekleiner Engel sein. Er ist so klein« – »daß die anderen Engel ihn gar nicht sehen können«, beendet Julia meinen Satz.

»Genau.« Es sieht nicht so aus, als ob die beiden bald einschlafen würden, denke ich mir.

»Warum ist der klitzekleine Engel so traurig?« will ich von den Kindern wissen.

»Vielleicht will er auch zu seiner Mama«, kommt es von Mattie.

»Nein, deswegen ist er nicht traurig. Er beklagt sich bei den anderen Engeln, daß er niemanden hat, auf den er aufpassen kann. ›Ich will auch für jemanden sorgen. Das ist nicht gerecht‹, ruft er. Nun, da hättet ihr die anderen Engel sehen sollen. Der klitzekleine Engel tat ihnen sehr leid. Sie konnten sich gut vorstellen, wie er sich fühlte. ›Nun‹, sagten sie, ›warum kommst du nicht mit uns als kleiner Helfer?‹ ›Ich will kein kleiner Helfer sein‹, antwortete der klitzekleine Engel bestimmt, ›ich will ein großer Helfer sein.‹ Der klitzekleine Engel wirbelte im Kreis herum, und Regenbogenfunken sprühten. Die anderen Engel fühlten, wie wütend er war. Dann flog der klitzekleine Engel davon. Die anderen Engel sprachen immer noch zur Mitte des Kreises, wo der klitzekleine Engel vorher gestanden hatte. Sie hatten noch nicht einmal bemerkt, daß er davongeflogen war. So klein war er. Mutter Mond schaut auf den klitzekleinen Engel herab und sieht ihn in traurigen Wellen durch die Luft fliegen. Die Spitzen seiner Flügel hängen schlapp nach unten. Um ihn zu trösten, sendet Mutter Mond ihm einen ihrer ganz speziellen Strahlen. Der klitzekleine Engel fühlt sich ein bißchen besser. Aber er braucht immer noch Hilfe, und Engel bekommen ihre Hilfe – genau wie wir – von Gott.« Mattie und Julia kuscheln sich tiefer in ihre Kissen.

»Der Mondstrahl führt den Engel zu einem Kirschbaum voll schöner rosa Kirschblüten, die herrlich süß duften und sich ganz sanft anfühlen. Der klitzekleine Engel landet auf einem Zweig. Er kuschelt sich in eine Kirschblüte, wickelt seine Flügel als Decke um sich herum und schließt seine winzigen Augen. Er atmet tiiiief ein und denkt an Gott.

›Lieber Gott‹, fragt er, ›wie kann ich jemanden bekommen, für den ich sorgen darf?‹ Dann ist er ganz still …, still …, sehr … still, und Gott schickt ihm einen Gedanken: ›Du hast eine ganz besondere Aufgabe, mein wunderbarer Engel.‹
›Aber was ist meine ganz besondere Aufgabe?‹ fragt der klitzekleine Engel.
›Suche danach, und du wirst sie finden‹, hört er in seinem winzigen Kopf. Er fühlt Gottes Liebe und freut sich. ›Wenn du mir sagst, daß ich jemanden finden kann, dann weiß ich, daß es in Erfüllung gehen wird.‹ In Gedanken gibt der klitzekleine Engel Gott einen großen Kuß und macht seine Augen wieder auf.
›Ich muß dringend los‹, ruft er seinem Freund, dem Mondstrahl zu. ›Ich werde jetzt meine Aufgabe finden.‹ Die Zeit der Nacht ist fast vorbei, und Mutter Mond ruft den Mondstrahl zurück. ›Danke, Mutter Mond, danke Mondstrahl, bis heute abend.‹ Der klitzekleine Engel winkt glücklich mit seinen Flügeln zu Mutter Mond hinauf.«
»Dann muß aber gleich die Sonne kommen«, murmelt Julia.
»Genau«, antworte ich, »der Engel streckt seine Flügel aus und schießt wie eine Spirale in die Luft. ›Hallo, wunderschöner Tag, ich komme!‹ singt er und fliegt davon. Und da geht auch schon Vater Sonne auf und lächelt.
Zuerst fliegt der klitzekleine Engel nach Osten, wo alles beginnt, und er findet ein großes Meer. Er schaut auf die Fische und paßt auf, ob er ein Zeichen sieht oder ein Gedanke kommt, der etwas mit seiner neuen Aufgabe zu tun hat. Aber er bemerkt nur, daß alle viel zu groß für ihn sind!
Also fliegt er nach Süden, wo alles weitergeht. Dort findet er einen großen Wald mit Löwen und Rehen und paßt auf, ob er dort etwas bemerkt. Aber er sieht nur, daß alle viel zu groß sind! Also fliegt er nach Westen, wo alles aufhört und sich verändert. Er findet eine Wüste und sieht Kamele und Ele-

fanten. Aber er sieht kein Zeichen und bemerkt nur, daß alle viel zu groß sind!
Er hofft nun sehr, daß er im Norden etwas findet, wo sich alles ausruht für einen neuen Anfang. Er fliegt auf einen Berg, um sich die Adler und Bären besser anschauen zu können, und paßt auf, ob er ein Zeichen bemerkt, doch alle sind viel zu groß!«
»Der arme klitzekleine Engel«, flüstert Mattie oder war es Julia?
»Er ist sehr traurig. Seine Flügel werden allmählich müde. Vater Sonne geht langsam unter, und Mutter Mond kommt zurück, gerade als der klitzekleine Engel wieder beim Kirschbaum landet. Der Mondstrahl wartet schon auf ihn, als er sich langsam zum Fuß des Kirschbaumes heruntergleiten läßt.
›Was habe ich falsch gemacht?‹ schluchzt der klitzekleine Engel enttäuscht und zuckt mit den Flügeln. ›Gott hat mir gesagt, daß ich meine Aufgabe finden werde‹, teilt er dem Mondstrahl mit. ›Warum habe ich sie immer noch nicht gefunden?‹
Wieder versucht der klitzekleine Engel seine Gedanken zu beruhigen, um herauszufinden, was Gott zu sagen hat. Er atmet zweimal tief ein, ist wieder ganz still, und da hört er ein Geräusch. Jemand weint! Aber wo? Der Engel blickt sich suchend um. Hinter dem Kirschbaum steht ein kleines Haus mit einer leuchtend roten Tür, das von einem alten Gartenzaun umgeben ist. Ein Fenster steht offen, und Bruder Wind trägt das Geräusch eines weinenden Kindes zu dem Engel. Schnell schlägt er mit seinen Flügeln, und mit einem Windstoß landet er im Zimmer.
Ein kleines Mädchen liegt zusammengerollt im Bett und weint. Die Ohren des klitzekleinen Engels klingeln, so laut weint dieses Mädchen. Über das kleine Mädchen gebeugt,

steht ihr großer Schutzengel. Er versucht, es zu trösten, aber das kleine Mädchen scheint ihn nicht wahrzunehmen.
›Was ist denn los? Warum hilfst du ihr nicht?‹, fragt der klitzekleine Engel den großen Schutzengel. Der Schutzengel zuckt traurig mit den Flügeln. ›Ich hab's versucht‹, antwortet er, ›es hat Angst, alleine in diesem Zimmer zu schlafen, und ich versuche, ihm zu sagen, daß ich immer bei ihm bin. Aber es weint so laut, daß es mich nicht hören kann. Es konzentriert sich auf alle traurigen Gedanken.‹
›So ein Mist‹, sagt der klitzekleine Engel. Er war viel mit Kindern zusammen und weiß, was sie in solch einer Situation sagen würden. Der klitzekleine Engel fliegt näher zu dem Mädchen hin und schaut es an. ›Hm‹, sagt er. In seinen Gedanken sucht er nach einer Idee. Da hört er Gott sagen: ›Schau dir das Mädchen genau an. Es gibt etwas, das nur du tun kannst.‹
Der klitzekleine Engel ist ganz aufgeregt. ›Was? Was ist es?‹ Er starrt das kleine Mädchen an, das noch immer vom Weinen geschüttelt ist. Tränenströme kommen aus seinen Augen und sogar ein bißchen aus seiner Nase, und der klitzekleine Engel denkt: ›Wenn sie nur zu weinen aufhören würde und zuhören könnte.‹ Und dann schaut er auf die Ohren des Mädchens und … hat eine Idee! Schnell dreht er sich zum großen Schutzengel um und sagt stolz: ›Ich kann dir helfen. Und nur weil ich sehr, sehr winzig bin, und nur allerkleinste Engel können hier helfen.‹ Er rückt seine Flügel zurecht und fliegt direkt in das linke Ohr des Mädchens. In dem Ohr des kleinen Mädchens gibt es enge Kurven, und der klitzekleine Engel fliegt vorsichtig, um nirgendwo anzustoßen. Am Ende des langen Ohrtunnels gibt es eine kleine Stufe, die sieht fast wie eine Bank aus. Der klitzekleine Engel setzt sich hin und fängt an zu reden: ›Kannst du mich hören? Ich bin's, dein Engel!‹

Das kleine Mädchen war gerade dabei, tief einzuatmen, um weiterzuweinen, als es mittendrin innehält. ›Spricht da jemand mit mir?‹ fragt es in Gedanken. Engel können natürlich Gedanken genauso gut wie Worte hören. Und so antwortet der klitzekleine Engel: ›Mach dir keine Sorgen, kleines Mädchen, du bist nie allein. Deine Engel sind bei dir.‹
Das Mädchen dachte, es träumte. Es setzte sich im Bett auf und öffnete seine Augen. Niemand war in seinem Zimmer. Es schaute sich um und bekam Angst. Es wollte gleich weiterweinen und machte seine Augen wieder zu. Aber der klitzekleine Engel redete auf sie ein. ›Hallo, kleines Mädchen. Ich bin's, dein Engel.‹ ›Nein, ich habe nicht geträumt‹, denkt das kleine Mädchen, ›ich kann meinen Engel im Kopf hören.‹ ›Wir sind immer bei dir‹, sagt der allerkleinste Engel, ›hör einfach kurz mit dem Weinen auf.‹ Das kleine Mädchen hörte auf zu weinen und versuchte, still zu sein. ›Sehr gut‹, lobt der klitzekleine Engel. ›Wenn etwas in deiner Welt passiert, hörst du oft zwei Stimmen in deinem Kopf. Eine hat Angst, und wenn du auf diese Stimme hörst, bekommst du auch Angst und fühlst dich einsam und traurig und gar nicht gut. Die andere Stimme ist voller Liebe und Hoffnung. Und wenn du auf diese Stimme hörst, wirst du dich sicher und glücklich fühlen. Du kannst dich also entscheiden! Würdest du lieber auf die Stimme hören, die dir Angst macht oder auf die, die dir Freude bringt?‹
Das kleine Mädchen weiß, was es will: ›Ich möchte auf die Stimme hören, die mir Freude bringt. Aber‹, fragt sich das kleine Mädchen, ›wie kann ich die Angststimme loswerden? Die ist so laut.‹ ›Genauso wie bei einem Fernsehprogramm, das dir Angst macht. Du schaltest einfach um‹, antwortet der klitzekleine Engel. ›In deinen Gedanken bedeutet das, daß du an etwas Wundervolles denkst.‹
Nun lauschte das kleine Mädchen nur noch dem kleinen

Engel und nicht mehr der Angststimme. ›Es ist ganz einfach‹, sagte der klitzekleine Engel. ›Jedesmal wenn du Angst bekommst, denk einfach an uns und wie sehr wir dich lieben.‹ Das kleine Mädchen kuschelte sich wieder in sein Bett und fragte seinen Engel: ›Aber ich weiß nicht, wie sehr du mich liebst.‹ Der klitzekleine Engel antwortete: ›Frag einfach, und wir schicken dir unsere Liebe.‹ Das kleine Mädchen lag ganz still in seinem Bett, und bald fühlte es sich ganz warm und wohl. Und es fühlte sich so gut, wie wenn man ein Geschenk aufmacht oder bekommt, was man wirklich wollte ... wie ein Eis an einem sehr heißen Tag ... wie wenn deine Eltern etwas Albernes tun und du vor lauter Lachen Tränen in den Augen hast ... wie eine kleine Katze, die an deinem Bein entlangstreicht ... wie wenn jemand, den du liebst, dich den ganzen Tag auf dem Arm herumträgt ... so gut fühlen sich Engel an.
Wenn du traurig bist, vergiß nicht, wieviel schöne Sachen du in deinem Leben hast.‹ Und der klitzekleine Engel erklärt weiter: ›Dein großer Engel ist immer um dich herum. Sag einfach, daß du ihn fühlen willst, und dann spürst du ihn.‹
›Super‹, denkt das kleine Mädchen, ›das macht viel mehr Spaß als auf diese Angststimme zu hören.‹
Das kleine Mädchen vertraut jetzt darauf, daß sein Engel immer bei ihm ist, selbst wenn es alleine im Zimmer schläft. Sein Körper kann im Bett bleiben und seine Seele das Traumland besuchen und mit den Freunden und Engeln spielen. Als der Mondstrahl ins offene Fenster hereinschaut, ist das kleine Mädchen schon eingeschlafen.
Der klitzekleine Engel flog aus dem Ohr des Mädchens und hielt vor dem großen Engel an. ›Du bist wunderbar‹, sagte der Schutzengel. Der allerkleinste Engel war sehr glücklich. Er funkelte in allen Regenbogenfarben, und seine Flügel klangen wie stolze Glöckchen. ›Ich habe die richtige Aufgabe für

mich gefunden. Ich werde für all die Kinder sorgen, die nachts traurig sind, und ihnen von ihrem Schutzengel, der auf sie aufpaßt, erzählen‹, sagte er glücklich. Er umarmte den großen Engel ganz fest. Na ja, so fest es eben ging für einen sehr, sehr winzigen Engel. Aber ihr wißt ja, es spielt keine Rolle, wie groß der Körper ist. Es ist der Geist und die Entscheidungskraft, die zählt. Und unser allerkleinster Engel weiß das ganz genau ...«

Ich höre tiefes Atmen von Julia und Mattie. »Gute Nacht, meine Engel«, flüstere ich ihnen zu, nachdem ich ihnen einen Kuß gegeben habe. »Und euch auch, meine himmlischen Engel.« Ich ging in mein Büro und wußte, daß ich diese Geschichte gleich aufschreiben mußte. 20 Kopien habe ich davon auf meinem Lieblingswolkenpapier ausgedruckt und bringe sie heute in die Vorschule mit. Julia hat sich gewünscht, daß ich genau diese Geschichte ihren Freunden erzähle, und jedes Kind bekommt eine Kopie für zu Hause.

In Julias Vorschulklasse finden sich alle möglichen kulturellen Hintergründe, und das Tolle an Engeln ist, daß sie in jedem kulturellen und religiösen Leben auftauchen. Sei es bei Muslimen, Juden, Christen, überall wird von diesen göttlichen Botschaftern mit Flügeln gesprochen, die Gottes Wort in unsere Erinnerung bringen.

Ich öffne die Tür zu Julias Klasse, und da springt sie mir schon entgegen: »Mama, Mama, wir haben dir einen Stuhl bereitgestellt, und ich darf auf deinem Schoß sitzen, hat die Lehrerin gesagt.«

Ich begrüße die Lehrerinnen und Kinder, die vor mir im Kreis auf einem runden Teppich sitzen. Ich bin oft hier, in Los Angeles ist es üblich, daß sich die Eltern aktiv an der Schule beteiligen. Ich werde in Julias Schule eingeladen, wenn es um spirituelle Fragen geht.

Erst vor kurzem wurde eine neue Leiterin für den Kindergar-

ten und das Vorschulprogramm gesucht, und der Direktor der gesamten Schule wählte vier Eltern aus, die bei dem Bewerbungsgespräch dabei sein sollten. Jeder von uns stellte an die vier Interessenten eine Frage, und meine war: »Glauben Sie, daß Bäume reden können?« Die Schule hat sich mittlerweile an meine Art gewöhnt, und es war spannend, die Reaktion der Bewerber zu sehen. Zwei lachten nervös, und ihre Blicke in meine Richtung deuteten an, daß sie dachten, ich hätte nicht mehr alle Tassen im Schrank. Eine andere überging die Frage und meinte, daß Kinder das nicht wirklich interessiert, und die letzte schaute mich an und bemerkte, ohne mit der Wimper zu zucken: »Ich würde gerne von den Kinder wissen, wie die Bäume mit uns reden.« Das gefällt mir, dachte ich. Julias Schule legt viel Wert auf die Förderung von Verständnis füreinander und unterstützt Individualität und Kreativität. Die Antwort zu dieser Frage war bei der Entscheidung mit ausschlaggebend, wie ich später vom Direktor erfuhr.
Ich war auch schon Gast in der ersten Klasse, als über Indianer und ihre Weisheiten gesprochen wurde. Ich hatte meine Zeremonienpfeife, meine Trommeln und meine Federn dabei. Doch dieses Mal, in Julias Klasse, ging es um Engel, und ich fragte die Kinder, ob sie schon mal einen Engel gefühlt haben.
»Ja«, meint Mattie, »wie ich bei dir übernachtet habe.« Sie grinst über beide Ohren und schaut stolz in die Runde.
»Möchtet ihr denn mal euren Schutzengel fühlen?« frage ich die Klasse.
»Ja, ja«, kommt es begeistert von allen.
»Also gut, dann legt euch einfach hin und macht die Augen zu.«
Jeder, der mit Kindern zu tun hat, weiß, wie schwierig es ist, eine Gruppe Fünf- bis Sechsjähriger zum Stilliegen und

Augenzumachen zu bewegen. Ein Blick auf die erstaunten Lehrerinnen Linda, Fränzi und Michele zeigte mir, wie überrascht sie waren, daß alle Kinder sich sofort hinlegen.
Julia möchte lieber auf meinem Schoß sitzen bleiben, und so beobachten wir beide ihre Schulkameraden. Es ist schwer zu beschreiben, wie schön das aussieht, wenn sich eine ganze Vorschulklasse zum Meditieren hinlegt. Ich war gerührt und über den Anblick zutiefst dankbar.
»Also«, meine Stimme wurde leise und sanft, »jetzt atmet mal ganz tief ein, bis zum Nabel ... und dann atmen alle wieder aus.«
Ich weiß, daß ich nicht viel Zeit habe. 20 Vorschulkinder halten es nicht lange mit geschlossenen Augen aus.
»Jetzt stellt euch vor, über euch ist ein riesengroßer Regenbogen, und ihr steht darunter und seht all die wunderschönen Farben.« Julia sitzt regungslos auf meinem Schoß, und selbst die Lehrerinnen haben ihre Augen geschlossen.
»Jetzt bittet ihr euren Schutzengel, daß er euch ein Gefühl schickt, und dann beobachtet mal euren Körper, wie sich das anfühlt.«
Ich habe das noch nie mit einer Gruppe von Kindern gemacht und bin sehr gespannt auf ihre Reaktion. Erwachsene haben in der Regel ein Gefühl des Friedens, der Liebe oder der Ruhe. Ich bin neugierig, was die Kinder zu sagen haben. Ich beobachte ihre Gesichter, die meisten angespannt, konzentriert, einige lächeln, bei anderen steht der Mund leicht offen.
Sam reißt die Augen auf und ruft mir zu: »Da war so ein Kribbeln im Bauch, das war vielleicht lustig. Sind Engel denn auch lustig?«
»Ja«, bestätige ich, »sie wollen, daß wir Spaß haben.«
Rachel, die neben Sam lag, schaut verschmitzt: »Mich hat ein Flügel an der Nase gestreichelt.« Ich lächele ihr zu.
»Mir hat mein Engel meine Haare ganz zerzaust. Das war

schön.« – »Mir wurde ganz warm, wie wenn ein Ofen an ist.« – »Mich hat jemand am Ohr gekitzelt!« –«
»Mir hat mein Engel innen drin ein Bussi gegeben.«
Ganz aufgeregt rufen die Kinder ihre Erlebnisse durcheinander, und das Leuchten in ihren Augen zeigt mir, wieviel Spaß es gemacht hat, seinen Schutzengel zu fühlen.
David hat eine Frage, die ihm besonders am Herzen liegt: »Wenn ich etwas Schlechtes getan habe, haben mich die Engel dann nicht mehr lieb?« Tiefe Verzweiflung ist in seinem Gesicht eingegraben. Er ist ein kleiner Strolch und hochbesorgt um die Liebe seines Schutzengels. »Engel lieben dich immer! Egal, was du gemacht hast«, antworte ich ihm. David grinst über das ganze Gesicht. »Aber«, fahre ich fort, und David schaut gleich wieder besorgt, »Engel wollen dir auch helfen, das beste Kind zu sein, das du sein kannst. Deshalb höre in dich hinein, was dir dein Schutzengel sagt, bevor du etwas machen willst.« David nickt begeistert.
»Sind die Engel denn echt?« fragt Erika, »kann man sie auch sehen?«
»Ja«, antworte ich, »viele Menschen sehen Engel, und andere fühlen sie, und wieder andere hören sie. Es macht keinen Unterschied, ob du sie fühlst, siehst oder hörst, sie sind trotzdem immer da.« Das ist wieder mein Lieblingsthema ...
»Mein Freund Tom sagt, Engel gibt es nicht«, meldet sich Noah schüchtern.
Alle Blicke richten sich auf mich. Als »Engelexperte« muß mir jetzt etwas Gescheites einfallen. Hilfe, rufe ich in Gedanken nach oben. Ich warte eine Sekunde, und da kommt mir auch schon der Gedanke: »Schau mal, Noah, Engel sieht man meistens nicht, wie die Luft, die siehst du auch nicht, aber sie ist trotzdem da.« Er nickt aufmerksam. »Oder die Liebe. Wenn du jemanden liebhast, dann kannst du die Liebe auch nicht sehen, nur fühlen, nicht wahr.«

Ein merkliches Aufatmen geht durch Julias Klasse und auch durch mich.
»Also, seid ihr bereit für die Engelsgeschichte?«
Die Kinder schieben sich näher zu mir, und ich bitte Julia die Kopien zu verteilen.
Zehn Minuten später klopft die erste Mutter an die Klassentür, gerade rechtzeitig zum Ende der Geschichte. »Mama, ich habe meinen Schutzengel gefühlt«, springt Miranda auf und läuft zur Tür, um ihre Mutter zu begrüßen. »Das ist ja toll«, meint sie und, ohne mich gesehen zu haben, »ist Sabrina dagewesen?« Die Lehrerinnen fangen mit mir zu lachen an.

12. Kapitel

*Wie uns der Regenbogen zu den
Engeln bringt und von Kindern,
die mit unsichtbaren Freunden sprechen*

Am Abend sitzen Julia und ich in unserer Gartenschaukel, und ich erzähle Julia von dem neuen Buch, an dem ich schreibe. »Worüber schreibst du denn?« fragt sie mich. »Über Engel«, antworte ich ihr. »Kannst du mal deinen Schutzengel bitten, daß er mir hilft?« frage ich sie. Sie zieht sich ihre Kuscheldecke ein bißchen höher und meint: »Mama, ich weiß doch gar nicht, wie mein Engel heißt. Mach das mit dem Regenbogen auch mal bei mir.« Julia hört mir oft zu, wenn ich Meditationen leite. Meistens bitte ich die Teilnehmer, sich vorzustellen, auf einer Wiese zu sein. Sie beobachten die Pflanzen, die Gerüche, die Bäume, und dann bitte ich sie, nach oben zu sehen, wo sie einen Regenbogen finden werden, und dieser Regenbogen läßt seine Farben in den Körper dringen und Heilung bringen. Was danach kommt, ist sehr verschieden. Manchmal gehen wir zum Meer, manchmal auf einen Berg, eine Insel oder einen Baum. Ich verlasse mich ganz auf die Eingebung meiner Engel. Da ich jeden Sonntagmorgen die Meditationsgruppe leite, ist Julia oft dabei und hört zu. Sie bekommt recht viel von meiner Berufung, über Gott und Engel zu sprechen, mit.
Ich gebe auch Sterbebeistand, und ab und zu ruft jemand an, der Hilfe braucht, um den Prozeß des Abnabelns vom Menschsein zu verstehen. Am Anfang wollte ich Julia bei diesen Telefonaten immer gerne aus dem Zimmer haben, weil ich mir nicht sicher war, wie sie diese Gespräche

verkraften würde. Ich bekam als Kind so etwas nie mit. Wenn jemand im Sterben lag, hörte ich nur, daß jemand krank ist, und dann war er plötzlich gestorben. Es wurde kurz geweint, und das war's dann, so schien es mir. Wenn wir die Hinterbliebenen trafen, war es immer etwas unangenehm. Nie wurde über den Verstorbenen gesprochen, und die Verwandtschaft schaute sich nur mit dem Blick an: »Wir wissen es.« Als Kind dachte ich mir oft: »Komisch, das Sterben. Es muß etwas Schreckliches damit verbunden sein, weil keiner darüber spricht.«

Julia ließ sich nie ganz aus dem Zimmer schicken, wenn ich mit Menschen über das Sterben spreche. Sie ging kurz hinaus und kam dann sofort wieder zurück, still und aufmerksam meinen Teil des Gesprächs verfolgend. Ich war verwirrt. Ist das gut oder schlecht, wenn sie so früh mit dem Sterben konfrontiert wird? Was nimmt sie davon auf, was versteht sie und was nicht? Wird sie davon Alpträume bekommen?

Ich frage sie anschließend immer, ob sie irgendwelche Fragen dazu hat, und höre fast immer ein Nein. Ich glaube, daß für sie das Sterben viel natürlicher ist, als es für mich als Kind war. Sie hat keine Alpträume und keine Berührungsängste. Sie hat keine Angst vor toten Lebewesen. Vögel oder Mäuse werden interessiert betrachtet und dann von uns begraben. Wir sprechen ein Gebet, und sie weiß, daß der Körper »leer« ist, daß er nur noch eine Hülle ist, wie wenn der Schmetterling den Raupenkörper verläßt. Einmal war ihr Freund Sam da, und ich erwischte sie, wie sie Spinnen zerquetschten. »Was macht ihr da?« wollte ich wissen. »Sam hat angefangen«, antwortete Julia schnell. »Das sind doch nur Spinnen«, meinte Sam.

»Es ist mir egal, wer damit angefangen hat«, sagte ich streng zu Julia. »Es ist deine Entscheidung mitzumachen, und ich

möchte, daß du dir deine Entscheidungen vorher genau überlegst.«
Ich schaue von Julia zu Sam: »Wie würdet ihr euch fühlen, wenn irgend jemand Großes von oben käme und euch aus heiterem Himmel zerquetschte?« will ich wissen.
»Das würde mir nicht gefallen«, meint Sam leise.
»Aber Mama«, meint Julia verschmitzt, »die Spinne kriegt dann einfach ein anderes Leben.«
Das habe ich nun davon, daß ich ihr von Reinkarnation erzähle, daß jeder Mensch und jedes Tier viele Leben hat und daß wir nie sterben, sondern nur von einem Körper in den anderen gehen, daß wir unsere Zeit dazwischen mit Gott verbringen, um das alte Leben zu verarbeiten und uns auf das nächste Leben vorzubereiten. O Gott, was soll ich darauf antworten? Ich schaue in das Gesicht meiner Tochter, deren Lächeln mir sagt: Siehst du, Mama, ich habe doch schon einiges gelernt.
Endlich kommt mir die Antwort in den Sinn: »Das stimmt, Julia, aber die Spinne soll entscheiden, wann sie dieses Leben verläßt und ein anderes Leben bekommt, und nicht du.«
Danke Gott, gute Antwort.
»Ich verstehe, Mama«, antwortet sie, und auch Sam verspricht, sich darüber Gedanken zu machen.
Ich sitze also mit Julia auf der Schaukel, und sie meint: »Komm Mama, ich will jetzt auch zum Regenbogen gehen.«
Sie macht die Augen zu und kriecht ein bißchen tiefer unter ihre blaue Baumwolldecke. Ich spreche laut ein kurzes Gebet: »Mutter, Vater Gott, meine Schutzengel, laßt mich eins sein mit der göttlichen Weisheit und der Liebe, die immer zu uns kommt. Mögen meine Worte Julia helfen, ihren Schutzengel zu finden. Amen.«
»Also, mein Schatz, atme tief ein ... und tief aus ... tief ein – und tief aus – stell dir vor, du bist auf einer wunderschönen

Wiese. Du siehst die Blumen und ein paar Schmetterlinge und auch ein paar Vögel ... was für Farben haben die Blumen denn ... lasse deine Augen zu ...«
»Sie sind blau, und grün, und pink und gelb«, antwortet Julia. Jede meiner geführten Meditationen ist anders. Ich verlasse mich ganz auf meine Inspiration. Ich lasse meinen Gedanken freien Lauf, was immer mir in den Sinn kommt, wird gesagt, ohne es zu analysieren. In meinem Gebet erkläre ich Gott mein Ziel, meinen Wunsch für diese Meditation. Und natürlich werde ich erhört. Das habe ich von Samantha, meiner Freundin, die mit den Tieren spricht, gelernt. Ihr wurde als Kind gesagt, ihr Vater sei Gott, und selbstverständlich hört unser Vater zu, wenn wir ihn um etwas bitten. Also bitte ich um Unterstützung für die Meditation meiner Tochter. Ich öffne damit die »Leitung« für die Gedanken, die zu mir kommen. Das hat etwas mit Vertrauen zu tun und dem Glauben, daß es mehr gibt, als ich mich bis jetzt erinnere. So vertraue ich den Gedanken, die zu mir kommen, und Julia geht in ihrer Meditation auf einen Berg.
»Ganz hinten am Ende der Wiese siehst du einen Berg.«
Julia nickt.
»Am Fuße des Berges ist eine Tür, die hineinführt. Mache die Tür auf und sage mir, was du siehst.«
Es ist eine Weile Pause, und dann antwortet sie: »Ich sehe ganz viele Tiere wie in einem Dschungel.« Gut, sie hat vor den Tieren keine Angst. Sie lächelt.
»In der Mitte des Berges führt eine Treppe nach oben, und ich möchte, daß du sie hochgehst, du wirst danach ein großes wundervolles Schloß finden. Sag mir, wenn du da bist.«
»Ich bin da, Mama.«
Ich weiß, daß es nicht wichtig ist, jede Bedeutung von dieser Meditation zu erkennen. Was bedeuten die Tiere? Das Schloß? Die Treppe? Setze ich mich damit auseinander,

würde ich die Meditation analysieren. Das kann ich, aber das muß ich nicht. Ich vertraue meinen Engeln, daß sie wissen, was sie tun.
»In diesem Schloß ist ein Zimmer mit einem Regenbogen«, kommt mir in den Sinn, und ich gebe es an Julia weiter. »Suche das Zimmer und gehe hinein.« – »Bist du drin?«
»Ja.«
»Dort liegt eine Glocke, und wenn du mit ihr klingelst, erscheint dein Engel.«
Ich beobachte Julia aufmerksam. Unter ihren Augenlidern bewegen sich die Augen, eine Bestätigung dafür, daß sie in einem anderen Bewußtseinszustand ist.
»Ist dein Engel da?« frage ich sie sachte.
»Ja.«
»Frage ihn, wie er heißt.«
»Jennifer.«
»Du kannst ihr jetzt eine Frage stellen.«
Julia ist für eine Minute ganz still, und dann öffnet sie ihre Augen.
»Was hast du sie gefragt?« will ich wissen.
Julia kuschelt sich näher an mich heran. »Wo sie wohnt.«
»Und was hat sie geantwortet?«
»In einem Wolkenhaus.«
»Hast du das gesehen?«
Sie erzählt begeistert. »Ja, Mama, das hat gefunkelt und gestrahlt und war aber doch durchsichtig. Wie eine Wolke. Nur mit mehr Funkeln.«
»Wie sah denn dein Engel aus?«
»Sie hat auch gefunkelt und gestrahlt. Und ganz lange Haare hat sie gehabt.«
Es wird langsam kühl im Garten und die Zeit naht, ins Bett zu gehen.
»Was hältst du davon, mein Schatz, wenn du dir von meinem

Altar einen Engel aussuchst, der dich immer an die Jennifer erinnern wird.«
Begeistertes Nicken, und wir machen uns auf den Weg zum Studio. Julia verbringt zehn Minuten vor meinem Altar und untersucht jeden Engel. Keiner scheint sie so richtig zu befriedigen. Da fällt mein Blick auf eine Engelsglocke, die ich schon vergessen hatte. »Schau mal, da ist so eine Glocke mit einem Engel drauf, wie die Glocke, mit der du deinen Engel gerufen hast. Möchtest du die haben?«
Ich hoffte auf einen Begeisterungssturm – ich fand die Glocke faszinierend – aber Julia suchte sich lieber einen Bilderrahmen mit Engeln. »Ich nehme lieber das, Mama. Da kann ich meinen Engel selber malen.« Das ist eine sehr schöne Idee, und wir ziehen uns in ihr Zimmer zurück, und ich schaue ihr beim Engelmalen zu.
Jetzt ist es aber wirklich Zeit, ins Bett zu gehen, und Julia stellt den Rahmen mit ihrem Engel auf ihren Nachttisch.
»Mama, bitte noch eine ›Lektion in Meisterschaft‹«, fordert sie. Jeden Abend, vor dem Beten, gebe ich ihr eine ›Lektion in Meisterschaft‹, wie ich das nenne. Sie lernt dabei, ihren Körper zu kontrollieren und nicht jedem Impuls sofort nachzugeben. In den nächsten fünf Minuten darf sie sich nicht bewegen. Egal ob ihr Körper juckt, kratzt oder kitzelt, ein Meister ist in der Lage, sich trotzdem nicht zu bewegen. Julia liebt dieses Ritual. Einer Freundin erklärte sie es mal folgendermaßen: »Wenn du willst, gibt dir meine Mama auch eine ›Lektion in Meisterschaft‹, da darfst du dich aber nicht wie ein Baby benehmen.«
In einer Meditation wurde mir diese Idee gegeben. Wenn ich verreise, nehme ich für jeden Tag eine Lektion in Meisterschaft auf Tonband auf. Die Lektionen gehen von Entspannungsübungen (Fühle deinen kleinen Finger, deinen Ringfinger, deinen Mittelfinger) bis zu Chakra-Übungen (Über dir ist

eine große strahlende Sonne, und das Licht kommt durch deinen Kopf in deinen Körper, am Rücken nach unten, am Schoß nach vorne), und manchmal berühre ich sanft den Körperteil, von dem gerade gesprochen wird. Neben Liebe und Geborgenheit möchte ich meiner Tochter gerne die Wichtigkeit von Disziplin und Konzentration beibringen. Und das macht ihr sehr viel Spaß.
Am nächsten Tag besucht mich meine Freundin Sunny mit ihrer erwachsenen Tochter April und ihrem fünf Monate alten Nachwuchs Zacharias. Sunny ist wie ich Hypnosetherapeutin, und ihre Tochter April zog nach einer glücklosen Ehe wieder zurück zu ihrer Mutter und deren zweiten Ehemann. Zacharias ist eines dieser »Traumbabys«. Er lacht viel und schläft noch mehr.
Sunny, April und ich sitzen in der Küche am Tisch und schneiden Früchte für einen Obstsalat.
»Wir haben dir ein Erlebnis für dein Buch mitgebracht«, eröffnet mir Sunny, und April fragt mich: »Hast du schon einmal von Kindern gehört, die unsichtbare Freunde haben?«
Schon wieder! Erst vor kurzem habe ich darüber nachgedacht, und nun taucht jemand auf, der mir mehr davon erzählen kann. Julia hat mir noch nicht von unsichtbaren Freunden erzählt, und nach öfterem Nachfragen scheint es da auch niemanden zu geben.
»Ja, aber bisher habe ich noch niemanden getroffen, der mir davon erzählt hat.«
»Heute ist dein Glückstag.«
»Hattest du einen unsichtbaren Freund?« frage ich April.
»Ja, und mit uns bekommst du sogar die Doppelversion: Einmal von meiner Mama und einmal von mir.«
»Wer will anfangen?«
April nickt ihrer Mutter zu: »Fang du mal an. Ich melde mich dann schon, wenn ich was hinzufügen möchte.«

April schiebt sich eine Weintraube in den Mund, und Sunny beginnt zu erzählen: »April war ein stilles Kind. Sie war eine Träumerin. Sie konnte sich stundenlang alleine beschäftigen. Sie sprach mit ihren Puppen und ihren Stofftieren. Ich glaube, du warst drei Jahre alt, als wir einmal im Auto fuhren und du anfingst, mit Tuman zu sprechen.«
»Tuman?« frage ich.
»Ja«, antwortet April, »sie hieß Tuman. ich kann mich nicht erinnern, wann sie zum ersten Mal aufgetaucht war. Sie war einfach immer da, und ich hatte immer jemanden, mit dem ich spielen konnte. Ich war nämlich ein Einzelkind.«
»Wußtest du denn, daß Tuman unsichtbar war?« will ich wissen.
Sie schaut mich überrascht an: »Am Anfang dachte ich, daß jeder Tuman sehen konnte. Ich wußte immer, daß sie die Wahl hatte, ob sie gesehen werden wollte oder nicht. Aber ich merkte erst später, daß andere Leute Tuman nicht sehen konnten.«
»Wie sah Tuman aus?«
»Tuman sah mir sehr ähnlich. Sie war immer im gleichen Alter. War ich drei Jahre, war sie drei Jahre, war ich sechs Jahre alt, war sie sechs. Sie war ein bißchen größer als ich und hatte meine hellblonden Haare. Ihre waren ein bißchen länger, aber gewellt wie meine.«
»Und ihr Gesicht?«
»Das habe ich nur verschwommen im Gedächtnis. Dazu kann ich nichts sagen«, schüttelt April ihren Kopf.
Sunny lächelt April an: »Wir hatten einen Stuhl am Tisch für Tuman, sie saß hinten mit April im Auto. Wenn wir zum Beispiel beim Einkaufen waren, dann drehte sich April oft um und sagte aus heiterem Himmel: Hallo Tuman.«
»Kam Tuman oft?«
»Fast jeden Tag. Tuman tauchte immer irgendwo auf. Eines

Tages, als ich April in die Vorschule brachte, bat mich die Lehrerin um ein Gespräch. Sie erklärte mir, wie unaufmerksam April war, daß sie nie wußte, wovon die Lehrerin gesprochen hatte, wenn sie aufgerufen wurde. Sie war eine Tagträumerin, und die Lehrerin wußte nicht mehr, was sie machen sollte. Als April nach Hause kam, fragte ich sie, warum sie in der Vorschule nicht aufpaßte. Weißt du noch, was du mir geantwortet hast?« fragte Sunny ihre Tochter April.
»Ja, Tuman kam mit mir in die Vorschule, und die meiste Zeit spielten wir zusammen. Ich weiß noch, wie du mir gesagt hast, daß ich Tuman erklären muß, daß sie nicht mehr mit in die Schule kommen kann. Daß das meine Zeit sei, in der ich lernen müsse, und sie könne gerne jederzeit nach der Schule kommen.«
»Und hat sich Tuman daran gehalten?« frage ich.
Beide nicken. »Ja.«
»Da fällt mir gerade die Geschichte mit Mexiko ein. Erinnerst du dich noch daran?« fragte April ihre Mutter.
»Was war mit Mexiko?« frage ich neugierig.
Sunny erzählt: »Ich arbeitete damals als Assistentin für einen Privatdetektiv, und wir suchten nach einem Mann, der viel Geld unterschlagen hatte und verschwunden war. Irgendwie hatte ich die Idee, daß Tuman uns helfen könne. An dem Abend bat ich April, ob sie nicht Tuman fragen könnte, wo der Mann abgeblieben sei.«
April nickt: »Tuman zeigte mir ein Bild, und ich beschrieb dieses Bild. Dazwischen gab sie mir Worte wie Mexiko und Oaxaca. Ich beschrieb ein bestimmtes Haus, das ich in meinem Kopf sehen konnte.
»Was war Oaxaca?«
»Das war ein kleines Nest in Mexiko. Mit Aprils Beschreibung fanden wir dieses Haus. Es stellte sich heraus, daß der Mann

den wir suchten, sich dort tatsächlich aufgehalten hatte«, fährt Sunny fort.
»Habt ihr ihn denn gefunden?« frage ich neugierig.
»Nein, leider waren wir zu spät.«
April fügt hinzu: »Weißt du, ich erinnere mich noch genau, wie besorgt ich war, daß die Information über Mexiko auch wirklich von Tuman kam. Ich muß sieben Jahre alt gewesen sein, und ich fragte mich, ob ich das nicht einfach erfinde. Ich hatte nie von so einer Stadt gehört, und es war doch der Chef von meiner Mama, der diese Information haben wollte. Damals war ich noch nicht sicher, ob das, was mir Tuman sagte, auch wirklich von Tuman kommt oder ob mir meine Phantasie einen Streich spielt.
Eine Woche später erzählte mir dann meine Mutter, daß sie die Stadt und das Haus gefunden haben und daß die Person tatsächlich dort war. Von dieser Zeit an fühlte ich mich sicher, wenn Tuman mir irgend etwas sagte. Alle Zweifel waren wie weggewischt. Ich wußte, daß ich mich immer auf Tuman verlassen konnte.«
»April, gibt es ein Erlebnis, das dir am meisten im Gedächtnis geblieben ist?«
»Außer dem von Mexiko? O ja, das war, als Mama mich fragte, ob sie denn auch Tuman sehen könnte.«
Ich drehte mich zu Sunny hin: »Konntest du?«
»Das war recht spannend. Ich war natürlich mittlerweile neugierig auf Tuman, und April sagte mir: ›Klar Mama.‹ Wir gingen in ihr Zimmer, und ich schloß die Vorhänge, so daß das Licht nicht mehr so grell war.«
»Warum das?«
»Ich hatte vor kurzem gelernt, wie man Aura sieht, und ich wußte, daß es einfacher ist, wenn das Licht nicht so grell ist. Dann bat ich April, Tuman zu rufen, und wir saßen ungefähr drei Minuten still da, und dann erkannte ich plötzlich ein

orangefarbenes Licht. Erinnerst du dich an Raumschiff Enterprise, wenn die Leute hergebeamt wurden?«
»Ja klar, das war als Kind eine meiner Lieblingsserien im Fernsehen.«
»Erinnerst du dich, daß wenn sie Leute hergebeamt haben, es mit einem Flimmern begann, und erst nach ein paar Sekunden materialisierte sich der Körper? So war das mit diesem orangefarbenen Licht. Es hatte die Größe von einem Kind und ging bis zum Boden. Dann bewegte sich diese orangefarbene Flimmergestalt vom Ende des Bettes zum Kleiderschrank. Und ich sagte zu April, daß ich eine orangefarbene Gestalt sehen könne, die zum Kleiderschrank gehe, und April sagte mir: ›Das ist Tuman, Mama.‹«
»Sabrina, das hat mich natürlich noch mal bestärkt, daß es Tuman wirklich gab. Schließlich konnte meine Mama sie jetzt auch sehen.«
»Hat jemand außer euch Tuman gesehen?«
»Ja, meine Freundin Anita. April und ich lebten bei ihr im Haus, nachdem ich mich von meinem ersten Mann, Aprils Vater, getrennt hatte. Ich war auf Geschäftsreise in San Diego, ungefähr zwei Stunden von unserem damaligen Zuhause entfernt. Ich hörte im Radio von einem Waldfeuer, das in unserer Wohngegend ausgebrochen war. Ich war furchtbar besorgt, doch hatte die Polizei alle Straßen abgesperrt, und ich konnte nicht mehr nach Hause. Endlich bekam ich meine Freundin Anita an den Apparat, und sie erzählte mir, daß April bei ihr im Bett liege. Das Feuer sei unter Kontrolle, und ich brauche mir keine Sorgen zu machen. Ich merkte, daß Anita noch etwas auf dem Herzen lag, und ich fragte sie, ob alles in Ordnung sei. Da sagte sie, daß sie gerade etwas sehr Seltsames erlebt hätte. April sei in ihrem Bett eingeschlafen und hätte sich die ganze Zeit unruhig hin und hergewälzt. Sie stöhnte im Traum und schwitzte fürchterlich. Plötzlich, so

erzählte mir Anita, sah sie, wie ein kleines hellblondes Mädchen am Ende des Bettes auftauchte, um das Bett herumging und April den Rücken streichelte. Und während sie das tat, wurde April zusehends ruhiger und rollte sich schließlich entspannt zur Seite. Dann verschwand das kleine Mädchen. Ich weiß noch, wie überrascht meine Freundin war, als ich sagte: ›Oh, das ist Tuman.‹«

»So etwas würde ich auch gerne mal sehen«, gebe ich von mir – wobei wir wieder bei meinem Lieblingsthema wären.

»Sunny, du hattest nie daran gezweifelt, daß es Tuman wirklich gab?«

»Nein«, Sunny schüttelt den Kopf, »ich hatte eine spirituelle Basis. Ich glaubte, daß es Engel gibt, und ich glaubte, daß unsichtbare Wesen mit unseren Kindern kommunizieren. Ich glaubte anderen Eltern nicht, die sagten, daß ihre Kinder nur eine lebhafte Phantasie hätten.«

»Ist Tuman immer noch bei dir?« fragte ich April

»Wenn ich meditiere, kommt sie öfters.«

»Ist sie immer noch so alt wie du?«

»Sie hat sich verändert. Am Anfang war sie ein Mädchen, und ich muß ungefähr zwölf Jahre alt gewesen sein, als mir auffiel, daß sie männlich und weiblich war. Ich ließ sie in meiner Pubertät fast verschwinden. Ich fühlte sie zwar noch ab und zu, wenn ich mal alleine war und mich auf sie konzentrierte, aber sie war nicht mehr so präsent wie früher.«

»Und heute? Du bist jetzt wie alt?«

»Ich bin jetzt 23 Jahre alt. Letztes Jahr hat sie eingegriffen, um mich vor einem Unfall zu bewahren.«

»Wie ist das passiert?«

»Ich fuhr in der Stadt von der Arbeit nach Hause und kam zu einer Kreuzung. Die Ampel zeigte grün, und plötzlich höre ich Tumans Stimme, die mir sagt: ›Langsam.‹ Also gehe ich vom Gas runter und steige sogar ein bißchen auf die Bremse.

Kein Auto weit und breit. Ich wunderte mich noch, und gerade als ich in die Kreuzung reinfahre, kommt mit einem Affenzahn von der anderen Seite jemand angerauscht. Der ist voll bei Rot durchgefahren. Wenn ich nicht abgebremst hätte, hätte er mich erwischt.«

»Was glaubt ihr, was Tuman ist? Ein Engel, ein geistiger Führer?« frage ich die beiden.

»Ich weiß es nicht, ob man da einen Unterschied machen kann. Vielleicht ist es ein- und dasselbe? Engel können vielleicht die Form annehmen, die gerade passend ist«, antwortet Sunny.

Und April fügt dazu: »Weißt du, für mich ist das Wundervollste an Tuman, daß ich immer das Gefühl habe, es sorgt sich jemand um mich. Ich bin nie alleine. Das hat mein Leben sehr geprägt. Ich habe diese Einsamkeitsgefühle nicht, die ich von vielen meiner Freunde kenne. Selbst wenn ich alleine bin, bin ich nicht einsam. Diese andere Welt ist auch meine Welt.«

Und wie auf Kommando meldet sich Zacharias aus seinem Mittagsschlaf zurück in dieser Welt.

Als ich wieder alleine bin, denke ich über meine Kindheit nach. Gab es für mich einen unsichtbaren Freund? Nein, da war niemand. Ich hatte zwar eine lebhafte Phantasie und neben einem Pferd im Keller noch andere wundersame Gestalten erfunden, aber die waren alle von dieser Welt. Allerdings machte ich mir als Kind oft Gedanken, ob ich das, was ich erlebte, nicht träume. Und ich kann mich noch genau an dieses Gefühl erinnern, daß mein Leben einfacher wird, wenn ich erwachsen werde. Das kam mir als Kind immer wieder ins Gedächtnis. »Wenn du erwachsen bist, dann lachst du darüber.« Diesen Satz hörte ich immer wieder, wenn ich durch die großen und kleinen Krisen meiner Kindheit schlitterte. Dieser Satz wurde mein Mantra, und langsam fing ich

an, ihn selbst zu wiederholen: »Wenn du erwachsen bist, dann lachst du darüber.« Und ich stellte mir vor, wie ich erwachsen bin, mit hohen Stöckelschuhen und einem Pudel an der Leine, das weiß ich noch. Das muß für mich der Inbegriff einer erwachsenen Frau gewesen sein: Stöckelschuhe und Pudel. Das will ich erst gar nicht analysieren ...
Ich hatte einmal das Gefühl, ich hätte mich als erwachsene Frau in meiner Kindheit besucht und mich getröstet. Zeit, wie wir sie kennen, eine »logische« Abfolge von Sekunden und Stunden, Wochen und Jahren, ist nur unsere Wahrnehmung. Zeit und Raum kann überbrückt werden. Ist es nicht so, daß uns eine Stunde mal lang und mal kurz vorkommt, je nachdem, wie wir sie verbracht haben? Warten wir auf jemanden, dann zieht sich eine Stunde in die Unendlichkeit; haben wir Spaß, vergeht sie schnell. Wir können also jetzt schon erahnen, daß die Zeit, wie wir sie kennen, sich verändern wird.
Vor über zwei Jahren studierte ich Hypnosetherapie. Dabei wird man selbst oft hypnotisiert, damit man auch versteht, was die Klienten empfinden. Ich sah mich, wie ich als erwachsene Frau mich als zwölfjähriges Mädchen in einem Traum besuchte. Ich lag in meinem Bett und wälzte mich unruhig hin und her. Ich saß als 37jährige Frau neben meinem Bett und streichelte meine kindliche Wange. »Es wird alles gut werden«, sage ich zu mir, »wenn du erwachsen bist, wird es einfacher. Du wirst sehen. Schau mich an. Ich weiß das.« Ich hatte dabei ein eigenartiges Gefühl, so als ob ich mein eigener Engel wäre. Als ich aus der Hypnose wieder in mein Tagesbewußtsein kam, besprach ich die Szene mit meiner Lehrerin. Sie hat schon oft von solchen Fällen gehört. »Es scheint so zu sein, daß das ›erwachsene Ich‹ zu dem ›kindlichen Ich‹ kommt und es tröstet. Die herkömmliche Psychologie vertritt die These, daß das nur im Kopf passiert

und daß man damit ›das Kind in sich‹ tröstet. Wenn man aber davon weiß, daß Zeit und Raum sich verändern können, dann öffnet sich eine andere Tür. Nämlich die Möglichkeit, daß man Zeit und Raum überbrücken kann, um sich als Kind selbst zu trösten.«
Ich fand das faszinierend und fühle mich immer sehr wohl bei dem Gedanken, daß ich mich selbst trösten kann.

13. Kapitel

Von einem Engel, der ein Meister ist, und meinen Augen, die plötzlich durch einen Körper sehen

Mein Mann und ich sitzen im Wohnzimmer vor dem Kamin, und meine Augen folgen dem Feuer. »Das Feuer verzaubert die Seele«, erklärte mir einmal meine Freundin Jacqueline Snyder. Und während ich in das Feuer schaue, muß ich an einen großen erleuchteten Meister denken: Zarathustra. Er war es, der mir beibrachte, daß ich mein Leben selbst forme. Daß ich nicht ein Opfer diverser Umstände bin, die sich nicht ändern lassen. Daß meine Gedanken, meine Worte und meine Taten mein Leben gestalten. Daß alles, was ich von mir gebe, irgendwann einmal zurückkommt. Das universelle Gesetz von Ursache und Wirkung. Und wie wichtig es ist, klare und reine Gedanken zu haben. Ich fühle in meinem Körper Wellenbewegungen, die sich von meinem Bauch zu meinem Herzen bewegen. Zarathustra.

2000 Jahre vor Jesus Christus lebte er in Persien und lehrte im Freien, den Himmel, das Universum über sich, das Feuer, das Symbol des Lebens, vor sich, die Erde, aus der unser Körper gemacht ist, unter sich. Er war der erste, der von einer Seele sprach, er war derjenige, der erklärte, wie wichtig die Kontrolle der Gedanken im Leben ist: Gute Gedanken, gute Worte, gute Taten. So einfach beschrieb er das Leben. Die drei Weisen aus dem Morgenland, die den neugeborenen Jesus begrüßten, sollen zoroastrische Priester gewesen sein.

Zarathustra, Zoroaster, ein anderes Wort für die gleiche Person.
Als junger Mann, so geht die Legende, ging Zarathustra eines Tages schwimmen, und als er aus dem Wasser kam, legte er sich am Flußufer nieder, um sich auszuruhen. Er schlief ein und sah einen riesigen Engel, der auf ihn zukam. Dieser Engel hob ihn zärtlich auf und nahm ihn auf eine Reise mit. Während dieser Reise wurden ihm alle Realitäten gezeigt, die Realität der Engel, der verschiedenen Dimensionen, des Universums und die der anderen Welten. Ihm wurden Dinge gezeigt, von denen er bis dahin nicht einmal geträumt hatte. Als er später aufwachte, erinnerte er sich an jede Einzelheit dieser Reise, wurde erleuchtet.
Während meiner ganzen Kindheit nannte mich mein Onkel Alwin: »Zarathustra, mein Weib« und ich nahm es hin als etwas, was mein Onkel einfach sagt, und ich dachte nie darüber nach. Ein Vierteljahrhundert später erwähnt mein Masseur Malcolm den Namen Zarathustra, und ich bekomme daraufhin sofort eine Gänsehaut.
Wie wundervoll, daß sich der Körper manchmal vor dem Bewußtsein erinnert. Meine Gänsehaut, ein Zeichen des Adrenalins, das nicht nur bei Gefahr, sondern auch bei freudiger Aufregung ausgesondert wird, erinnerte sich an ein lang gegebenes Versprechen.
Ich habe schon viele »Channels« getroffen, Menschen, die Seelen aus dem »Jenseits« – irgendwie ein komisches Wort, an das ich mich nicht gewöhnen will – durch ihren Körper sprechen lassen. Dabei versetzt sich das Medium in einen Trancezustand, und jemand, der keinen eigenen menschlichen Körper besitzt, benutzt das Medium. Manchmal nur die Stimme, manchmal den ganzen Körper. Natürlich nur mit gegenseitigem Einverständnis.
Es kommt immer auf die Integrität des Mediums an, wie gut

die Informationen von der anderen Seite durchkommen und wer da von der anderen Seite spricht!

Angenommen ein Raumschiff von einem anderen Planeten würde auf der Erde landen, und die Insassen würden einen Hund, ein Kleinkind und eine 40jährige weise Frau treffen und allen die gleiche Frage stellen: »Wie lebt es sich hier auf der Erde?«

Der Hund würde vielleicht sagen: »Es gibt regelmäßig etwas zum Fressen. Ich habe eine schwarze Katze, die ich jage, das macht mir am meisten Spaß. Mein Fell juckt oft, da sind so kleine Tiere drin, und ansonsten schlafe ich viel.«

Das Kleinkind würde vielleicht antworten: »Ich muß immer zu früh ins Bett, und dann darf ich auch keine Süßigkeiten essen. Meine Mama zieht mich jeden Morgen an, und mein Papa macht mir das Frühstück. Dann spiele ich im Sandkasten. Ich liebe mein Stofftier Schnuffel. Wenn Oma und Opa kommen, bringen sie mir immer ein Malbuch.«

Die 40jährige weise Frau: »Wir sind hier auf Erden, um zu erkennen, daß wir das Göttliche verkörpern, um diese Welt zu dem zu machen, was sie sein soll, nämlich ein Paradies.«

Angenommen die Lebewesen in diesem Raumschiff treffen nur den Hund, welcher Eindruck würde der andere Planet von uns bekommen?

Genau so wichtig ist es, wer von wem gechannelt wird. Erleuchtete Meister, die ihren Körper vorübergehend mit einem Menschen teilen, haben erleuchtete Antworten auf alle Fragen. Sie verurteilen nicht. Erschrecken nicht. Sie können uns sagen, wie unsere Zukunft aussehen wird, wenn wir uns weiter so entwickeln wie bisher, aber sie machen nie präzise Voraussagen. Der erleuchtete Meister sieht das Potential in uns und weiß um die Wahl, die wir haben. Wir wählen unser Leben aus, wir treffen tagtäglich Entscheidungen. Und es kommt auf unsere Entscheidungen an, wie unsere Zukunft aussehen wird. Ein erleuchteter Meister weiß, daß es keine guten und schlechten Entscheidungen gibt. Es kommt nur darauf an, daß wir jede Entscheidung in eine richtige verwandeln. Das ist die Freiheit und die Zukunft.

Zarathustra ist ein Meister. Diese Meister sind Seelen wie wir. Jesus, Buddha, Moses, Zarathustra, Mohammed und noch viele mehr sind Seelen, die die Erleuchtung erreicht haben. Einmal fragte ich Zarathustra: »Wie kommt es, daß du so weit bist, soviel gelernt hast, und ich bin immer noch hier?« Zarathustra schaute mich durch Jacquelines Augen an und meinte dann liebevoll: »Das würde ich auch gerne wissen.« Ich mußte lachen. Ja, warum brauche ich so lange?

Vor zwölf Jahren wurde Jacqueline Snyder in einer Meditation an ihr Versprechen erinnert, das sie vor ihrer Geburt gegeben hatte, ihren Körper mit Zarathustra zu teilen. Sie hatte die Wahl, ob sie das tun möchte oder nicht. Sie war verheiratet, hatte zwei Söhne, einer war erwachsen, der andere gerade drei Jahre alt. Diese Entscheidung betraf sie nicht nur alleine. Diese Entscheidung betraf auch ihre Familie. Sie entschied sich dafür, ihr Versprechen einzuhalten, und zog alle notwendigen Konsequenzen. Es erforderte Disziplin, hohe Konzentration und das Wissen, ihr Leben im Dienst zu verbringen. Wochenlang trainierte sie im Kreis von spirituellen Freunden, wie man sich auf ein Gebet konzentriert. Egal, was um sie herum geschieht. Und langsam, so wie man ein Musikinstrument lernt, war es Zarathustra möglich, Jacquelines Körper zu benutzen. Zuerst nur die Augen, später auch die Stimme, dann den Oberkörper, und schließlich konnte er sogar mit Jacquelines Körper gehen. Jacqueline Snyder ist nicht jemand, der seinen Körper zur Verfügung stellt wie andere Leute ihr Gästezimmer. Sie ist

Autorin und respektierte Visionärin, sie sprach auf dem Earth Summit in Rio, organisiert Sacred Events und Konferenzen, sie ist der Spiritual Adviser der Cherokee Nation, Pfeifenträgerin und leitet Reisen zu den heiligen Plätzen dieser Welt. Sie ist viel zu aktiv, um nur ihren Körper zur Verfügung zu stellen. Sie lebt vor, was Zarathustra lehrt. Dadurch ist sie für mich eine große Inspiration.

Zarathustra hielt seine Zusage, durch sie zu uns zu sprechen. Meine skeptischen Freunde glauben, daß »Channels« einfach nur Sachen erfinden, um Geld zu machen, Macht anzuhäufen, Menschen unter Kontrolle zu bringen. Obwohl ich, ehrlich gesagt, noch nie einen solchen »Channel« getroffen habe. Gibt es die überhaupt? Ich glaube, niemand könnte mich ernsthaft an der Nase herumführen. Gott sei Dank haben wir unseren gesunden Menschenverstand und unsere Gefühle.

Ein erleuchteter Meister hat schlichtweg bessere Antworten als ein Hochstapler. Er weiß mehr, er liebt mehr, und er erklärt mehr. Und immer wenn ich in Zarathustras Nähe bin, fühle ich ihn. Da ist eine Bewegung in meinem Bauch, tief in mir drin, wie eine Welle, die sich ihren Weg durch meine Zellen bahnt. Da ist eine Sehnsucht im Herzen und gleichzeitig eine Leichtigkeit, die ich noch nie vorher gefühlt habe. Und es gibt Emotionen, die manchmal hervorbrechen wie aus einem Vulkan. Da ist dieser eine Satz, den Zarathustra spricht, bei dem ich plötzlich zu schluchzen anfange. Tief in mir erinnert sich meine Seele, und ich fühle die Wahrheit, lange bevor ich sie verstehe. Das war nicht immer so. Die ersten Male mit Zarathustra beobachtete ich ihn einfach nur aufmerksam. Ich analysierte jede seiner Bemerkungen und Worte. Ich stellte ihm Fragen wie »Was ist mit meiner Freundin Olga los?«, ohne ihm irgendeine zusätzliche Information zu geben, und er beantwortete mir detailliert, in welcher

Situation sie sich befand. Seine Ratschläge waren weise und liebevoll. Ich hörte ihm stundenlang zu, wenn er auf Vision Quests und Workshops anderen ihre Fragen beantwortete. Sein Wissen war unendlich. Jede Frage wurde zur Zufriedenheit des Fragers beantwortet. Ich erinnere mich noch gut an einen Wissenschaftler, dessen Frage ich nicht einmal verstand. Und wie der Wissenschaftler mit offenem Mund dastand, als Zarathustra ihm ein Problem detailliert erklärte. Er war fassungslos. Zarathustra beantwortete komplizierte Vorgänge aus der Physik, der Chemie, der Medizin mit einer Klarheit, die jeden anwesenden Experten erstaunte. Am Anfang wurde ich in seiner Nähe schnell müde. Ich konnte mir das nicht erklären. Jetzt weiß ich, daß sich mein Sensorenfeld erst an seine hohe Frequenz, seine hohe Schwingung gewöhnen mußte. Wochen später hatte ich mich mehr an ihn gewöhnt und bemerkte, wie sich die Frequenz im Raum veränderte. Ich fühlte meinen Körper prickeln, wenn er in Jacquelines Körper eintrat. Als ob ich in eine heiße Badewanne steigen würde. Alle meine Zellen waren aktiv und auf »Empfang« eingestellt. Jetzt fühle ich ihn auch mit geschlossenen Augen. Mein Sensorenfeld ist »trainiert«, ich empfange mehr Signale, da ich mich besser konzentriere. Und ich habe meine eigene Frequenz, meine eigene Schwingung erhöht, durch die Kontrolle meiner Gedanken und durch die Liebe, die ich meinen Mitmenschen gebe, dadurch werde ich jetzt in seiner Gegenwart nicht mehr müde.

Ich merke, wie ich unruhig werde, wenn ich über Zarathustra schreibe. Ich habe das Gefühl, ihn beschützen zu müssen, vor Meinungen von Leuten, die ihn nicht kennen.

Während ich diese Zeilen niederschreibe, höre ich seine Stimme: »Mache dir keine Sorgen. Gott wird täglich beschimpft. Ich verstehe die Fragen und die Zweifel.«

Das ist wahr. Wie oft hat er meine Zweifel verstanden. Ich

weiß noch, wie jemand ihm die Frage stellte: »Warum soll ich dir zuhören? Wer sagt mir, daß du die Wahrheit sprichst?« Er lächelte und antwortete: »Ich sage nicht, du sollst mir zuhören. Du hast die Wahl, zu gehen oder zu bleiben. Treffe deine Entscheidung mit deinem Verstand und deiner Intuition, und lade deine Seele dazu ein. Vertraue der Tiefe deiner Seele. Es ist deine Seele, die mich kennt. Wir kommen beide daher, wo das Licht gemacht wird.« Sie blieb. Am Ende der zwei Stunden hatte sie Tränen in den Augen und ich auch. Ich lerne viel von Zarathustra.

Das Wichtigste ist wohl, die Gedanken zu kontrollieren: »Jeder Mensch«, so Zarathustra, »hat die Möglichkeit, daß jeder gedachte Wunsch in Erfüllung geht. Aber was würde auf dem Planeten passieren, wenn jeder eurer Wünsche in Erfüllung gehen würde?«

Ich dachte sofort an die Hunderte von Autofahrern, die auf Nimmerwiedersehen verschwinden würden.

»Ihr werdet lernen, eure Gedanken zu kontrollieren. Jeder negative Gedanke bringt euch weiter weg von der Erfüllung eurer Wünsche. Überlegt euch, ob euch dieser negative Gedanke die zusätzliche Zeit wert ist.«

Ich erinnere mich noch gut, als ich mich wieder einmal beschwerte, daß ein Freund nicht auf meinen guten Rat hörte und ich ihn am liebsten schütteln würde, damit er mir zuhört. Zarathustras Antwort war wie so oft nur eine Frage: »Hat er dich um deinen Rat gebeten?«

Zögerlich kam meine Antwort: »Nicht direkt. Aber es wäre wirklich wichtig, daß er zuhören würde.« Ich winde mich, da ich merke, worauf Zarathustra hinauswill.

»Du kannst nur einen Rat geben, wenn der Betreffende auch einen Platz dafür frei gemacht hat. Das ist wie ein Schrank. Versuch in einen Schrank mehr hineinzustopfen, als hineingeht. Beim nächsten Aufmachen fliegt alles wieder hinaus.«

»Soll ich denn gar nichts mehr sagen?« fragte ich verwirrt.
»Stelle ihm eine Frage: ›Ich habe da ein paar Ideen zu deiner Situation. Würdest du sie hören wollen?‹ Damit gibst du ihm eine Wahl.«
Darauf hätte ich auch früher kommen können, das hätte mir viele Frustrationen erspart.
Er brachte mir bei, daß ich Gefühlen wie Ärger, Angst oder Einsamkeit nicht einfach folgen muß: »In deinen Zellen ist jedes Gefühl, das du jemals hattest, gespeichert. Tausche ein Gefühl, das du nicht haben willst, mit einem Gefühl, das du haben willst, aus! Bereite dich darauf vor, indem du dir drei Gefühle aussuchst, die dir Liebe und Freude bringen, und dann konzentriere dich auf diese Gefühle, wenn du die anderen loswerden willst. Vergesse nie: Eines der größten Geschenke an die Menschheit ist die Möglichkeit der Wahl! Du hast die Wahl!«
Ich dachte über meine schönen Gefühle nach. Meine Liebe zu Zarathustra, Jesus und Buddha, meine Liebe zu meinem Mann und meiner Tochter, meine Liebe zu meiner Familie und all meinen Schwestern. Und es funktioniert. Jedesmal wenn ich mich ärgerte, alleine fühlte oder in Selbstmitleid badete, dachte ich einfach an meine Liebe zu Gott und meiner Familie, und prompt kam dieses Gefühl ähnlich einer Entspannung bei der Massage. Und jedes dieser Gefühle war anders. Mein Gefühl für Gott ist ein anderes als für meine Familie oder meine Schwestern. Ich habe die Wahl! Etwas, das ich nie, nie vergessen darf.
Er brachte mir bei, daß es nicht unsere Aufgabe ist herauszufinden, was an anderen Leuten nicht funktioniert, wo ihre Schwierigkeiten liegen oder was sie noch lernen müssen. »Suche immer nach dem positiven Potential in den Männern und Frauen, die dein Leben kreuzen. Forsche nicht nach ihren Problemen und schlechten Angewohnheiten.

Sage nie: ›Das weiß ich nicht!‹ Sage statt dessen: ›Das würde ich gerne wissen wollen‹ oder ›Ich bin neugierig, wie das und das wohl aussieht.‹

Wann immer etwas passiert, warte und sage: ›Ich finde nur Segnungen in meinem Leben, welche Segnungen bringt mir diese Situation.‹ Erwarte Segnungen in deinem Leben.«

Vor 2000 Jahren wurden in Persien nur Männer unterrichtet. Frauen hatten damals andere Aufgaben. Aber Zarathustra wußte um das gleiche Recht für alle Seelen, egal ob sie sich für die weibliche oder die männliche Form entschieden haben. Er sprach klar und laut, wohl wissend, daß sich viele Frauen in der Nähe aufhielten und heimlich seinen Lehren lauschten. Eines Tages ging er auf diese Frauen zu und versprach ihnen wiederzukommen, um sie zu lehren. Zarathustra erzählte mir diese Geschichte, und ich lauschte ihr fasziniert. Dann lehnte er sich zu mir nach vorne und schaute mir tief in die Augen: »Du bist eine dieser Frauen.«

In diesem Moment werde ich zurückversetzt nach Persien, ich rieche Eukalyptus und verschiedene Blumen, fühle die Hitze, fühle loses Leinen auf meiner Haut und ein tiefes Gefühl des Heimwehs, das mich zum Weinen bringt. Die Sehnsucht schwappt über mich, wie eine Welle den Strand. O ja, ich erinnere mich. Plötzlich. Ohne Vorwarnung. Einfach so.

Ich war erschöpft danach und verwirrt. Da war sie hundertfach vergrößert: Meine Sehnsucht! Mein Vermissen. Das Gefühl, daß ich »aus Versehen« auf Erden bin. In mir diese Melancholie, die selbst in den glücklichsten Momenten meines Lebens nie ganz verschwinden wollte. Diese Traurigkeit: Was mache ich hier? Warum bin ich hier? Da muß es noch mehr geben, und ich will es finden. Wer suchet, der findet, schießt es mir durch den Kopf.

Ich fühle mich wie auf einer Schnitzeljagd: Hier ein Stück und

dort ein Stück. Könnte ich das bloß ein paar Jahre überspringen und endlich das Ergebnis in Händen halten. Das Ziel: Die tiefe Zufriedenheit und den tiefen Frieden, die kindliche Freude und das Verständnis für alles und jeden. Warum ist das so schwer? Warum geht es so langsam? Müßte ich nicht weiter sein? Halt! Aufhören! Wie war das mit den negativen Gedanken? »Warum ist das so schwer?« Ich mache es schwer. Jeder negative Gedanke zieht mich weiter weg von meinem Ziel. Ich höre auf damit. In dem Moment, in dem ich mich entscheide, diesen Gedanken nicht weiter zu unterstützen, kommt ein anderes Gefühl auf: dieses Gefühl der Dankbarkeit. Dieses Gefühl, mit offenem Mund dazustehen und nur zu denken »O mein Gott!« Da ist mehr, als ich je erahnte, soviel mehr, als ich mir je vorstellen konnte. Das Leben ist jetzt spannender, aufregender als jemals zuvor.
In diesem Universum werden Versprechen von über 2000 Jahren eingehalten. Mein Onkel fühlt sich aus irgendeinem Grund inspiriert, mich durch meine ganze Kindheit hindurch »Zarathustra, mein Weib« zu nennen, und ich treffe mit 34 Jahren auf Malcolm, meinen Masseur, der dann auch noch ein Jahr später mit mir über seine Freundin Jacqueline spricht, die Zarathustra channelt. Solche langfristigen Pläne macht Gott mit unseren Seelen. Zufall auf Nimmerwiedersehen! Wenn das Universum so funktioniert, wenn die Engel uns so unterstützen, wenn Gott uns so liebt, wie wundervoll wird unser Leben erst sein, wenn wir das alle erkannt haben und wir alle dieses Vertrauen, diese Sehnsucht und die gleichzeitige Erfüllung fühlen werden.
Meine Gedanken haben mich weit in die Vergangenheit gebracht, und langsam kommen sie wieder zu mir zurück. Meine Augen starren immer noch ins Kaminfeuer, ich verliere mich in der Kraft des Lichts.
Sehen. Ja, endlich alles sehen. Alle Engel, alle Gefühle, alle

Feen, alle Gnome, alle Gedanken. Ich bin so neugierig und ungeduldig.
Malcolm, mein Masseur, vereinbarte damals einen Termin für mich, und als ich Zarathustra zum ersten Mal gegenüber saß, dachte ich nur: Hoffentlich sieht mich keiner! Da sitzt er nun in Jacquelines Körper, in weißen Hosen und einem weißen Hemd, die langen schwarzen Locken zum Pferdeschwanz gebunden, und fordert mich auf, zu ihm zu kommen und ihn zu umarmen. Ich knie vor dem Sessel und lehne mich langsam zu ihm hin. Kann das denn alles wahr sein, schießt es mir durch den Kopf. Zarathustra löst meine Umarmung, hält meinen Kopf in seinen/ihren Händen und schaut mir tief in die Augen: »Yes, yes, yes«, lächelt er mich an und ich denke mir: Er wird doch wohl nicht meine Gedanken gelesen haben? »Yes, yes, yes.« Und ich sehe dieses Zwinkern in seinen Augen, das ich noch viele Male herbeisehnen werde. Ich kann mich nicht mehr genau erinnern, was ich bei diesem ersten Mal gefragt habe – ich hatte vor lauter Aufregung vergessen, das bereitstehende Tonband einzuschalten – ich erinnere mich nur, daß ich von meinem größten Wunsch sprach: Endlich mehr zu sehen. »Du wirst mehr sehen, als du je zu träumen gewagt hast.« Dieser Satz ist mir am meisten in Erinnerung geblieben. Und meine nächste Frage mit all der Kraft, die meine Sehnsucht beinhaltet. Wann?
»In einem Jahr wirst du schon mehr sehen als jetzt, und du wirst erkennen, daß deine Sehnsucht, dein Erstaunen über das Leben und die Welt, dein Streben und dein Fokus dir deine Wünsche erfüllen.« Er hatte recht. Habe ich nicht innerhalb eines Jahres gelernt, Aura zu sehen?
An mehr erinnere ich mich nicht. Ich lege noch etwas Holz nach, nicht ohne respektvoll das Feuer um Erlaubnis zu bitten. Ich schaue tief in die Flammen, ich weiß, daß Jacqueline das Feuer lesen kann, und ich frage mich, wann ich das

lernen werde. Ich muß über mich selber lachen. Ja, da ist sie wieder, meine Neugierde, meine unersättliche Neugierde, oder ist es einfach eine Erinnerung, daß da noch so viel mehr ist?

Ich kuschele mich wieder zurück in die Couch und lehne mich an meinen Mann, der in seinem Buch weiterliest. Ich muß an ein Erlebnis denken, das ein dreiviertel Jahr nach Zarathustras Voraussage stattfand. Ich hatte gerade mein Studium als Hypnosetherapeutin beendet und »übte« an meinen Freundinnen. Eine davon ist Kim, die in Washington lebt und mich übers Wochenende besuchte. Kim ist eine wunderschöne Mittdreißigerin, die ich auf meinem ersten Vision Quest, einer Suche nach Visionen, auf einem Berg in Montana getroffen habe.

Zarathustra sprach bei meinem ersten Treffen mit ihm von einem Wochenende, das Jacqueline mit 20 Leuten auf einem Berg verbringen werde, um zu beten, zu lernen und Visionen zu finden. Ein uraltes indianisches Ritual, bei dem Jungen am Beginn ihrer Pubertät alleine in die Wildnis geschickt wurden, um ihre Lebensvision zu finden. Dabei waren sie kaum bekleidet, ohne Essen und vollkommen alleine. Diese Quests dauerten manchmal bis zu einer Woche, in der der Junge zum Mann wird. In der Einsamkeit und der Stille, unterstützt durch jahrhundertealte Rituale, fand der junge Mann seinen Sinn des Lebens und seine Berufung. Als Zarathustra von diesem Berg sprach, wußte ich, daß ich da hinauf wollte. Ich mußte es nur noch meinem Mann schonend beibringen. Damals war mein Mann hochbesorgt, daß ich mich zu einer Verrückten verändern würde. Womöglich rasiere ich mir noch die Haare, trage orangefarbene Roben und folge irgendeinem Scharlatan. Mit meinem Hausaltar konnte er sich gerade noch abfinden – wenigstens war da ein Bild von Jesus drauf –, aber mit einer Gruppe wildfremder Menschen für

ein langes Wochenende auf einen Berg zu steigen, ohne Telefon und ohne mich erreichen zu können, das ging nun doch zu weit.
»Was willst du denn da oben?«
»Mich finden«, antwortete ich gereizt. Damals war ich oft gereizt, wenn ich gefragt wurde, warum ich etwas tue. Ich fühlte mich immer persönlich angegriffen.
»Kannst du das nicht auch hier im Garten tun?« fragt er genervt.
Ich komme mir vor wie ein kleines Kind, das seinen Vater um Erlaubnis bittet, und werde mit jeder Sekunde ärgerlicher. Mit Mühe und Not versuche ich etwas versöhnlicher zu klingen und schlage einen Kompromiß vor:
»Schau mal, das ist so, wie wenn du mit Freunden zum Tennisspielen gehen willst.«
»Ich gehe für kein Wochenende ohne dich zum Tennisspielen«, kommt es trocken. Das stimmt, was nun?
»Du kannst ja mitkommen?« schlage ich vor.
»Für so einen Schmarrn habe ich keine Zeit«, schimpft es mir entgegen.
Wochenlang stand die Stimmung auf Sturm, wenn es um diesen Berg ging, und ich wußte nur eines: Ich muß da hin! Endlich war es soweit, mir platzte der Kragen! Nach der hundertsten Diskussion um diesen Berg schaute ich meinen Mann wütend an und schrie ihm entgegen (ich, die nie schreit): »Und wenn es das letzte ist, was ich tue, aber ich gehe auf diesen Berg, ob es dir paßt oder nicht.« So, jetzt ist es raus. Ich atme tief durch, um sein Gewitter aufzufangen.
»Nun gut, ich sorge dafür, daß ich an diesem Wochenende nicht verreisen muß, damit ich mich um Julia kümmern kann.«
Ich traue meinen Ohren nicht, hätten wir das nicht ein paar Monate früher haben können?

Mein Mann und meine Tochter bringen mich zum Flughafen. Meinen ersten Schlafsack fein verstaut, warme Unterhosen und Ersatzkontaktlinsen im Gepäck. Biologisch-abbaubare Seife und ein neues Notizbuch. Ich fliege nach Denver, und die anschließende Fahrt mit dem Leihwagen bringt mich in zwei Stunden nach Steamboat. Ich bin eine der letzten, die zum Treffpunkt ankommt. Die Hälfte von uns sind über 50 und gar nicht verhuscht – ich muß zugeben, ein bißchen verhuscht habe ich schon erwartet. Einer stellt sich als katholischer Pfarrer vor, wenn das Richard wüßte.
Und da ist Kim. Sie hat lange blonde Haare, meine Größe, meine Augen und auch sonst irrsinnig viel Gemeinsames. Wir setzen uns in eine Ecke und fangen zu erzählen an, und es kommt mir vor, als ob wir uns schon lange kennen würden. Es kommen noch mehr Leute, und es werden Stühle gebraucht. Wir springen beide auf, um zu helfen. Einiges muß noch auf den Berg gebracht werden – gleichzeitig heben wir die Hand, um zu zeigen, daß wir noch Platz im Auto haben. Oben auf dem Berg werden wir gebeten, uns ein passendes Zelt auszusuchen, und Kim fragt mich, ob ich mit ihr ein Zelt teilen möchte.
Kim und ich hatten beide dasselbe Gefühl füreinander. Das einer langverlorenen Schwester. Ich fragte sie, was sie auf den Berg brachte.
»Mein Schutzengel schickt mich. Er sagte, ich werde dort jemanden aus meiner Familie treffen.«
Ich kann mich noch gut an die Gänsehaut erinnern, die dabei über meinen Körper jagte.
Monate später, immer in regen Kontakt bleibend, besuchte mich Kim in Los Angeles. Sie arbeitete als Krankenschwester, obwohl sie eine begnadete Malerin ist. »Warum zögere ich nur, meine Bilder herzuzeigen?« fragte sie mich, und mit meinen neugewonnenen Hypnosetalenten lag die Antwort

auf der Hand. »Das finden wir raus.« Hypnose ist für mich wie Detektivarbeit. Spannend und zutiefst befriedigend: Du findest immer den »Täter«. Irgendwo in unserer Vergangenheit sind die Ereignisse vergraben, die uns zu dem gemacht haben, was wir jetzt sind. Alle unsere Ängste haben einen Ursprung, und es gilt diesen Ursprung zu finden. Er mag entweder in unserer Kindheit begraben liegen oder in einem unserer früheren Leben. Das Phantastische dabei ist: Wir kennen diesen Ursprung, haben aber im aktiven wachen Zustand oft Schwierigkeiten, uns daran zu erinnern. Durch Hypnose öffnet sich die verschlossene Tür zum Unterbewußtsein, und die Suche kann beginnen. Man fühlt sich dabei wie kurz vor dem Einschlafen. Fast alle erinnern sich an das Erlebte, aber zur Sicherheit läuft immer ein Tonband mit, das der Klient mit nach Hause nimmt. Sigmund Freud hat Zeit seines Lebens Hypnosetherapie als Unsinn abgetan und erst kurz vor seinem Tod anerkannt, daß es eine der wichtigsten Therapieformen ist. Ein guter Hypnosetherapeut begleitet den Klienten mit Verständnis und Liebe in sein Unterbewußtsein, wobei der Therapeut niemals starr und unbeugsam seine eigene Vorstellungen durchsetzt. Deshalb spreche ich vor jeder Therapie zusammen mit meinem Klienten ein Gebet, in dem ich um Gottes Hilfe bitte, die Erfahrungen und Erkenntnisse, die für den Klienten am wichtigsten sind, ins Bewußtsein zu bringen.

Kim macht es sich auf meiner Couch im Gästezimmer bequem, damals hatte ich noch kein Behandlungszimmer. Sie schließt während des Gebetes die Augen, und ich folge ihrem Atem, um sie durch die Behandlung zu führen.

Einatmen: »Mit jedem Atemzug ...«

Ausatmen: »... stellst du dir vor ...«

Einatmen: »... wie die klare Luft ...«

Ausatmen: »... in deinen Körper kommt ...«

Einatmen: »... deine Lungen füllt ...«
Ausatmen: »... und dich ...«
Einatmen: »... entspannt ...«
Ausatmen: »... tief entspannt ...«
Meine Stimme ist leise und monoton und folgt Kims Atem. Während ich mit ihr spreche, beobachte ich, wie sich ihre Augen hinter den geschlossenen Augenlidern bewegen.
Einatmen: »... und durch deine Füße ...«
Ausatmen: »... verlassen dich alle Sorgen ...«
Einatmen: »... getragen durch deinen Atmen ...«
Ihre Augenlider bewegen sich schneller. Ein Zeichen für ein tieferes Stadium der Hypnose. Leise läuft das Tonband, das alles aufzeichnet. Ich lehne mich noch ein bißchen weiter nach vorne, um ihren Atem zu beobachten. Wie von alleine erfolgen meine Anweisungen. Etwas, das mir oft passiert, wenn ich vorher meine Gebete spreche. Sei es bei geführten Mediationen oder jetzt während einer Therapie – ich verlasse mich auf meine Intuition. Selbst wenn mein Verstand bei dem, was ich von mir gebe, des öfteren mal schluckt. Mein Verstand verbindet sich nicht mit der anderen Seele und hat deshalb nur ein begrenztes Auffassungsvermögen, was mein Mitmensch in diesem Moment wirklich braucht. Meine Seele hat sich durch das Gebet mit der anderen Seele verbunden, um sie zu unterstützen und zu achten. Ganz zu schweigen von meinen Engeln, die leider immer noch unsichtbar, aber fühlbar im Raum sind. Es fühlt sich an wie ein leichtes Prickeln auf der Haut, das man leicht übergehen kann, wenn man nicht still ist. Es ist ein Gefühl im Herzen, als wenn die Zeit stillsteht. Und dann diese hohen Töne, die ich früher nur hörte wenn ich lange Zeit in einer Diskothek verbracht hatte und anschließend noch für Stunden diese komischen Schallwellen im Kopf spürte. Oder waren das schon damals meine Engel? Kleine Morsesignale im Kopf, Wellenbewegungen,

Töne, die scheinbar nur ich höre – oder sprechen die anderen einfach nicht davon?
Wenn ich meine Engel fühle, muß ich anschließend immer tief einatmen. Es ist mir immer ein Bedürfnis, mich ganz mit dieser Ruhe aufzufüllen.
Kim liegt ganz entspannt auf der Couch, eine kleine Falte ist zwischen ihren Augenbrauen zu sehen, die Haare sind zum Zopf gebunden, die Hände leicht geöffnet an ihren Körper gelehnt.
Einatmen: »... findest du dich ...«
Ausatmen: »... unter einem Regenbogen ...«
Einatmen: »... und läßt die Farben ...«
Ausatmen: »... langsam in deinen Körper dringen ...«
Sie hat nun die Phase erreicht, in der ich tiefer ins Unterbewußtsein gehe.
... »neben dem Regenbogen findest du eine Gestalt, deinen Schutzengel ... nicke, wenn du ihn siehst ...«
Ich sehe sie nicken.
»... beschreibe mir, wie dein Schutzengel aussieht ...«
Kims Stimme klingt verschlafen, und sie verschluckt manche Silben: »Er ist mehr männlich als weiblich ... groß ... lächelt ... streckt die Arme aus ... lila Robe ...«
»Dein Schutzengel wird deine Hände berühren und dir ein Gefühl geben. Beschreibe das Gefühl.«
Sie ist lange Zeit still. Das Gesicht hochkonzentriert, die Zeit genießend. »... Frieden ... Familie ...« Freudentränen treten ihr aus den Augen. Sie atmet tief ein: »... mein Herz ist ganz weich ... unendlich weich ...«
»Dein Schutzengel wird dich begleiten ... alle Fragen, alle Situationen kann dir dein Schutzengel erklären ...« Ich lasse sie auf einer Zeitlinie gehen, die sie dorthin zurückführt, wo ihr Problem zum ersten Mal aufgetaucht ist: Woher kommt die Angst, ihre Bilder zu zeigen.

Sie erzählt mir von einem Leben als Maler, sie war ein Mann und wurde wegen ihrer Bilder beschimpft.
»... sie waren zu weit fortgeschritten, für die damalige Zeit ...« flüstert sie. »... sie haben sie nicht verstanden ...«
»Was passiert mit dir?«
»Sie töten mich.«
Liebevoll schaue ich auf ihr Gesicht. Ich weiß, was diese Erkenntnis bedeutet. Durch mein Studium bin ich Hunderte von Malen hypnotisiert worden und erkannte die »Lehren«, die ich durch bestimmte Leben zog. Tiefe Erinnerungen, wie die von Kim, die umgebracht worden ist, weil sie ihre Bilder hergezeigt hat. Verständlich, daß sich diese Angst noch heute zeigt. Das Wissen um die Situation löst die Angst, denn jetzt gibt es eine Erklärung dafür, und unser Verstand hat die wundervolle Aufgabe, uns immer daran zu erinnern.
Die Falte zwischen ihren Augenbrauen ist verschwunden. Doch plötzlich verschwinden ihre Augenbrauen! Ich komme nicht einmal zum Denken, ich beobachte nur, wie sich ihr Körper vor meinen Augen verwandelt. Zuerst werden die Augenbrauen buschiger, dunkler. Genau das gleiche geschieht mit ihren Haaren, die zwar lang, aber jetzt gelockt und tiefschwarz sind. Ihr Körper wird durchsichtig. Milchig.
Ich kann die Couch darunter sehen, und in ihrem Körper sehe ich Dreiecke, Kreise und Spiralen in verschiedenen Farben und von verschiedener Intensität. Ich versuche verzweifelt, nicht zu blinzeln. Ich habe Angst, daß das nur einen Moment dauern wird, und ich will doch so viel wie möglich sehen! Da, ihr Kopf verändert sich wieder! Dieses Mal ist es eine Frau mit langen, fast rötlichen Haaren.
Das einzige Unveränderte ist ihr Mund, mit dem sie spricht: »Ich sehe mich als Frau ... ich bin im Garten ... ich bin traurig ... mein Kind ist krank ...«

Meine Augen fangen zu brennen an, ich kann nicht mehr. Ich muß jetzt einfach blinzeln. Ich öffne meine Augen so schnell ich kann und – ich kann es kaum fassen – sehe immer noch Kim mit ihrem durchsichtigen Körper, die Lippen bleiben gleich, aber der Rest verändert sich, je mehr sie spricht.
»... suche dir einen Baum und betrachte die Situation von oben ..., du bist nur ein Beobachter ... nicke, wenn du auf dem Baum bist ...«, antworte ich ihr.
Der rothaarige Kopf nickt. »Warum ist dein Kind krank?«
»... kein Essen ...«
»Warum?«
»... mein Mann malt ... keiner will seine Bilder ... wir sind hungrig ...«
»Was hast du aus diesem Leben gelernt. Frage Deinen Engel, er wird dir helfen.«
Eine lange Pause, in der sich die Dreiecke in ihrem Körper drehen und eine lange, helle Welle von ihrem Hals in die Nabelgegend fließt.
»Er sagt, ich lernte in diesem Leben ... ich kann um Unterstützung bitten, und mir wird geholfen ...«
»Hast du damals um Unterstützung gebeten?« fragte ich sachte.
»... nein ... Stolz ...«
Sie hat also gelernt, um Unterstützung zu bitten, das ist wohl auch der Grund, warum sie nach einer Hypnosetherapie gefragt hat. Kein gelebtes Leben war umsonst. Ich betrachte weiter mit Erstaunen Kims Körper. Endlich. Endlich darf ich auch etwas sehen.
Noch fast eine halbe Stunde verändert sich Kims Körper vor meinen Augen, und als wir die Therapie beenden, wird Kim wieder Kim. Langsam verdichtet sich der Körper, und ich erkenne wieder den Unterschied zwischen der Couch und

ihren Jeans. Ihre Haare sind wieder ihre Haare, und der Oberkörper schließt sich wie der Deckel einer Schatztruhe. Kim öffnet langsam ihre Augen. »Danke.«
»Du dankst mir? Ich habe dir zu danken!«
Ich hätte damals den Körper aufzeichnen sollen, denke ich mir, wie ich in mein Feuer starre. Aber ich war viel zu begeistert, um daran zu denken. »Das brauchst du nicht aufzuzeichnen«, höre ich in meinem Kopf, »das wirst du nie vergessen.« Das ist wahr. Ich weiß noch, wie entscheidend mich dieses Erlebnis beeinflußt hat. Bis zu diesem Augenblick hatte ich immer noch Zweifel, ob ich mir das alles nicht nur einbilde. Daß ich vielleicht langsam, aber sicher durchdrehe, und ob nicht meine Phantasie schlicht und ergreifend mit mir durchgeht. Doch nachdem ich Kims Körper in einer anderen Dimension beobachten durfte, bei hellem Tageslicht, für über 30 Minuten, war mir klar, daß das ein Geschenk Gottes ist. Das habe ich mit meinen eigenen Augen gesehen, und wenn das möglich ist, müssen doch meine Engel auch irgendwo zu sehen sein, oder nicht?
Ich lasse langsam das Feuer ausgehen und folge meinem Mann ins Schlafzimmer. Vielleicht kommt heute nacht ein Engel, wer weiß ...

14. Kapitel

Von normalen Engeln, Schutzengeln und Meisterengeln und wie wir mit ihnen verbunden sind

Ich rufe in Jacquelines Büro an: »Ich brauche dringend einen Termin mit Zarathustra. Ich habe so viele Fragen für mein Engelbuch.«

Ich habe schon vor einigen Monaten um einen Termin gebeten, aber nichts ist passiert. Ich weiß auch warum. Zarathustra gibt immer erst dann einen Termin, wenn man irgend etwas vorher selbst erledigt hat. Den einzigen Hinweis, den er mir zu meinem Buch gab, hörte ich von ihm vor einigen Monaten.

Jacqueline Snyder kommt einmal im Monat von Seattle nach San Diego geflogen, zwei Autostunden von Los Angeles entfernt, um zu unterrichten. In der Regel treffen wir uns samstags um zwölf Uhr und hören zuerst Jacqueline für zwei Stunden zu und dann Zarathustra.

Außer mir gibt es eine lose Gruppe von Menschen, die teilweise schon seit Jahren dabei sind. Meist lädt uns Zarathustra nach einer Weile ein, Fragen zu stellen, und meine Engelfrage brannte mir schon eine ganze Zeit auf der Seele. Ich glaube, ich hätte alles getan, was man nur tun konnte: Ich betete, meine Engel zu sehen; ich glaubte an Engel, da ich sie ja fühle und in meinem inneren Auge mit ihnen ausführlich kommuniziere, und ich schrieb sogar eine Wunschliste.

Ich glaube, daß alles, wonach ich mich sehne und worauf ich mich konzentriere, mir auch passieren wird. Und ich wollte dem Universum mit dieser Wunschliste zeigen, daß ich bereit bin, mich auf dieses Ziel zu konzentrieren. Eine Freundin hörte in ihrer Meditation einmal von dieser Wunschliste: »Schreibe dir für 21 Tage auf, was du willst. Jeden Tag die gleiche Liste. Ohne wenn und aber. Ohne Sorgen, daß das unmöglich ist. Ohne den Gedanken, daß das sowieso Spinnerei ist. Wenn du die himmlischen Kräfte um Unterstützung bittest, sind sie bereit, dir zu helfen. Wenn du daran glaubst, gibst du deinen Wünschen die Kraft mit auf den Weg, sich zu materialisieren. Wenn du daran zweifelst, ziehst du deinen Wunsch dadurch zurück, und nichts passiert.«

Das hatte ich ja schon damals mit Samantha besprochen: Die Macht meiner Gedanken und meiner Wünsche. Jeder erfolgreiche Mensch hatte irgendwann einmal eine Vision, hatte irgendwann einmal einen Traum, wie das Endresultat auszusehen hat. Und mit Hilfe dieses Traumes, mit dem Festhalten an diesem Endziel haben sie sich ihre Wünsche erfüllt.

Ich habe früher immer Leute bewundert, die 25 Dinge gleichzeitig erledigen konnten. Ein Buch schreiben, ein Theaterstück schreiben und ein paar Gedichte. Oder eine Talkshow, eine Magazinshow und eine Kindersendung. Oder eine Idee verwirklichen und nebenbei noch eine andere Ausbildung machen. Das wollte ich auch können. Aber immer wenn ich mich auf verschiedene Dinge konzentrierte, wurde nichts daraus. Das eine schien dem anderen die Kraft wegzunehmen. Bis mir bei meinem letzten Vision Quest, ich war für zwei Tage allein auf einem Berg in Montana, die Geistwelt Fokus und Konzentration erklärte.

Ich flog nach Montana zu meiner Freundin Tana Blackmore, die in Pryor einen Berg besitzt. Dort hat sie Sacred Ground aufgebaut. Inmitten dieser heiligen Berge stehen eine Anzahl von Tipis. Während der warmen Monate kann man sich dort anmelden und in den Zelten leben. Es kommen viele Gruppen, die ums Lagerfeuer mit Indianern über Visionen und Pfeifen sprechen. Es wird ihnen beigebracht, wie man Medizinbeutel macht und auf Trommeln spielt. Manche kommen zu ihrem eigenen Vision Quest auf diesen Berg, so wie ich. Ich wollte drei Tage alleine auf dem Berg verbringen und stand mit Schlafsack, meinem Pfeifenbeutel und einer kleinen Reisetasche auf dem Flughafen von Los Angeles. Eine Stunde vor Abflug wartete ich in einer Schlange, um mein Ticket abzuholen. Es war beim Versand verlorengegangen, und mir war am Telefon bestätigt worden, daß ich damit kein Problem haben würde. Ich hatte ein Magazin dabei und tat, was ich beim Warten sonst nie tue, ich las.

Endlich komme ich am Schalter an. Die Dame schaut mich an, ich erkläre ihr meine Situation, und sie erklärt mir, daß sie mich nicht mitnehmen könne, das Flugzeug sei ausgebucht und ich sowieso zu spät. Ich konnte es nicht fassen. In mir kommt in der nächsten Sekunde eine Welle des Versagens hoch, und plötzlich fange ich zu weinen an. Ich weine? Wegen einem verpaßten Flugzeug? Ich kann diesen Tränenfluß nicht kontrollieren. Ich fühle, daß ich irgend etwas falsch gemacht habe. Aber was? Ich will auf einen Berg zum Beten und verpasse ein Flugzeug? Wie ist das möglich, schreie ich in meinem Kopf zu meinen Engeln. Tut was, macht was, helft mir.

Es war aussichtslos. Sie diskutierte mit mir, daß ich sowieso zu spät gekommen wäre. Ich erklärte ihr, ich stehe hier schon seit einer Stunde, aber es war hoffnungslos. Was ist da passiert? Mit einiger Verspätung lande ich dann in Billings und werde von Tana abgeholt. Sie bemerkt meine Unruhe. Ich erzähle ihr von dem Erlebnis, und auch sie hat keine befriedigende Erklärung für mich.

Ich werde von Tana auf den Berg gebracht und nehme ein

paar Äpfel und zwei Wasserflaschen mit. Wir setzen uns zum Beten hin. Ich bitte meine Engel, mir ein Zeichen zu schicken, in welche Richtung ich gehen soll, und da sehe ich vor meinem inneren Auge einen Schmetterling tanzen. Ich weiß, was das bedeutet. Ein Schmetterling wird mich führen. Ich öffne meine Augen und erkläre Tana meine Vision. Sie nickt. Ich schaue mich um, und ein paar Sekunden später kommt schon mein Schmetterling. Ich freue mich! Wie herrlich das Universum funktioniert. Tana und ich folgen dem Schmetterling den Berg hinauf. Er scheint immer wieder auf uns zu warten. Doch plötzlich finde ich ihn nicht mehr. Ich warte, bete, und da taucht er schon wieder auf. Nach einem Marsch von 20 Minuten befinde ich mich auf einer wundervollen Lichtung mit einem großen Stein in der Mitte. Der Schmetterling umkreist den Stein viermal und setzt sich dann darauf. Ich frage den Schmetterling: »Wenn das der Platz für meine Zeit auf dem Berg ist, bitte bleibe sitzen, wenn nicht, fliege davon.« Der Schmetterling bleibt sitzen, und ich lege meine Pfeifentasche auf den Boden. Tana und ich verabschieden uns. Sie verspricht, für mich zu beten und eine Kerze anzuzünden.

Ich setze mich auf den Boden, bedanke mich bei dem Schmetterling und fange zu meditieren an. Ich höre eine Zeitlang meinem Atem zu. Dann betrachte ich mich von oben, gehe höher, bis ich den Berg sehe, Montana sehe, die Staaten sehe, die Weltkugel sehe und frage meine Engel: »Warum habe ich mein Flugzeug verpaßt?«

»Fokus ist niemals schlampig! Vergiß das nicht!«

»Klar. Ich habe gelesen. Ich habe mich nicht darauf konzentriert, daß ich dieses Flugzeug erwischen will«, verstehe ich plötzlich.

»Wenn du dich auf etwas konzentrierst, dann hat dein Fokus eine Kraft, die hundertprozentig ist. Alles geht in diese

Richtung. Jeder Gedanke, jedes Wort und jede Tat sorgen dafür, daß alles möglich wird. Teilst du deinen Fokus, dann teilst du auch deine Kraft, und jeder zweite Gedanke, jedes zweite Wort und jede zweite Tat haben mit deinem Wunsch zu tun, und damit dauert es doppelt so lange, bis deine Projekte fertig werden. Je mehr Projekte du hast, desto weniger Fokus. Tanze auf einer Hochzeit, konzentriere dich auf eine Aufgabe, und du wirst sie schneller und erfolgreicher zu Ende bringen, als du dir das jemals gedacht hattest.«

Nach ein paar Tagen verließ ich den Berg wieder, mit einer der wichtigsten Lektionen meines Lebens: Fokus ist niemals schlampig.

Ja, das stimmt. Ich habe das bei dem Umbau an unserem neuen Haus gesehen. Eigentlich hätte ich zur gleichen Zeit an meinem Buch schreiben sollen, aber das war nicht möglich. Ich wußte, daß ich mich ganz auf diesen Umbau konzentrieren mußte, und so schaffte ich es, das Haus in sechs Wochen fertig zu kriegen.

Jetzt konzentriere ich mich ganz darauf, meine Engel zu sehen, und es kommt NICHTS!

WARUM? schreit es in mir. Ich stehe auf, um Zarathustra meine Frage zu stellen. Zarathustra schaut mich an und sagt schmunzelnd: »Ich höre dich, und ich höre dich schon seit langem.«

Ich lächele zurück: »Zarathustra, ich glaube, daß alles, worauf ich mich konzentriere, passiert. Ich habe für 21 Tage meine Wunschliste notiert, und jeden Tag schrieb ich, daß ich meine Engel sehen will. Warum kann ich sie nicht sehen? Was mache ich falsch?«

Zarathustra macht eine Handbewegung, als wenn er sich über einen Bart streichen würde, den er früher hatte. »Warum glaubst du, daß du etwas falsch machst?«

Das ist wieder eine seiner Trickfragen. Da will er wieder auf

irgend etwas hinaus, und wo er hin will, war ich noch nicht.
»Vielleicht hast du einen Hinweis?« frage ich.
»O ja, ganz bestimmt habe ich einen Hinweis, aber zuerst möchte ich von dir wissen, warum du glaubst, daß du etwas falsch machst?«
»Weil ich sonst recht gut im Manifestieren bin. Weil Sachen passieren, auf die ich mich konzentriere und die ich mir wünsche. Und da ich gelernt habe, nichts auf andere zu schieben, gehe ich davon aus, daß ich irgend etwas noch nicht begriffen habe. Außerdem wird es langsam knapp. Ich will mein Buch über Engel schreiben und habe noch nicht einmal welche gesehen.«
Zarathustra lächelt milde über meine Frustration: »Es gibt viele Bücher über Engelerfahrungen, das ist nichts Neues, nicht wahr?«
Ich weiß, er will auf etwas Bestimmtes hinaus, aber was? Deshalb antworte ich zögernd: »Ja?«
»Was glaubst du, wie sich die Leser fühlen, wenn sie über Erfahrungen lesen, die andere gehabt haben, und sie hatten noch keine?«
»Sie wundern sich wahrscheinlich wie ich, warum.«
Zarathustra hebt den Kopf und meint: »Ah ...«
Ah? Was ah, denke ich mir. Einige in der Gruppe brechen in dieses befreiende Lachen aus, wenn jemand etwas verstanden hat, was so offensichtlich ist. Zarathustra lächelt immer noch in meine Richtung.
›Sie wundern sich wahrscheinlich wie ich.‹
Ich denke noch mal über diesen letzten Satz nach. Mir fehlt die Erleuchtung.
Da hilft mir Zarathustra: »Wenn du deine Engel schon gesehen hättest, würdest du in deinem Buch nur Engelerfahrungen aufzählen und nicht, *wie* man zu solchen Engelerfahrungen kommt.« Langsam dämmert mir etwas, und Zarathustra

fährt fort: »Du mußt den Weg beschreiben, wie du deine Engel suchst, nimm deine Leser mit auf die Reise, und zeige ihnen nicht einfach das Endergebnis.«
Ich habe Tränen in den Augen. Klar. »Werde ich denn meine Engel sehen?«
Zarathustra beugt sich nach vorne: »Das wird spannend werden, nicht wahr?«
»Ja«, antworte ich und höre auf nachzufragen. Ich weiß, daß er mir die Antwort nicht geben wird. Es hängt von mir ab. Von meinem Wunsch, meiner Sehnsucht und was ich bereit bin, dafür zu tun.
»Wir werden noch mal später darüber sprechen«, versprach er mir damals, und später ist jetzt.
»In drei Wochen muß mein Buch fertig sein, und ich brauche dringend mehr Informationen«, faxe ich an Jacqueline. Als ob Zarathustra das nicht schon wissen würde.
Offensichtlich ist der richtige Zeitpunkt gekomen. Kaum drei Tage später ist Jacqueline auf dem Weg nach Los Angeles. Sie wird bei mir übernachten, und am nächsten Morgen wird Zarathustra mit mir über Engel sprechen.
Ich bereite einen Stuhl für ihn vor, auf den sich zuerst Jacqueline setzen wird, um dann nach einem fünfminütigen Gebet ihren Körper zu verlassen. Wenn sie dies tut, fällt ihr Oberkörper immer leicht nach vorne und ist komplett still. Nach einer Minute hört man zuerst dieses tiefe, fast röchelnde Einatmen, und ich weiß, daß Zarathustra langsam einzieht. Er hat noch Jacquelines Augen geschlossen, die ihre Haare wie immer zum Pferdeschwanz gebunden hat. Jacquelines Körper steckt in weißer Hose und weißem Hemd. Dann bewegt er langsam die Arme, und schließlich öffnet er Jacquelines Augen.
Ich sitze vor ihm auf dem Boden, neben mir mein Tonbandgerät, das ich gut zehnmal überprüft habe, und eine Kerze.

Zarathustra schaut zärtlich auf mich hinunter und sagt mit seiner Stimme, die etwas anders als Jacquelines klingt und den Akzent eines Ausländers besitzt:
»Sei gesegnet, mein Kind. Du sitzt immer noch mit demselben Erstaunen in deinen Augen da, wie du es vor so langer Zeit im Tempel hattest. Weißt du, daß es das Staunen und die große Neugier sind, die den Raum schaffen, durch den die Meister zu euch kommen können.« Tempel? Er muß wohl davon sprechen, wie ich ihn in seinem Leben als Zarathustra kennengelernt habe. Mein Herz wird weich, und ganz tief in mir kommt für den Bruchteil einer Sekunde eine Erinnerung auf.
Ich wußte nicht, wie wichtig Staunen und Neugierde sind. Eigentlich logisch, da sie den Motor aller Evolution darstellen. Zarathustra fährt fort:
»Was weißt du von deinen Engeln, die du zu sehen begehrst?«
»Ich weiß, daß sie da sind.«
»Du kannst ›er‹ statt ›sie‹ sagen.«
»Er?« frage ich. Also männlich, denke ich mir. Zarathustra nickt.
»Ich weiß, daß er da ist. Ich weiß, daß er sich kümmert und ...«
Plötzlich wird mir klar, wie wenig ich weiß. Ich werde traurig:
»... das ist alles, was ich weiß ...« Ich atme tief ein, und Zarathustra lächelt gütig. Er versteht meine Trauer. Ich lasse mir Zeit und fühle, wie die Sehnsucht nach mehr Wissen und mehr Weisheit meinen ganzen Körper durchdringt.
»Kommen Engel in ›er‹ und ›sie‹?« frage ich schließlich.
»In der Tat. Sie haben das, was ich Integration nenne, welches ihre Vibrationen, ihre Schwingungen sind. Sie können sich als das eine oder andere ausdrücken. Das, was ihr als Erzengel Gabriel bezeichnet, ist eigentlich Gabriela und das, was ihr Erzengel Michael nennt, ist Michael.«
»Haben die weiblichen und männlichen Engel Beziehungen

zueinander, die sich mit unseren vergleichen können?« frage ich.
»Nein, sie erfahren Liebe auf andere Weise. Ihre Liebe ist eine ätherische Liebe, es kommt nicht zu einer körperlichen Verbindung, wie die Menschen das tun. Sie müssen sich nicht vermehren. Sie haben Verbindung zueinander durch ihre Frequenz. Frequenzen, die sich ähnlich sind, fühlen sich stärker zueinander hingezogen. Engel leben auf unterschiedlichen Frequenzebenen. Die Höhe der Vibration hängt von ihrem Wissen und ihrem Mitgefühl ab. Ähnlich wie eure Schwingungen.«
Ja, ich weiß, was er damit meint. Wir haben einen elektromagnetischen Körper und sind nicht nur eine Ansammlung von Gewebe. Dieser elektromagnetische Körper schwingt auf einer bestimmten Ebene. Bin ich glücklich und verliebt, helfe ich anderen, habe ich Spaß und Erfolg in dem, was ich tue, dann fühle ich mich leichter. Bin ich unglücklich, traurig, einsam, dann fühle ich mich schwerer. Die Geschwindigkeit meiner Schwingungen verändert sich, und das drückt sich in dem Gefühl der Schwere oder Leichtigkeit aus. Das bedeutet, daß ich meine Schwingungen beeinflussen kann, indem ich Dinge tue, die mich glücklich machen, Gedanken denke, die positiv sind, und mich von alten, negativen Gewohnheiten trenne.
Zarathustra fährt fort: »Auch Engel haben je nach Wissen und Mitgefühl verschiedene Stufen der Schwingungen. Sie sind eine Art Vorbild für die Menschheit, ihr könnt auch so ›leicht‹ werden wie sie. Und sie halten diesen perfekten göttlichen Zustand, bis er von der Menschheit übernommen wird. Deshalb unterstützen sie Menschen auf verschiedenen Ebenen.«
Ich nicke. Engel sind sozusagen das Vorbild der Menschen, denke ich mir. Was für ein Vorbild.

»Sehr gut, fahre fort«, fordert mich Zarathustra auf.
Es kommen so viele Informationen auf einmal zusammen. Was soll ich um Himmels will als erstes fragen?
»Wenn es Engel auf verschiedenen Ebenen gibt, dann dienen sie so wie wir Menschen. Das bedeutet aber auch, daß sie durch Verständnis und den Dienst an der Menschheit ein höheres Niveau erreichen?«
»Viel besser«, lobt mich Zarathustra. »Das ist, was du fragen sollst. Sehr gut. Hast du von dem Ausdruck ›Engel verdienen sich ihre Flügel‹ gehört?«
Ich nicke.
»Das ist ein entzückender Ausdruck, aber es wäre besser, wenn dies als höhere Schwingungen bezeichnet würde. Damit bringen sich Engel in eine neue Atmosphäre. Genau so wie den Menschen. Wenn du gute Taten vollbringst, fühlst du dich dann nicht besser? Und fühlst du dich in deiner Verbesserung nicht glücklich? Wenn du dann in einer leichteren Atmosphäre lebst, wird das deine neue Umgebung. Wirst du aber wütend und ärgerlich, verfällst du wieder in einen härteren und schwereren Zustand. Richtig?«
»Ja.« Das habe ich oft genug gefühlt. Ein falsches Wort von jemandem, und schon war ich unten. Mittlerweile passiert das nicht mehr so häufig. Ich bin viel aufmerksamer, ob mich jemand runterziehen will, und lasse das nicht mehr zu. Ich habe mehr Verständnis für die andere Person, die das versuchen will, und nehme es nicht mehr persönlich. Ich suche jetzt das Bedürfnis des anderen zu ergründen. Er braucht etwas. Und weil er es nicht hat, wird er ärgerlich. Ich habe Verständnis für den Betreffenden und verurteile ihn deshalb nicht mehr. Etwas, was mir noch vor einigen Monaten gänzlich unmöglich war.
Zarathustra erklärt: »Es kommt auf dich an, wie lange du dich in dieser neuen leichteren Atmosphäre aufhältst. Zuerst sind

es vielleicht nur kurze Momente, aber sie werden länger und länger, bis es dein Zuhause geworden ist.«
»Wo beginnt ein Engel seine Frequenz aufzubauen?«
»Ein Engel beginnt mit der Liebe Gottes und dem Willen, ihr zu dienen, was in der Tat der physische Bereich oder der menschliche Bereich dieser Liebe ist. Deshalb sind Engel nicht vollständig unsichtbar, nicht wahr?«
Ich bin verwirrt. »Das verstehe ich nicht ganz«, gestehe ich.
Zarathustra nickt: »Wenn die Menschheit beginnt, sich gegenseitig zu dienen und zu unterstützen, dann ruft sie diese Engelsschwingungen in sich selbst hervor. Wenn sie in ihren Schwingungen so aufgestiegen ist, daß sie die Atmosphäre der Engel berührt, wird der menschliche Bereich und der Engelbereich eins werden.«
»Und dann sieht man Engel!« wird mir plötzlich klar.
»Dann siehst du sie. Höre gut zu: Wenn Menschen engelgleich werden, kannst du sie ebenfalls sehen oder nicht. Ich werde dir das erklären, obwohl es mir lieber gewesen wäre, du hättest das erst später gefragt. Wenn bestimmte Menschen solch ein Niveau erreicht haben, können sie sich an mehreren Plätzen wiederfinden. Sie können sich sichtbar oder unsichtbar machen; aber es ist für sie schwieriger, unsichtbar zu sein, als für Engel, sichtbar zu sein.«
Moment, habe ich das richtig verstanden? Wenn wir unsere Schwingungen erhöhen, durch den Dienst an der Menschheit, durch die Liebe zu unseren Mitmenschen, dann werden wir in der Lage sein, uns sichtbar und unsichtbar zu machen? Wir werden dann an verschiedenen Plätzen gleichzeitig sein können?
Zarathustra nickt mir zu. Er liest wieder meine Gedanken.
»Wählt ein Engel aus, ob er gesehen werden will oder nicht?«
»Ein Engel bestimmt, ob er gesehen werden will oder nicht. Wie lange er gesehen wird, hängt von den Schwingungen

ab, die ihn umgeben. Deshalb können Engel länger bei Kindern als bei Erwachsenen verweilen.«

»Waren Engel jemals Menschen?«

»Es gibt verschiedene. Manche waren nie Menschen und werden nie Menschen sein. Sie verkörpern für die Ewigkeit das göttliche Ideal des Menschen. Verstehst du?«

Ja, ich verstehe. Engel zeigen uns, wie wir Menschen sein können. Zwar engelgleich, aber in menschlicher Form. Eine wunderbare Aussicht.

»Erzengel zum Beispiel sind mit der höchsten Schwingungsfrequenz – das ist Gott – verbunden. Das wurde von der Menschheit so interpretiert, daß sie an Gottes Seite stehen oder Gottes Licht sind. Dadurch geben sie ein menschliches Bild von der göttlichen Existenz. Die göttliche Existenz ist dort, wo die Liebe am schnellsten schwingt.«

»Sind Erzengel aufgrund ihrer Dienste für die Menschheit ausgewählt worden?«

»Die Erzengel bewahren einen Teil des ursprünglichen Seelenausdrucks, dem die Menschheit entgegenstrebt. Aufgrund einer männlich dominierten Vergangenheit wurden die Erzengel männlich. Aber sie haben einen gleichwertigen weiblichen Ausdruck. Wäre die menschliche Vergangenheit von Frauen dominiert gewesen, wären die Erzengel weiblich geworden. Es war nicht Gottes Entscheidung, daß sie männlich sind.«

»Würden sie ihr Geschlecht jetzt ändern, da die Welt sich mehr dem Gleichgewicht zuwendet?«

»Sie werden ihr Geschlecht nicht ändern, da das Männliche und Weibliche nur eine Frage der menschlichen Wahrnehmung ist.«

Verstanden. Wir haben sie als männlich gesehen, weil alles Mächtige damals männlich war.

»Sie werden also in Zukunft ausgewogener sein?«

»Die Engel waren immer schon ausgewogen, es ist eine Frage der Wahrnehmung. Die Engel werden sich verändern, wenn ihr eure Wahrnehmung verändert.«
Ich muß lachen. Logisch. Warum sollen sich die Engel verändern, wir müssen uns verändern.
»Wie entsteht ein Engel? Wie wird er geschaffen?«
Zarathustra streicht wieder um seinen unsichtbaren Bart und antwortet mit einem verständnisvollen Lächeln:
»Ein Engel ist ein Punkt des Lichts, der durch die Stärke seiner Schwingungen in der Lage ist, sich in verschiedenen Atmosphären aufzuhalten. Entsprechend seiner Absicht bewegt er sich in verschiedenen Dimensionen, verstehst du?«
»Aber wir Menschen sind doch auch Punkte des Lichts?«
»Das ist es, was ich am Anfang gesagt habe. Ich will es dir besser erklären. Ihr seid Lichtpunkte, deren Talent es ist, durch machtvolle Gedanken dichte Masse zu schaffen. Aber ihr könnt auch wieder Lichtpunkte werden. Leicht und mit der Wahl, sichtbar oder unsichtbar zu sein. Das hängt von eurem Verhalten, euren Gedanken, euren Taten ab. Je mehr euer Verhalten die Engelatmosphäre widerspiegelt, desto näher kommt ihr an den Lichtpunkt in euch selbst heran. Je mehr die Gedanken, die Worte und die Taten von der Liebe unter den Menschen bestimmt werden, desto öfter findest du dich in deinem Herzen erhoben. Damit bist du auch den eigenen Engelschwingungen näher. Zur Zeit wird mehr über Engel gesprochen und werden mehr Engel gesehen als jemals zuvor.«
Das muß also heißen, daß wir unseren eigenen Engelsschwingungen immer näher kommen.
Zarathustra nickt bei meinem Gedanken. »Ich werde dir ein kindliches Bild geben, damit du verstehst, was ich meine. Falls Gott hier wäre«, und Zarathustra streckt seine linke Hand nach oben aus, »was er nicht ist, das ist nur die Illusion,

und der Mensch hier«, er deutet mit seiner anderen Hand nach unten, »dann sind die Engel in der Mitte.«
»Also je mehr sich der Mensch so wie ein Engel verhält, sprich Verständnis hat, dient, Liebe zeigt, desto näher kommt er an die Engel heran, und die Begegnung zwischen ihnen findet häufiger statt.«
Zarathustra nickt und legt beide Hände auf seinen Schoß.
»Wie wählen sich Mensch und Engel aus?«
»Erinnere dich, was du über Schwingungen und Frequenz weist. Es gibt verschiedene Atmosphären, bei Menschen wie bei Engeln. Engel entwickeln sich oft in der Nähe verschiedener Menschenleben. Sie haben bestimmte Aufgaben und halten sich für eine Weile bei dem einen oder anderen Menschen auf. Ändert der Mensch seine Schwingung, kommt ein anderer Engel, der zu diesen Schwingungen besser paßt, und der vorherige Engel wird frei für jemand anderen.«
»Also war es keine Einbildung, daß ich schon mehrere Engel gehabt habe, die mit mir an meiner Entwicklung gearbeitet haben?« stelle ich mehr fest, als daß ich frage.
»Aber natürlich!« ruft Zarathustra aus. »Da gibt es ganz verschiedene, entsprechend der unterschiedlichen Dynamik in der Welt. Das, was ihr Schutzengel nennt, ist tatsächlich während deines ganzen Lebens und deiner anderen Leben bei dir. Er trägt in sich das Bild deines höchsten Selbst, deines Ideals. Und er behält diesen Platz in diesem Leben und den vorherigen Reinkarnationen bei. Nun. Dein Schutzengel verkörpert den höchsten Platz, den ein Individuum erreichen kann. Dann gibt es Engel, die Meister sind und Vorrang haben. Du bist jetzt auf einer Stufe, wo du mehr Informationen über das Erreichen der Meisterschaft, die der menschlichen Form innewohnt und mit Gott verbunden ist, erfahren sollst. Diese Boten des Göttlichen sind ebenfalls als Engel

bekannt. Sie haben in menschlicher Form gelebt und sich von dort aus entwickelt.«

»Das heißt also, daß es ›normale‹ Engel gibt, die nie Menschen waren. Sie unterstützen uns in unserem täglichen Wachsen. Dann gibt es den Schutzengel, der immer bei uns ist und uns unser Ideal vor Augen hält. Und dann gibt es noch die, ich sage mal ›Meisterengel‹, die einmal in menschlicher Form gewesen sind. Also so wie wir. Und wir haben auch die Möglichkeit, so ein ›Meisterengel‹ zu werden. Wie Jesus, Moses, Buddha und du zum Beispiel?«

»In der Tat«, antwortet Zarathustra. »Man soll nicht sagen, daß diese ›Meisterengel‹ über dem Schutzengel stehen, denn das würde wieder die These unterstützen, daß es eine Hierarchie gibt und Meister, so wie ich, nie direkt mit Menschen sprechen können. Dem ist nicht so.«

Das sehe ich ...

»Durch die allgemeine Interpretation einer Hierarchie entstand die Idee, daß ›Himmel‹ oder ›Göttlich‹ etwas ist, was außerhalb von dir existiert. Es wird dem Verstehen weichen, daß das Göttliche in dir selbst ist und daß du für dein Leben die Vorherrschaft des Göttlichen wählen kannst. Du entscheidest auch, wie lange du in der Atmosphäre deines göttlichen Ichs lebst, das heißt denkst und handelst. Wenn du in der Atmosphäre deines göttlichen Ichs agierst, wirst du eins sein mit der Brüderschaft der Menschheit, die natürlich die Schwesternschaft der Menschheit mit einschließt. Die Geschöpfe, die als Menschen gelernt haben, aus ihrem göttlichen Ich zu fühlen und zu handeln, formen das, was Gott genannt wird.«

Das bedeutet, daß Jesus nicht nur der Sohn Gottes ist, sondern ein Teil von Gott, wie die anderen erleuchteten Meister auch. Alle zusammen bilden die Einheit Gott. Es ist phantastisch, daß jeder von uns den göttlichen Funken und damit das Ziel in sich trägt, durch Liebe und den Dienst an der Menschheit sich wieder vollständig mit Gott zu vereinen. Zarathustra erklärt weiter: »Was ihr den Himmel, das Paradies nennt, liegt bei euch. Der Himmel wird durch eure Gedanken, eure Worte, eure Taten in die körperliche Existenz aufgenommen werden.«

15. Kapitel

Von Engeln, die in den Schlafzimmern unserer Kinder sind, und wann wir Engel sehen können

Mein Blick fällt auf die Fragenliste vor mir. Ich weiß, daß ich nur eine halbe Stunde mit Zarathustra habe. Die nächste Frage betrifft die berühmten Lichtpunkte, die Kinder oft in ihren Zimmern sehen.
»Wenn Kinder kleine Funken sehen, sind das Engel?«
»Das sind Engel. Dieser Lichtpunkt hat die Möglichkeit, größer zu werden und sich zu einer Engelsform zu entwickeln, damit ein Kind es leichter hat, mit dieser Form umzugehen. Aber es beginnt bei einem Lichtpunkt.«
»Soll ich Kindern raten, sich auf diesen Lichtpunkt zu konzentrieren, damit er sich in einer Engelsform zeigt?«
»Es ist besser, wenn sich das Kind auf die Liebe zu Gott konzentriert. Der Lichtpunkt kommt von dort, wie du weißt, und wird darauf reagieren. Aus diesem Blickwinkel werden sie mit allem in ihrem Leben liebevoll umgehen.«
»Gilt das auch für Erwachsene?«
»Es ist für alle Menschen dasselbe. Wenn du dich mit jedem Lichtpunkt, den du siehst, austauscht, wird er sich entwickeln.
Wichtiger ist es, daß dieser Gedanke verbunden mit einem Gefühl direkt aus deinem Herzchakra kommt. In diesem Fall kann der Lichtpunkt nur ein Engel werden.«
»Wie können wir mit unseren Engeln in Kontakt treten? Durch das Gefühl in unserem Herzen?«
»Durch die Liebe in ihrem Herzen. Wenn das Gefühl der

Liebe weiter wächst, ist das die größte Einladung, die man einem Engel schicken kann.
»Das glaube ich auch.« Ich lächele. »Wenn ich die Meditationen in meinen Workshops führe, ist das ein richtiger Weg?«
»Das ist ein richtiger Weg, und er wird weiter wachsen. Wenn Menschen singen, eine Melodie benutzen und sie durch ihren Körper wandern lassen, erhöhen sie ihre Schwingungen, und jede Zelle in ihrem Körper wird im Licht vibrieren. Oft hören Menschen in der Kirche Chorgesang und fühlen sich Gott nahe, manche müssen sogar weinen und sagen: ›Hat unser Chor nicht wieder herrlich gesungen, ich fühle mich Gott so nahe.‹ Zu singen ist sicher etwas Wundervolles.«
Er schaut mir tief in die Augen und teilt mir auf seine herrliche Weise mit, daß ich mehr Töne in meine Meditation und meine Seminare aufnehmen soll. »Ich verstehe«, sage ich in meinen Gedanken, und Zarathustra lehnt sich zufrieden im Stuhl zurück.
»Entwickeln sich Engel ebenfalls, indem sie gute Taten vollbringen?«
»Ja, auch sie entwickeln sich. Aber es ist besser zu fragen, ob sich die Frequenz erhöht und damit ihre Atmosphäre, in der sie sich aufhalten. Das gilt für die Engel wie für die Menschheit.«
»Was tun Engel außer bei uns zu sein?«
»Sie existieren in der himmlischen Herrlichkeit. Die Engelsphäre, die aus Herrlichkeit, Versprechen und Hoffnung besteht, sind eure Gedanken. Eure Gedanken, die Herrlichkeit, Versprechen und Hoffnung herbeisehnen. Die Engel leben von euren Gedanken, und indem sie gedeihen und existieren, geben sie ihre Herrlichkeit, ihre Versprechen und ihre Hoffnung an euch zurück. Verstehst du das?«
Ich bin sprachlos. Wie wundervoll. Wir sind also nicht nur die armen Schlucker, die verzweifelt versuchen, bessere Men-

schen zu werden, um endlich einmal den Himmel auf Erden zu haben. Es gibt einen viel besseren Plan: Wir erhalten mit unseren Gedanken nach Hoffnung und Herrlichkeit die Engelwelt. Wohlgenährt haben sie dann die Macht, uns zu unterstützen. Was für ein herrlicher Kreislauf.
Zarathustra erklärt: »Es gibt ein konstantes Gefühl füreinander. Wenn jemand verzweifelt ist und an einen Engel denkt, schickt er diese Verzweiflung zu den Engeln. Doch versucht, in Entzücken, in Begeisterung an Engel zu denken. Laßt euch von den Engeln verzaubern, dann wird diese Begeisterung, dieses Entzücken zu den Engeln strahlen, und sie werden es zu euch, den Göttern in körperlicher Form, zurückschicken.«
Also haben wir auch eine Verantwortung für die Engel. Nicht nur die Engel für uns. Darüber werde ich noch mal eine Zeitlang nachdenken müssen.
»Ist mein Schutzengel Jao?«
»Nein. Jao war einer deiner vielen Engel, die dich unterstützt haben.«
Mir ist schon aufgefallen, daß er immer seltener in meinen Meditationen erscheint. Ich höre jetzt nur eine allgemeine Stimme, ohne eine Gestalt oder eine bestimmte Farbe dazu. Er wird wahrscheinlich schon woanders sein, denke ich mir. Ich schaue zu Zarathustra, der mich anlächelt und nickt.
»Hat mein Schutzengel, der das höchste Bild von mir hält, einen Namen?«
»Ja, aber alle Namen folgen Tönen. Zuerst haben sie einen Ton.«
»Kenne ich diesen Ton?«
»Natürlich kennst du diesen Ton!«
Die Art und Weise, wie er das betont, zeigt, daß er nicht gewillt ist, mir diesen Ton vorzusingen.
»Ist er mein Ohm?« Das ist ein bestimmter Ton, den ich in der Regel vor jeder Meditation summe.

»Er ist dein Ohm, aber nicht darauf beschränkt. Dein Engel verbindet sich mit dir in diesem Ton. Beschränke dich nicht selbst durch einen Ton. Deine Schwingungen sind dein inneres Wesen, deine Güte, dein Beitrag, die Welt zu verbessern, dein Gefühl, was Dienst und dienen ist. Dies läßt dich und deinen Engel nahe kommen.«
»Kann ich etwas tun, um diesen Abstand zu verringern?«
»Das tust du schon. Die Veränderungen des vergangenen Jahres haben dir größere Nähe gebracht. Und du bist dir dessen bewußt. Ist da nicht eine Ruhe in dir und ein Frieden, der dir früher unbekannt war?«
Ich nicke. Ich kann vor Dankbarkeit nicht sprechen. Im letzten Jahr hat sich viel verändert. Am meisten ist mir aufgefallen, daß ich mich jetzt am Leben freue. Die Melancholie ist verschwunden, die ich früher immer hatte. Ich lebe jetzt so, wie es meine Seele verlangt. Ich muß mich nicht mehr verstecken, selbst wenn ich manchmal eine Herausforderung für meine Umgebung bin.
»Du hast immer wieder in Gebeten und Meditationen gefragt, wie du dein Leben im Dienst Gottes verbringen kannst. Du hast den Dienst gewählt, und du hast dein Leben so verändert, daß der Dienst dein Leben geworden ist. Es ist ein Teil deines Verzichts, deine Engel nicht gesehen zu haben. Das ist der einzige Grund ...«
Ich fange zu weinen an. Da ist erst einmal eine Dankbarkeit für die Erklärung, aber gleichzeitig eine Traurigkeit über diesen Verzicht.
»Wenn du deinen Verzicht verstehst, erkennst du, daß du ihn mit anderen Menschen teilst, die auch gerade keine Engel sehen können. Später wird es von größerer Bedeutung sein, wenn du mitteilen kannst, wie du sie gesehen hast. Wie willst du Verständnis für die Suche entwickeln, wenn du schon immer Engel gesehen hast. Darin liegt dein Verzicht.«

»Ich verstehe«, sage ich und greife nach einem Taschentuch. »Aber dieser Verzicht enthält eine Belohnung. Es geht darum, daß die Leute tatsächlich vertrauen, daß Engel existieren und daß sie bei ihnen sind. Vollbringe gute Taten, und du wirst Engel sehen! Zuerst werden sie einen Engel in sich fühlen und das Sehen wird eine Art Wiedervereinigung sein.«
Zarathustra schaut mir tief in die Augen: »Wenn die Menschen darauf warten, daß der Messias wiederkommt, muß dies zuerst von jedem Einzelnen gefühlt werden. Die Wiedervereinigung auf physischer Ebene wird erfolgen, wenn der innere Christus allen Seins gefühlt worden ist.«
Zarathustra machte eine Pause: »Ich spreche zu dir, um durch dich auch zu anderen zu sprechen. Das ist der Grund, warum ich zu dieser Frau (Anm. Jacqueline Snyder) kam. Und durch sie auch zu all den anderen. Das ist der Grund, warum du dich zu mir hingezogen fühlst. In allem, was du berührst, werden die anderen diese Schwingungen durch dich fühlen. Als ich die menschliche Ebene in diesem Körper betrat, bin ich gekommen, um die Lehrer zu lehren. Sei den Menschen gegenüber bedingungslos in deiner Liebe. Du bist die Frucht eines großen Baumes, nähre die Leute, wie ich dich genährt habe und nähren werde. Laß sie in dir die Wahrheit sehen, die Realität dessen, was ich in Gott bin. Wenn sie diese Worte lesen, werden einige das Gefühl des wahren Wiedererkennens haben und sich wünschen, statt deiner zu sein. Laß sie bei einer Kerze sitzen und einen ruhigen Moment finden, dann werde ich bei ihnen sein, nicht für den Ruhm des Namens, sondern für das, was der Schöpfer allen Lichtes ist, das in jeder Zelle des Lebens vibriert. Für den großen Atem des Lebens bin ich im Dienste. Sie werden die Liebe Gottes fühlen, in der Stille am Feuer sitzend. Du weißt, daß ich bin, was ich bin, und ihr es ebenfalls seid.«
Zarathustra atmet tief ein.

»Mehr wird von diesem Licht fließen, mehr als du jetzt weißt, wird dir beigebracht werden. Sage ihnen, daß die Schwingungen zwischen den Engeln und den Gnomen, den Zwergen und dem Feenreich fest in ihrer Kultur verankert sind. Sie leben als Riesen zwischen tatsächlichen Zivilisationen von kleineren Wesen. Diese sind sanft, verspielt und weise. Wie die Weichheit und die Sanftheit aus dem Herzschlag der Völker fließt die Geistesverwandtschaft der kleinen Leute.«
Zarathustra beugt sich zu mir vor: »Frage sie nach Geschichten, die ihre Mütter und die Mütter ihrer Mütter erzählt haben. Laß sie hineingreifen in die Schatzkiste der Erinnerungen und die Mythen und Legenden und Geschichten finden. Stelle deine Fragen, du wirst sie noch in einem anderen Buch wiedererzählen. Ich werde diese Geschichten für dich zusammenflechten, wie sie sich verbinden mit all dem Mythos in der Geschichte dieser Welt. Das wird den Menschen in ihrer großen Vereinigung helfen, die kommen wird. Mit dem Verbinden der Vergangenheit durch Mythen und Legenden und dem Wunsch nach Frieden durch alle Zeiten und Dimensionen wird endlich Frieden erreicht werden.«
Zarathustra hält mein Gesicht in seinen Händen. Ich schaue in seine Augen, die immer viel dunkler als Jacquelines sind. »And so be it.« – So wird es sein.
Ich stammle ein »Danke«, mein Herz übervoll von der Gnade, mit ihm sprechen zu können, und diesem Gefühl des »Ewigkennens«. Er breitet seine Arme aus zu einem stillen Segen und schließt die Augen. Ich atme noch einmal tief ein, um die Schwingungen von Zarathustra in mir aufzunehmen, da fällt der Oberkörper auch schon in sich zusammen. Ich nehme das Glas Wasser, das ich schon vorbereitend auf die Seite gestellt habe. Immer wenn Jacqueline zurückkommt, geschieht es meist mit einem Husten, und ihre Kehle braucht sofort etwas Flüssigkeit.

Ich summe leise, und es reißt ihren Oberkörper mit dem bekannten Husten hoch. Mit der linken Hand öffnet Jacqueline den obersten Knopf ihres Hemdes und holt gleichzeitig tief Luft. Das Gefühl im Raum ist anders. Jacquelines Seele ist wieder zurück. Während meiner Kindheit war ich, wie wir alle, sehr sensibel und fühlte sofort jeden Stimmungswechsel, der in der Luft lag. Im Laufe meines jungen Erwachsenseins merkte ich, wie schmerzhaft diese Sensibilität ist, und versuchte sie loszuwerden. »Hätte ich doch nur ein dickeres Fell«, flehte ich, hoffend, daß ich dann nicht mehr soviel leiden müßte, nicht mehr soviel weinen würde. Ich hoffte, daß ich »groß und stark« werden würde und legte mir eine gehörige Portion Zynismus zu, denn zynische Leute bewunderte ich damals. Schien ihnen doch kein Kommentar etwas auszumachen, im Gegenteil, das war die Munition für ihr Feuer, und sie schossen scharf und schmerzhaft zurück. Doch ich schaffte es nie, diese Haut dicker zu kriegen, ich baute nur Mauern auf und versteckte meine – wie ich glaubte – wehrlose, arme, zarte Seele dahinter. Bis die Mauern durch den Knick in meiner Fernsehkarriere zusammenbrachen und meine verwundete Seele bloßlegten. Ich erkannte in den letzten Jahren, daß meine Sensibilität ein enormes Talent ist, und habe es seither gefördert, indem ich Gefühle zulasse und beobachte, wohin sie mich bringen. Ich folge ihnen nicht blind, wie einem Wasserstrudel, bei dem man keine Kontrolle mehr hat, nein, ich beobachte meine Gefühle wie einen Film, der in meinem Leben abläuft, und lerne daraus. Als ich anfing, meine Sensibilität stärker zuzulassen, begann ich auch, mehr Dinge in meinem Körper zu fühlen. Wenn mein Körper nicht im Gleichgewicht ist, weiß ich jetzt genau, wo das Zentrum der Krankheit liegt, und fühle mich nicht allgemein »schlecht«. Ich merke, wo sich etwas bewegt, verkrampft, weich ist oder unsicher. Ich fühle Stimmungsschwankungen in Menschen

und Tieren besser, und so habe ich meinen Körper zu einem sensiblen Empfänger ausgebildet. Nein, das stimmt nicht. Ich habe das natürliche Talent meines Körpers, Schwingungen zu empfangen, wiederentdeckt.
Wenn Zarathustra in Jacquelines Körper eintritt, fühle ich das auch mit geschlossenen Augen. Seine Frequenz verbindet sich mit meiner, und meine Schwingungen werden dadurch erleichtert. Oft sträuben sich die Haare leicht, manchmal kommt eine Gänsehaut dazu, ein Pulsieren in meinem Körper, ein Gefühl des tiefen Friedens, aber auch der freudigen Erwartung.
Wenn Zarathustra Jacqueline verläßt, bleibt seine Frequenz immer noch im Raum. Jacqueline öffnet die Augen.
»Bist du zufrieden?« fragt sie mich.
»Danke. Vielen Dank.« Es ist anstrengend für Jacqueline, ihren Körper jemand anderem zur Verfügung zu stellen, und ich bewundere ihre Selbstlosigkeit, mit der sie das tut.
»Gut«, nickt sie mir zu. Wenn Jacqueline zurückkommt, weiß sie nicht gleich, worüber wir gesprochen haben. Sie hebt plötzlich den Kopf: »Er hat mit dir auch über Feen gesprochen.«
»Ja«, sage ich, während ich ihre Beine massiere, die eingeschlafen sind. Ich nehme etwas Wasser aus der Schale auf meinem Altar und berühre damit ihre Fußsohlen.
»Ah, das tut gut.«
Ich blase in ihre Knie. Unser Atem ist unsere Lebenskraft. Und ich benutze ihn oft, um zu helfen. Die tiefe Liebe, die ich im Herzen trage, wird durch den Atem zum anderen transportiert. Und dessen Zellen reagieren immer auf die Zuneigung.
»Danke«, sagt Jacqueline und steht langsam und noch ein bißchen wackelig auf. »Wieviel Uhr ist es?« will sie wissen.
»Zwölf Uhr.«

»Gut, dann haben wir noch genug Zeit, zum Flughafen zu kommen.
Im Auto habe ich noch ein paar Fragen.
»Zarathustra sprach viel darüber, wie wir zu unserem Engelpotential aufsteigen können. Wie wichtig es ist, gute Gedanken zu haben, um unsere Schwingungen zu erhöhen. Was ist aber, wenn jemand schwer krank wird oder sogar stirbt, welchen Einfluß hat das auf seine Schwingungen und sein nächstes Leben?«
»Da ergibt sich oft das Gefühl, daß man versagt hat. Übrigens erlebe ich das auch bei Menschen, die sich um diese Schwerkranken kümmern. Denke nur an Suzane.«
Meine Freundin Suzane ist letztes Jahr von Los Angeles in einen kleinen Ort nach Wisconsin gezogen, um ihre krebskranke Mutter zu versorgen. Sie arbeitete damals für mich, gab ihren Job und ihre Wohnung auf und zog mit Sack und Pack in dieses Nest. Erst ein paar Monate vorher war ihr Vater ebenfalls an Krebs gestorben, und ich weiß noch, wie sie mir bei der Verabschiedung mit Tränen in den Augen sagte: »Ich bin nicht bereit, jetzt auch noch meine Mutter zu verlieren.«
Ihre Eltern bewirtschafteten eine Farm, und Suzane fuhr ihre Mutter zweimal im Monat für vier Stunden in die nächstgrößere Stadt zur Chemotherapie. Suzane ist sehr spirituell, sie weiß von der Macht der Gedanken, des Gebets und diversen alternativen Heilmethoden. Sie kannte Kräuter, um die Aggressivität der Chemotherapie zu lindern und das Immunsystem wieder aufzubauen. Sie massierte ihre Mutter, legte ihr die Hände auf und sprach mit ihr über Gott, ihre Seele und ihre Wahl, ob sie gesund werden will oder nicht.
Ihre Mutter war nach einem langen Farmleben, dem Aufziehen von acht Kindern und der langen Pflege ihres Mannes erschöpft. Suzane besuchte uns mit ihrer Mutter ein halbes

Jahr nach ihrem Umzug. Damals sprachen wir alle drei oft über die Wahl, die sie hat. Suzane schlug ihrer Mutter vor, den kalten Winter über in eine wärmere Gegend zu ziehen, aber ihre Mutter wollte nach Hause, auf ihre Farm in Wisconsin. Suzane gab ihrer Mutter alles, was man nur geben konnte: Liebe, Zärtlichkeit, Unterstützung in allen ihren Entscheidungen, und trotzdem fragte sie sich nach dem baldigen Tod ihrer Mutter, ob sie nicht etwas übersehen hätte. Ob sie nicht mehr hätte tun können, damit ihre Mutter weiterleben kann.

Jacqueline fährt fort: »Suzane hat alles getan, was man nur tun konnte. Sie zeigte ihrer Mutter alternative Heilungsmethoden, sie redeten über Gott und die Wahl, die jeder Mensch in seinem Leben hat, und ihre Mutter ist trotzdem gestorben. Ihre Mutter hatte beschlossen, sich von ihrem Körper zu trennen, das bedeutet aber noch lange nicht, daß ihre Seele sich nicht in eine höhere Frequenz begeben hat. Der Heilungsprozeß fand nämlich auf emotionaler, intellektueller und geistiger Ebene statt. Ihre Mutter akzeptierte neues Wissen und verstand es auch. Sie fand Frieden und Heilung und hat durch Suzane viele ihrer Erfahrungen in diesem Leben aufgearbeitet. Sie verließ ihren Körper anders, als wenn Suzane sich nicht um sie gekümmert hätte. Wenn jemand mit diesem Frieden in sich stirbt, erreicht die Seele eine andere Atmosphäre. Vielleicht war es ein bestimmtes Buch, das weitergeholfen hat. Vielleicht war es eine Umarmung, ein Blick, ein Händedruck, der soviel Liebe ausdrückte und soviel Wärme, daß derjenige in Frieden verstorben ist.«

»Doch was kann man gegen das Gefühl des Versagens tun, wenn jemand gestorben ist, obwohl man gebetet hat und auch sonst alles Menschenmögliche und Seelenmögliche versucht hat?« frage ich sie.

»Viele Menschen wurden geheilt und sind trotzdem gestorben«, erklärt mir Jacqueline. »Vielleicht waren sie einfach erschöpft vom Leben, vielleicht wollten sie endlich wieder mit Gott vereint sein. Ich habe erst vor kurzem mit der berühmten Wissenschaftlerin Dr. Valery Hunt, einer anerkannten Expertin auf dem Gebiet des »Mindfields«, des Sensorenfeldes um den Körper, gesprochen. Oftmals ist das Sensorenfeld um den Körper geheilt worden. Dieses Sensorenfeld reflektiert unsere Seele und unser spirituelles Wissen. Die Seele ist ja nicht, wie du weißt, irgendwo im Körper. Die Seele ist im und um den Körper herum. Jede Krankheit kann in diesem Sensorenfeld erkannt werden, und Dr. Valery Hunt war in der Lage, dieses Sensorenfeld wissenschaftlich nachzuweisen. Ihr Buch *Infinite Mind* erklärt diesen Prozeß noch genauer. Krankheit wie Heilung findet immer zuerst im Sensorenfeld statt. Aber warum stirbt der Mensch trotzdem, wenn das Sensorenfeld geheilt ist? Trotzdem ist nicht das richtige Wort, die Seele hat ein anderes Niveau erreicht. Obwohl der Mensch sich bewußt oder unbewußt entschieden hat zu sterben, wurde in der Seele alle Heilung vollzogen. Das ist wichtig zu wissen.«

»Hoffen wir nicht manchmal eigennützig, daß auch der Körper geheilt wird, damit wir diesen Menschen nicht verlieren?«

»Je klarer uns wird, daß wir nicht nur ein Körper sind, desto klarer wird uns werden, daß Heilung mehr bedeutet. Das hat mit dem Glauben an das große universelle Prinzip von Ursache und Wirkung zu tun: ›Wie man in den Wald hineinschreit, kommt es zurück.‹ Jede Zärtlichkeit, jede Geste, die Liebe beinhaltet und jemandem Unterstützung bringt, der sie braucht, Freunden oder Fremden, in Krankheit oder während der Sterbezeit, wird Gutes tun. Denn Zeit und Raum sind ewig.«

Wir sind am Flughafen angekommen, und ich verabschiede

mich mit einer Umarmung von Jacqueline. Ich bin dankbar um all die wundervollen Menschen in meinem Leben. Dieses Unterstützt-werden und Unterstützung geben. Jeder von uns ist Lehrer und Schüler zugleich, gibt, was er weiß, und empfängt, was er lernen will. Auf dem Rückweg genieße ich die Zeit der Stille im Auto. Was für ein Trost, denke ich mir. Das Wissen, daß nichts umsonst ist. Selbst der kleinste Händedruck hat noch eine Wirkung. Natürlich empfängt die Seele die Liebe, die Zärtlichkeit, die wir ihr geben. Und es ist wahr, daß Suzanes Mutter erschöpft war. Als sie mich besuchte, sprachen wir über ihre Entscheidung, ob sie weiterleben will. Es gab eine lange Pause, bevor sie antwortete. Ihr Gesicht schien dünner zu werden, als sie darüber nachdachte. Die Augen fielen noch tiefer in ihre Höhlen, und ihre Hände, die sie auf dem Schoß hielt, fielen auseinander.
»Sag es nicht Suzane«, und sie sucht nach Verständnis in meinem Blick, »aber ich bin einfach furchtbar müde.«
Ich weiß noch, wie meine Liebe für sie wie Wasser aus einem übervollen Eimer schwappte. Ich nahm zärtlich ihre weiße, leichte Hand. Die Hand, die es gewohnt war, für acht Kinder zu kochen und zu waschen, die Hand, die die Gemüsebeete gepflanzt und beackert hatte, die Hand, die ihren Mann pflegte, als er krank war, die Hand, die jetzt einfach nur daliegen wollte, ohne irgend etwas tun zu müssen – ich hielt sie einfach nur leicht in meiner. Erahnte ich doch, daß selbst das Drücken für sie zu anstrengend war. Sie war müde, sie wollte nach Hause, ihr wahres Zuhause. Vier Monate später ist sie gestorben.

16. Kapitel

*Von einer Nacht im Wald und Feen,
die auch Engel sind, nur ein
bißchen kleiner*

Ich verbringe in den nächsten Tagen viel Zeit alleine. Ich genieße die Logik in Zarathustras Erklärungen. Früher, als ich noch nichts über Frequenzen und Sensorenfelder, Engel und die Macht der Gedanken wußte, kam mir das Leben ungerecht vor. Da wird jemand »aus heiterem Himmel« in irgendeine Familie hineingeboren, ohne irgendeinen Sinn für »Gerechtigkeit«, dann gibt es einige, die ein »leichtes« Leben, und andere, die ein »schweres« Leben haben. Es gibt »Glück« und »Unglück«. Plötzlich ereigneten sich tragische Augenblicke, die das ganze Leben »durcheinander« brachten. Ich fühlte mich hilflos den »anderen« ausgeliefert, die entweder immer »schuld« waren oder einfach »gegen« mich. Ich habe erkannt, daß ich mir auf der Seelenebene Situationen aussuche, um zu wachsen. Seien es die Umstände meiner Geburt, meine Eltern, meine Umgebung. Da ist niemand »gegen« mich und versucht »ungerecht« mein Leben zu verschlechtern. Ich habe immer und überall eine Wahl. Ich habe zu jeder Situation in meinem Leben irgendwann einmal »ja« gesagt, oder mein »nein« war manchmal nicht laut genug. Ich habe früher nie die ganze Palette meiner Möglichkeiten erkannt. Wenn ich mich mit meinem Mann stritt, gab es für mich nur eine »Antwort«: Ich wollte das Streitgespräch »gewinnen«. Ich nahm nicht seine Gefühle wahr, ich wollte sie einfach nicht erkennen. Ich dachte nur an mich, und was ich fühlte und warum ich das so und so haben wollte. Ich wußte nicht, daß

ich bei jedem Streit verschiedene Möglichkeiten habe. Ich kann still sein, weggehen, meditieren, lachen, umarmen, trösten, fragen, einfach nur zuhören. Ich war mir über die Breite der Auswahl nicht bewußt. Ich wußte nur, was ich »schon immer« getan habe. Alte Reaktion für altes Benehmen.
Wieviel leichter ist das Leben jetzt geworden. Meine Angst und meine Sorgen sind einem tiefen Vertrauen in Gott und unsere Engel gewichen.

Zarathustra sagte einmal, daß Feen für die Gnome und Wichtel das sind, was Engel für uns sind. Auch ein schöner Gedanke.
Ich erinnere mich, wie ich nach Breitenbusch in Oregon fuhr, um dort mit Freunden zu meditieren. Ich freute mich auf dieses Wochenende. Ich nahm meinen Schlafsack mit, ohne den ich fast überhaupt nicht mehr reise, und genoß die zwei Stunden Fahrt von Portland, wo ich gelandet war, bis nach Breitenbusch. Der Ort liegt mitten in einem wunderschönen, uralten Wald. Heiße, natürliche Quellen, denen Heilkräfte nachgesagt werden, schießen in fünf Gräben aus dem Boden. Diese Gegend war einer der wichtigsten Sammelpunkte für Indianer. Um die Heilquellen herum wurden Friedenspfeifen geraucht, wurde getanzt und gebetet. Mittlerweile gruppieren sich dort 25 kleine Blockhütten um ein größeres Gebäude und eine pyramidenartige Kapelle.
Ich wollte drei Nächte dort verbringen. In einer Meditation am Tag zuvor wurde mir gesagt, daß ich keine der Nächte in den einfachen Blockhütten verbringen werde. Ich solle jede Nacht unter freiem Himmel schlafen, und natürlich hielt ich mich daran. Die ersten beiden Nächte kampierte ich neben der Blockhütte, und wenn ich nach oben sah, konnte ich die Sterne durch die Baumwipfel beobachten. Es war fast Voll-

mond, und ich genoß die verschiedensten Geräusche des nahen Waldes.
Am dritten Tag gegen sechs Uhr morgens gehe ich einen kleinen Waldweg den Berg hinauf, um mich in eine der heißen Quellen zu setzen.
Plötzlich höre ich »Halt« und schaue mich verwundert um. Dieses »Halt« war in meinem Kopf, und ich wundere mich, wer es wohl ausgelöst hat. »Du wirst heute nacht im Wald schlafen. Ganz alleine. Wir führen dich. Vertraue. Bis bald.«
Immer noch habe ich keine Ahnung, wo dieser Gedanke herkommt. Aber ich vertraue darauf, daß das schon seine Richtigkeit haben wird.
Den Tag verbringe ich schweigend. Ich genieße die Ruhe, meine Mahlzeiten nehme ich alleine zu mir. Ich beobachte die Blätter der Bäume, sitze am Flußbett, höre den Eichhörnchen zu und betrachte die Vögel. Dieser Tag des Schweigens beruhigt mein Sensorenfeld. All die Eindrücke, die tagtäglich auf uns eindringen, überreizen uns. Gerade im Zeitalter der Information fühlen wir uns oft erschöpft. Das ist kein Wunder, wenn man bedenkt, wie wenig Ruhe wir uns gönnen. Ich versuche, einmal in der Woche einen »Schweigetag« einzulegen. Während dieser Zeit lese ich nicht, höre keine Musik, schaue nicht fern und beschäftige mich mit nichts, das mich von mir ablenken könnte. Ich bin ganz bei meinen Gedanken, meinen Gefühlen, meinem Körper. Ich erinnere mich noch, wie furchtbar gelangweilt ich beim ersten Mal war. »Was soll ich denn jetzt machen?« Eine Unruhe bedrängte mich, war ich es doch gewöhnt, schnell und aktiv zu sein. Gedanken aus meiner Kindheit schießen mir in den Kopf. »Sitz nicht so faul herum, tu was!« Tagträumen wurde als Zeitverschwendung angesehen. Heute weiß ich, wie wichtig das ist. Unsere Träume formen unsere Realität. Und die Zeit

fürs Tagträumen ist genauso wichtig wie die Zeit des Tuns und Machens.
Ich genieße die Gegend um Breitenbusch. Ich höre dem Fluß zu, der mir von dem Fluß des Lebens erzählt, und ich denke wieder an Indien: Sei wie der Fluß. Ich betrachte eine Gruppe von Schmetterlingen, die um mich herumfliegt. Ich hebe einen Stein auf und fühle seine Kanten und Rundungen, schließe meine Augen, um ihn zu fühlen.
Mittlerweile ist es dunkel geworden, und ich ziehe meinen Trainingsanzug an, hole Schlafsack und Taschenlampe und nehme einen meiner Kristalle mit. Eine Brille stecke ich noch ein und nehme mir vor, meine »Wegwerf-Kontaktlinsen« einfach wegzuwerfen, da ich keine Lust habe, mitten im Wald mit Kontaktlinsenflüssigkeit herumzuhantieren. Ich bleibe einen Moment stehen, um zu fühlen, in welche Richtung ich gehen soll. Geradeaus fühle ich ein Ziehen, und festen Schrittes marschiere ich zum Waldrand. Alles ist still, die anderen sind beim Essen, und ich stehe an einem Waldweg. Ich halte kurz, um meine Taschenlampe anzumachen. Der Mond schafft es nicht, durch das Laub der Bäume durchzuscheinen, da höre ich auch schon in meinem Kopf: »Laß die Lampe aus. Du sollst nicht alle mit deinem Licht aufstöbern.«
Gut, denke ich mir, und plötzlich kommt mit Wucht: Bist du wahnsinnig, im Wald zu schlafen? Vergewaltigung! Mord! Totschlag!
Die Angst versucht, die Oberhand zu gewinnen. Nein, das lasse ich nicht zu. Ich muß diese Angst loswerden, und ich weiß auch, wie: durch ein Gebet. Ich setze mein Gepäck ab, gehe auf die Knie, lege meine Handflächen auf die Erde und bete: »Lieber Gott, ich bin hier auf Einladung der Geisterwelt und weiß, daß Gottes Liebe immer bei mir ist. Ich will nur die Gedanken unterstützen, die mich in meinen Schwingungen und meiner Liebe erhöhen.« Die Angst versucht immer noch

ein paar Schlagwörter unterzubringen, aber ich wiederhole einfach mein Gebet. Hochkonzentriert fühle ich die Erde an meinen Handflächen und denke nur an die Liebe Gottes, da werde ich auch wieder ruhig und sicher. »Gut gemacht«, lobe ich mich. Ich kontrolliere meine Gedanken und folge nicht irgendeiner Angst.
Langsam gehe ich in den Wald. Nach ein paar Schritten bleibe ich stehen und füge ein zweites Gebet hinzu: »Liebe Welt des Waldes, ich komme auf Einladung und mit Liebe zu dir und deiner Welt. Ich möchte heute nacht kein Getier in meinem Schlafsack finden und nicht von irgendwelchen unheimlichen Geräuschen aufgeweckt werden. Bitte laßt mich ungestört schlafen. Wenn es ein Erlebnis gibt, das für mich wichtig ist, weckt mich bitte auf, ansonsten laßt mich schlafen.« Ich warte eine Weile, und ich fühle, wie ein Wind aus dem Nirgendwo mich zärtlich umarmt. Für mich ist es die Antwort, die mir der Wald gibt. Er hat mich verstanden. Ich bleibe auf dem Waldweg, der immer kleiner wird. Nach einer halben Stunde habe ich plötzlich das Gefühl, zu weit gegangen zu sein. Mit kleinen Schritten gehe ich langsam zurück, um bei einem »Halt« sofort stehenzubleiben. Noch einen Schritt und noch einen, da höre ich auch schon »Halt.« Ich versuche mich umzuschauen, aber viel kann ich nicht erkennen. Da scheint ein umgefallener Baumstamm zu liegen. Ansonsten ist der Weg flach und gerade, und ich sehe vor meinem inneren Auge, daß das mein Schlafplatz sein wird.
Ich lege mich zur Probe in meinen Schlafsack, um Unebenheiten des Bodens abzutasten. Erstaunlicherweise gibt es nicht den kleinsten Stein, der mich stört. Also bleibe ich gleich liegen. Ich merke, wie der liegende Baumstamm mir das Gefühl einer Umarmung gibt. Ich stecke meine Brille in die Innentasche des Schlafsackes, und nach all den Geräu-

schen, die ich beim Reinlegen in den Schlafsack und mit dem Reißverschluß gemacht habe, wird es endlich ruhig.
Ich liege bequem und lausche auf die verschiedene Geräusche des Waldes. Ich bin gespannt, wie ich auf die verschiedenen Knack- und Knirschgeräusche reagieren werde. Es ist still. Absolut still! Kein Knacken, kein Knarren, nicht einmal ein zartes Blätterrauschen. Ich muß an mein Gebet denken. Habe ich nicht um ungestörten Schlaf gebetet? Was für ein Aufwand, den ganzen Wald ruhigzustellen. Ich fühle mich geehrt und schicke meine Dankbarkeit in den Wind. Der Wind streicht mir zart übers Gesicht, und ich fühle mich unglaublich wohl. So muß sich ein Baby auf dem Arm seiner Mutter fühlen. Wohl, sicher, geborgen. Unsere Erde ist unsere Mutter. Das fühle ich zum ersten Mal.
Gegen fünf Uhr wache ich auf und höre in meinem Kopf: »Schaue nach links«. Da liegt der Baumstamm, der auch schon gestern da war, ansonsten kann ich beim besten Willen nichts entdecken. »Schaue nach links«. Ich setze mich im Schlafsack auf und nehme meine Brille. Nichts. »Da neben dem Blatt.« Neben mir befindet sich ein kleines Blatt. »Da liegt ein kleiner Zauberstab.« Ein kleiner Zauberstab? Der Wald wird mir doch nicht in den Kopf gestiegen sein?
Tatsächlich sehe ich etwas Winziges, mit einer lustigen grünen Spitze dran. Ich deute mit meinem Finger darauf und frage in Gedanken: »Ist es das?«
»Ja, das ist für deine Tochter.« Daneben liegt noch etwas Grünes, Flauschiges, Moosiges. »Das ist auch für deine Tochter«, höre ich. »Daraus machen wir unsere Kleider. Das wird ihr gefallen«, sagt eine andere Stimme in mir. »Wer seid ihr?«
»Wir sind Feen, wir wohnen hier.«
»Kann ich euch sehen?«
Ich höre kichern. »Nein, nein, das reicht für heute.«

»Danke«, flüstere ich in den Wald, als ich die zwei kleinen Geschenke sorgfältig in ein Blatt wickele und in meine Brusttasche stecke. Was für eine Nacht.
Ich erinnere mich, wie stolz ich war, diese Nacht im Wald verbracht zu haben. Daß ich meiner Angst nicht einfach aus alter Gewohnheit gefolgt bin. Vielleicht bin ich auch aufmerksamer, welche Informationen ich zu mir lasse. Ich weiß um die Welt und ihre Schwierigkeiten, um Kriege und Gewalt, Unverständnis und Bosheit. Aber was für einen Einfluß hat dieses Wissen auf mich? Glauben wir ernsthaft, daß schlechte Nachrichten, gewalttätige Filme, negative Bücher, zynische Menschen, wütende Musik keinen Einfluß auf unser Wohlbefinden haben? Ich habe vor einem Jahr aufgehört, Nachrichten zu hören. In den Vereinigten Staaten sind sie besonders marktschreiend aufgemacht. Ich schaue dann wieder Nachrichten, wenn man auch gute Nachrichten sendet. Wer bestimmt eigentlich, daß Nachrichten grundsätzlich schlecht zu sein haben? Meine Informationsquelle ist die Zeitung, dort fällt mir das Selektieren leichter. Seitdem ich nicht mehr tagtäglich von Mord und Totschlag höre, denke ich nicht mehr jeden Tag daran. Ich umgebe mich mit Dingen und Menschen, die mir guttun. Das heißt nicht, daß ich die »andere« Welt – ich weigere mich, sie »wirkliche« Welt zu nennen, wir formen unsere eigene Wirklichkeit – ignoriere. Ich helfe, wo ich kann. Ich habe mich lediglich entschlossen, das Positive zu fördern. Es gibt genügend Leute, die sich um das Negative kümmern. Ich schreibe es auch meinem selektiven Nachrichtenfluß zu, daß ich keine Angst mehr habe. Ich möchte jemand sein, der Liebe und Frieden verbreitet und nicht Angst und Schrecken. Weltfrieden fängt bei uns persönlich an. Wenn wir uns lieben und mit uns in Frieden leben und das jeder von uns tut, wird die ganze Welt in Frieden leben. Irgendwann müssen wir damit anfangen. Ich kann nur

bei mir anfangen und meiner Tochter. Julia darf die meisten Kinderfilme nicht anschauen. Ich prüfe immer vorher im Kino, ob dieser Film für sie paßt. Manchmal fragen mich die Kinder in ihrer Schule: »Warum darf Julia den Film nicht anschauen?« Dann erkläre ich ihnen: »Ich glaube, daß manche Filme glücklich machen und andere ängstlich. Und ich möchte nicht, daß Julia ängstlich wird oder vielleicht sogar schlecht träumt, deshalb darf sie bestimmte Filme nicht anschauen. Ich möchte, daß Julia glücklich ist.« Ich bin immer wieder überrascht, wie schnell Kinder das verstehen, wenn wir es nur verständlich erklären.

Wohlfühlen ist meine Leidenschaft. Früher dachte ich, ich müßte mich den Grausamkeiten des Lebens stellen. Ich habe geglaubt, daß Menschen, die fröhlich und glücklich sind, einfach den »Realitäten« des Lebens aus dem Weg gehen. Dabei übersah ich die Realitäten meines Lebens und wie wichtig das Wohlfühlen für mich war. Vor ein paar Jahren kam dieser Gedanke, und ich versuchte ihn so schnell wie möglich loszuwerden. Das würde ja meine gesamte Lebenseinstellung vollkommen durcheinanderbringen. Zu wem würde ich mich verändern? Vielleicht zu einem dieser verhuschten Verrückten, die nur noch lächelnd die größten Katastrophen an sich vorbeigehen lassen? Nein, ich wollte intelligent sein und klug.
Ich weiß noch, wie mir mein damaliger Engel Gabriella in einer Meditation den Gedanken schickte: »Klugheit ist wichtig, aber willst du nicht lieber weise sein?« Was bedeutet das, weise zu sein? Bedeutet es, Verständnis zu haben? Zu unterstützen, zu verstehen, zu lieben? Das Wort allein ist schon sehr viel milder als »klug«. Klug klingt wie ein Schwert, weise wie eine zarte Berührung. Vielleicht ist Klugheit gepaart mit Liebe das, was wir weise nennen.

Ich muß an ein Abendessen denken, bei dem ich vor ein paar Wochen mit Freunden saß. Mein Mann und ich waren bei Monika und Niki eingeladen. Monika hatte mir vor einiger Zeit von dem gewalttätigen Tod ihrer Mutter erzählt. Sie ist Kunsthändlerin, er Regisseur. Beide hatten Besuch von einem Ehepaar aus Deutschland. Wir saßen um den Kamin und unterhielten uns über alles mögliche. Irgendwann sprachen wir über »die Lage der Nationen«. Ich hörte, wie die Männer über ihre Version der Welt sprachen. Sie sahen alles immer schlimmer werden. Ich versuchte auch die andere Seite zu sehen. »Haben wir nicht schon große Fortschritte gemacht? Gibt es jetzt nicht mehr Verständnis als noch vor 20 Jahren? Ich merkte an ihren Blicken, daß sie mich für naiv hielten. »Aber Sabrina, schau dir doch nur die Nachrichten an!«

»Wäre es nicht besser, wenn wir alle etwas tun würden, damit die Welt besser wird und wir nicht nur mit dem Kopf schütteln? Wir müssen uns fragen, was jeder von uns tut, damit diese Welt besser wird.«

An dem Abend ging ich still nach Hause. Irgend etwas hatte ich noch nicht kapiert. Ich will nicht Leute missionieren oder zu irgendeiner Meinung überreden. Ich erkläre, woran ich glaube, und akzeptiere die Meinungen anderer. Aber dieses Hin und Her in unserer Diskussion klappte nicht ganz.

Zu Hause setzte ich mich vor meinen Altar und betete. Ich bat meine Engel, mir einen Hinweis zu schicken, wie ich mich hätte besser erklären können. Was hätte ich tun können, um in der Diskussion eine Hoffnung zu vermitteln und nicht ein Gefühl des unbedingt »Rechthabens« zu hinterlassen.

»Schreibe deine Vision der Welt auf und verschicke sie. Zeige, wie du die Welt der Menschheit siehst.«

Wie wundervoll! Ich muß nicht endlos diskutieren und alles Negative in Positives umwandeln wollen. Wenn ich meine

Sicht der Welt mitteile, kann ich die anderen anregen, diese Vision noch besser, noch schöner, noch glorreicher zu machen. Was für eine herrliche Idee. Ich bedanke mich bei meinen Engeln und setze mich an den Computer. Es ist weit nach Mitternacht, aber ich will nicht auf den Morgen warten.

17. Kapitel

*Wie die Welt aussehen wird,
wenn alle ihre Engel sehen*

Wir werden erkannt haben, daß alles Energie ist. Energie, die unentwegt fließt. Jeder Gedanke, jedes Wort, jede Tat ist Energie, die fließt, und wir werden dementsprechend handeln. Es beginnt damit, was wir an Nahrung zu uns nehmen. Wir werden nur das essen, was natürlich gewachsen und gehalten worden ist. Wir werden wissen, daß Tiere, die in Angst und Schmerzen leben, diese Energie in sich halten und wir mit ihrem Fleisch auch ihre Angst und Schmerzen aufnehmen. Angst löst sich nicht auf, nur weil wir das Fleisch panieren. Wenn es Zeit ist, die Tiere zu töten, wird es eine Zeremonie geben, und wir werden ihr Opfer mit Dankbarkeit und Liebe annehmen. Meine Freundin Samantha traf einen Schäfer, der seine Schafe, bevor er sie tötet, küßt und segnet. Und im Gegensatz zu all den anderen Schafen sterben seine in absoluter Stille. Kein Schrei, keine Angst.
Wir werden gelernt haben, daß Energie auch von anderen Quellen kommt. Deswegen wird das eigentliche Essen, das wir zu uns nehmen, sehr viel weniger sein. Wichtige Energie für unseren Körper werden wir auch von der Erde beziehen. Wir werden viel barfuß gehen, um die Mineralstoffe durch unsere Fußsohlen in unseren Körper dringen zu lassen. Wir werden öfter im Freien schlafen, um uns Energie von dem Licht der Planeten und Sterne zu holen. Und wir werden in einer streßfreien Umgebung aufwachsen, die uns keine Energie nimmt, sondern zuführt. Wir werden auf dem Land leben,

außerhalb der großen Städte, denn wir wissen, daß verschiedene Gebiete mehr Energie abgeben als andere. Die Städte werden Zentren für Kommunikation sein, wo selten jemand lebt.
Wir werden in Wohnungen und Häusern wohnen, die unsere Körper und Seelen unterstützen. Wir werden gelernt haben, daß wir uns nur mit Gegenständen umgeben, die uns erfreuen. Wir werden die Macht der Farben erkannt haben, die der Düfte, der Pflanzen und Steine. Es wird keine eckigen Wohnungen und Häuser mehr geben, sondern alles wird rund sein. Wir werden gelernt haben, daß unsere Energie in einer runden Umgebung leichter fließen kann. Wir werden gelernt haben, daß wir nichts mehr ansammeln. Wir werden nichts Unnötiges um uns haben. Unsere Schränke werden Kleider haben, die wir auch tragen, unsere Wohnungen werden gefüllt sein mit Dingen, die wir lieben.
Wir wissen, daß unsere Gedanken unsere Realität, unser Leben schaffen, und deshalb passen wir auf, was wir denken. Wir werden unsere Kinder lehren, die Erde und alle Lebewesen zu ehren. Das wird ganz natürlich für sie sein, denn sie werden uns als Beispiel haben. Sie werden gelernt haben, daß der Mensch gütig und gut ist. Wir werden uns gegenseitig unterstützen, da Liebe und Wohlstand nicht limitiert sind wie ein Kuchen, an dem die Anzahl der Stücke begrenzt ist. Wir werden erkannt haben, um wieviel wohler wir uns fühlen, wenn wir miteinander leben und nicht gegeneinander.
Wir werden alle wissen, daß wir viele Leben haben und daß jedes Leben dazu da ist, daß wir uns verbessern. Wir werden alle telepathisch miteinander kommunizieren, denn wir müssen unsere Gedanken nicht mehr verstecken. Unsere Gedanken werden voller Respekt und Liebe sein. Niemand wird etwas tun, was ihm keinen Spaß macht. Arbeit als solches wird es nicht mehr geben. Wir werden alle unsere Hobbys

zu unserem Beruf machen. Und jede Minute, die wir arbeiten, wird Freude für uns sein. Wir werden gelernt haben, daß die vielen Produkte, die ohne Liebe gemacht werden, Langeweile und Verzweiflung in sich tragen. Da wir diese Produkte nicht mehr haben wollen, werden sie nicht mehr produziert werden.

Wir werden alles haben, was wir wirklich wollen, denn wir werden im Gleichgewicht mit der Natur und unseren Mitmenschen leben. Wir werden mit mehr Verständnis in unsere eigene Vergangenheit schauen, und wir werden erkennen, wie wir früher unser Leben mit unbrauchbaren Dingen angefüllt haben, da wir uns einsam, alleine und unsicher fühlten. Genauso wenig werden wir Statussymbole brauchen, langweilige Parties, streßvolle Jobs, denn unser Leben wird mit Freude, Produktivität und Zufriedenheit ausgefüllt sein. Wir werden uns gegenseitig unterstützen und unsere Talente und Produkte neu austauschen. Versicherungen, Gefängnisse und langweilige Schulen werden neben vielem anderem ausgestorben sein.

Weil wir gelernt haben, wie wertvoll jeder neugeborene Mensch ist, werden wir Kinder nicht haben, weil unser Leben leer ist und wir jemanden brauchen, der uns liebt, so wie wir sind. Wir werden Kinder haben, um den wiedergeborenen Seelen zu helfen, sich weiterzuentwickeln. Wir wissen, daß Gott uns eine Wahl gegeben hat, und diese Wahl beinhaltet auch, wie viele Kinder wir in die Welt setzen. Wir werden unsere Körper so kontrollieren können, daß der reine Gedanke unsere Geburtenkontrolle sein wird. Und weil wir die Ausbildung dieser Kinder weiter führen als früher, werden wir sehr viel weniger Kinder auf die Welt bringen.
Wir werden gelernt haben, wie wir unseren Körper, unsere

Seele und unseren Verstand mit purem Licht und Energie nähren. Wir werden neue Zeremonien während der verschiedenen Mondphasen haben. Wir werden wissen, daß es einfacher ist, sich von Altem zu trennen, wenn der Mond abnimmt, und daß es leichter ist, Neues anzunehmen, wenn der Mond zunimmt. Wir werden lange Zeiten der absoluten Stille in unserem Tagesablauf haben, und wir werden aus unserem höheren Selbst heraus handeln.
Krankheiten werden Geschichten aus der Vergangenheit sein. Jeder wird seinen Körper verstehen, und weil wir ohne Umweltverschmutzung leben werden, werden es unsere Körper sehr viel leichter haben. Wir werden alle gelernt haben, wie wir uns gegenseitig durch unsere Hände, unseren Atem und mit Hilfe der Elemente heilen. Wir erkennen und akzeptieren die ersten Symptome einer Krankheit als ein Warnsignal. Denn diese Warnsignale wurden von unserem Körper geschaffen, um uns darauf aufmerksam zu machen, daß wir an unserem Lebensstil etwas verändern müssen. Wir werden statt Krankenhäusern Heilzentren haben. Ärzte werden dort wieder sein dürfen, was sie eigentlich sind: Heiler. Sie werden Zeit haben und mit anderen Heilern zusammenarbeiten. Diese Zentren werden eine Oase der Liebe sein: wundervolle Musik, herrliche Düfte, Berührungen, Massagen, Körperübungen, Gespräche und Gebete, Stille und Tanz.
Wir werden nicht miteinander schlafen, weil wir einsam und alleine sind, sondern weil wir uns gegenseitig achten. Wir werden erkannt haben, daß Energie auch durch den sexuellen Verkehr fließt, und wir werden diese Energie nur in Liebe austauschen. So werden nicht nur unsere Körper vereint werden, sondern auch unsere Seelen.
Wir werden mit allen Lebewesen auf dieser Erde kommunizieren, den Feen, Engeln und Wichtelfamilien und dem Königreich der Tiere. Wir werden diese leichteren Lebewe-

sen sehen, und auch wir werden leichter werden. Überdies sind wir alle in der Lage, uns sichtbar und unsichtbar zu machen.
Wir werden ohne Flugzeuge reisen, da wir gelernt haben, uns selbst von einer Ecke der Welt in die andere zu transportieren. Wir werden liebevolle Kontakte pflegen mit unseren Schwestern und Brüdern jenseits unseres Planeten- und Sonnensystems. Diese Besucher werden in der Lage sein, unter uns zu leben, da mit der Erhöhung unserer Schwingungen die Möglichkeit geschaffen worden ist, ihre Schwingungen aufzunehmen.
Wir werden wissen, daß alles, was wir zu uns nehmen – jedes Geräusch, jedes Bild, jede Berührung, jeder Bissen, jedes Getränk, jeder Gedanke und jeder Atem – eine Wirkung auf unser Wohlbefinden hat. Wir werden nur hören, sehen, essen, trinken, denken und atmen, was uns in unserem Wohlbefinden und in unserer Harmonie unterstützt. Wir werden die Entwicklung der Menschheit einen Schritt weitergebracht haben, und wir werden uns immer weiter entwickeln.

Herrlich, so eine Vision zu entwickeln. Ich würde mich freuen, von Ihrer zu hören. Ich frage mich, was mit unseren Schutzengel passieren wird. Natürlich werden wir sie sehen, aber vielleicht verschmelzen wir miteinander. Wenn unsere Schutzengel die Vision von uns in sich tragen, was passiert, wenn wir diese Vision werden?
Ich schickte meine Vision per Fax, und Niki rief mich am nächsten Tag an. »Das ist alles schön und gut, aber glauben kann ich es nicht.«
»Irgendwann einmal wird unsere Welt so sein. Und je mehr jeder einzelne dafür tut, desto schneller werden wir in so einer wundervollen Welt leben.«

Ich höre Niki am anderen Ende der Leitung lachen.
»Na ja, deine Welt ist auf jeden Fall schöner als die, die ich jeden Tag sehe.«
»Du bist herzlich eingeladen«, antworte ich ihm.
Ich weiß noch, wie sein letzter Satz in meinen Ohren nachklang. Wir schaffen uns unsere eigene Realität. Wenn Reichtum, Schönheit und Gesundheit uns alleine glücklich machen würden, dann wäre jeder, der reich, schön und gesund ist, glücklich. Wir wissen, daß das nicht zutrifft.
Was macht mich glücklich? So zu sein, wie ich bin. Zu wissen, daß ich liebevoll und gut bin, weil ich in Harmonie mit mir, Gott und der Welt lebe. Und es wird täglich besser.
Ich habe in den letzten Jahren erkannt, daß Engel uns ohne »wenn« und »aber« lieben. Sie erkennen in uns den Wunsch und die Sehnsucht nach Liebe und Frieden. Und sie warnen uns, trösten uns, besuchen uns, beschützen uns und heilen uns. Sie warten nur auf ein offenes Herz, um uns den Weg zu zeigen.
Wenn wir unsere Augen schließen und nach unseren Engeln fragen, werden wir ihre Liebe fühlen. Wir haben die Wahl, ob wir das Fenster zur Engelwelt aufmachen wollen, und sei es noch so ein kleiner Spalt. Durch die Liebe der Engel und durch unseren Einsatz wird dieser Spalt größer und größer, bis das Fenster aufgerissen wird und irgendwann einmal ganz verschwindet.
Mein tiefer Wunsch ist es, daß ich Ihnen Hoffnung und Zuversicht geben durfte oder vielleicht sogar die Bestätigung, daß unsere Engelwelt real ist. So wirklich wie die Liebe, die wir fühlen.
Ich habe gehofft, daß ich vor Abschluß des Buches meinen Schutzengel sehen werde. Ich habe ihn noch nicht gesehen. Doch das entmutigt mich nicht. Ich konzentriere mich darauf, was ich von ihm weiß. Ich fühle ihn, ich höre ihn, und ich

weiß, daß ich unendlich geliebt werde. Und ich vertraue darauf, daß ich ihn irgendwann sehen werde.
Es hängt von mir ab, wann ich ihn sehen werde. Es ist meine Wahl, meine Gedanken zu kontrollieren, meine Mitmenschen zu verstehen und zu lieben. Und mit dieser Wahl erreichen wir es, immer engelgleicher zu sein. Wir werden uns wohler fühlen, gesünder und fröhlicher sein. »Der Weg ist das Ziel«, irgendein kluger Mensch hat das einmal gesagt. Mein Weg hat mich meinem Ziel, Frieden in mir zu finden, schon sehr viel näher gebracht. Vor drei Jahren war ich zu 95 Prozent unzufrieden, unruhig, einsam, grantig, ängstlich und traurig. Heute bin ich zu 95 Prozent glücklich, zufrieden, fröhlich, gelassen und liebevoll. Die restlichen 5 Prozent werden doch wohl bald zu schaffen sein. Absolute Glückseligkeit zu haben und weiterzugeben, das ist meine Vision. Und, glauben Sie mir, wenn ich das schaffe, dann kann das jeder schaffen. Ich würde mich freuen, von Ihrer Vision für diese neue Welt zu hören. In einer Welt, in der niemand mehr die Frage stellen wird, wie Engel uns lieben. Denn wir werden es alle selbst wissen.
Ich werde jetzt meine Augen schließen und nach einem Ton suchen. War es nicht ein Ton, der meinen Schutzengel zu mir bringt?

Nachwort

*»Aber Sabrina, bei aller Liebe, wo bleibt in deinem
Buch die Demut? Engel gut und schön – ich verstehe
auch, daß man wächst und einiges dazulernt, aber
sollten wir das nicht mehr für uns behalten?«*

Vor zwei Jahren bekam ich eine Weihnachtskarte mit einem
Auszug aus Nelson Mandelas Antrittsrede als Präsident von
Südafrika zugeschickt. Er sagte:

»Unsere tiefste Angst ist nicht,
daß wir unzulänglich sind.
Unsere tiefste Angst ist,
daß wir grenzenlose Macht in uns haben.
Es ist unser Licht und nicht unsere Dunkelheit,
vor dem wir uns am meisten fürchten.
Wer bin ich schon, fragen wir uns,
daß ich schön, talentiert
und fabelhaft sein soll?
Aber ich frage Dich, wer bist Du, es nicht zu sein?
Du bist ein Kind Gottes.
Dich kleiner zu machen dient unserer Welt nicht.
Es ist nichts Erleuchtendes dabei,
sich zurückzuziehen und zu schrumpfen,
damit andere Leute nicht unsicher werden,
wenn sie in deiner Nähe sind.
Wir wurden geboren, um die Herrlichkeit Gottes,
die in uns ist, zu offenbaren.
Sie ist nicht nur in einigen von uns,
sie ist in jedem von uns.

> Wenn wir unser eigenes Licht strahlen lassen,
> geben wir unterbewußt unseren Mitmenschen
> die Erlaubnis,
> dasselbe zu tun.«

Ich trage dieses Zitat in meinem Geldbeutel herum. Ich weiß noch, wie beeindruckt ich damals war, und jedesmal, wenn ich es lese, bin ich wieder ergriffen von diesem Gedanken.
Ja, uns wurde beigebracht, bescheiden zu sein. Bescheidenheit bis zur Selbstverleugnung. »Wer bin ich denn schon?« »Nein, das ist doch nichts Besonderes.« »Was soll denn an mir schon liebenswert sein?« »Das kann doch jeder.« »Nein, ich bin nicht schön, sieh doch nur meine dicken Hüften.«
Wir haben uns selbst kleiner gemacht, damit bloß keiner eifersüchtig wird. Wir haben Angst, auf uns stolz zu sein – ist stolz doch ein Schimpfwort, das arrogante und egoistische Menschen beschreibt.
Aber vor lauter Angst, als stolz bezeichnet zu werden, haben wir das Kind mit dem Badewasser ausgeschüttet: Wir haben uns nicht erlaubt, uns selbst zu lieben. Vor einigen Jahren wurde ich in einem Interview gefragt, ob ich mich liebe. Ich habe geantwortet: »Ich habe mich an mich gewöhnt!« Als ob ich irgendein schlimmer Virus wäre. Ich fühlte mich unwohl bei der Vorstellung, was die anderen wohl denken könnten, wenn ich sage, daß ich mich liebe. Das klingt so selbstverliebt, so egoistisch, so arrogant, so ... (hier können Sie einfügen, was immer Ihnen dazu noch einfällt).
Wir müssen lernen, uns selbst zu lieben. Wenn wir uns nicht selbst lieben, wie können wir dann andere lieben? Gibt es etwas, was uns an uns nicht gefällt, nicht wertvoll genug erscheint, haben wir die Macht, es zu verändern. Wenn unser Licht nicht hell genug leuchtet, sind wir in der Lage, die Lampe zu putzen.

Es ist Zeit, so glaube ich, unser Licht strahlen zu lassen. Vor zweitausend Jahren sprach Jesus in der Bergpredigt (Matthäus 5,14) über das gleiche Thema: »Ihr seid das Licht der Welt; eine Stadt, die auf einem Berge liegt, kann nicht verborgen bleiben. Auch zündet man ein Licht nicht an, um es unter den Scheffel zu stellen, sondern auf den Leuchter, damit es allen leuchtet im Hause. So leuchte Euer Licht vor den Menschen, damit sie Eure guten Werke sehen und Euren Vater im Himmel preisen.«

Ist es nicht so, daß wir oft die schlimmen Dinge am lautesten verkünden? Laßt uns die freudigen Dinge laut preisen! Ich bedanke mich bei Gott und meinen Engeln jeden Morgen für die Gnade, Freude und Inspiration weiterverschenken zu dürfen.

Laßt unser Licht erstrahlen, damit die Welt zu dem Paradies wird, zu dem sie ausersehen ist. Und jedes Licht von uns wird mehr und mehr die Dunkelheit verdrängen. Möge in uns allen das Licht leuchten und weit strahlen.

Zarathustra sagte einmal: »Wenn Ihr gefragt werdet, wo Ihr herkommt, sagt: Wir kommen daher, wo das Licht gemacht wird.«

Mögen wir uns alle daran erinnern.

Mit Licht und Liebe und
Gottes Segen
Sabrina Fox

Anhang

Indianische Weisheiten

Ich habe in diesem Buch nicht nur über Engel geschrieben. Meine Liebe zu der Engelwelt gleicht meiner Liebe zur Natur. Da gibt es eine Ausgewogenheit, ein Gleichgewicht. Wir sind wie ein Baum: Wer hoch hinaus will, muß tiefe Wurzeln haben, sonst fallen wir um. Unsere Spiritualität muß in liebevollem Umgang mit unserer Mutter Erde verbunden sein. Es gibt viele Möglichkeiten, das zu tun. Manche wandern gerne, haben einen kleinen Garten oder Topfpflanzen auf dem Balkon, um die sie sich kümmern. Manche üben sich in Schamanismus und keltischen Ritualen, andere wieder, wie ich, haben sich indianischen Weisheiten zugewandt. Alles ist Gott, es wird nur verschieden ausgedrückt. An Engel zu glauben und gleichzeitig die Friedenspfeife zu rauchen ist nicht so weit entfernt, wie es sich anhört. Mit diesem Anhang möchte ich Ihnen die Möglichkeit geben, mehr darüber zu erfahren, wie ich zur Pfeifenträgerin wurde.

1994 nahm ich zum ersten Mal an einer Pfeifenzeremonie teil. Meine Freundin Jacqueline Synder, halb Cherokee, halb Weiße, lud uns am Ende eines Workshops ans Lagerfeuer ein. Ihr geistiger Name ist »Eagle speaks Woman«. Meine einzige Verbindung zu Indianern war, daß ich bei Filmen im Fernsehen immer zu den Indianern hielt. Ich dachte mir damals schon, sie sind ungerecht behandelt worden. Ihnen wurde ihr Land und ihre Kultur weggenommen. Im Namen des Geldes und im Namen Gottes wurde fast alles zerstört. Heiden wurden sie genannt und Wilde. Und das nur, weil wir uns nicht Zeit genommen haben, ihre Kultur zu verstehen. Sie verehren die Mutter Erde und den »Großen Geist«.

Die Friedenspfeife, wie sie irrtümlich von den weißen Siedlern genannt wurde, ist eigentlich eine Zeremonienpfeife. Die Pfeife wurde den Weißen nur in Friedenszeremonien angeboten, deshalb war ihnen nicht bewußt, daß die Pfeife sehr viel öfters geraucht wird. Der Rauch der Pfeife macht die Gebete sichtbar. Der Rauch, der nach oben steigt, trägt die Gebete zum »Großen Geist«, zu dem, was wir Gott nennen. Ich beobachtete damals staunend, wie »Eagle speaks Woman« ihre ledergebundene Pfeifentasche öffnete und alle möglichen Objekte herausholte. Zuerst einmal eine Abaloni-Muschel und ein Bündel Salbei. Dann ein Federbündel, das aus kunstvoll zusammengebundenen Federn besteht. Dann einen 30 Zentimeter langen Stab, mit einem roten Tuch umwickelt, und ein kleineres viereckiges Stück, ebenfalls in einem roten Tuch. Verschiedene Steine und Muscheln, ein Tabaksbeutel, eine Rassel, die aus einer Schildkröte gemacht wurde. Zuerst wickelte sie die beiden roten Tücher aus. Da kam der Pfeifenhals und der Pfeifenkopf zum Vorschein. Ihre Pfeife ist fast weiß, kunstvoll verziert und mit Federn dekoriert. Der Pfeifenkopf besitzt die Form eines Adlers. »Die Pfeife wird immer separat aufgehoben. Der Pfeifenkopf präsentiert das Weibliche, der Hals das Männliche in uns. Zu Beginn einer Pfeifenzeremonie verbindet man beides und sorgt dadurch für das Gleichgewicht. Man weckt damit die Pfeife auf, die damit ein Instrument zum Beten wird«, erklärte »Eagle speaks Woman«.
»Eagle speaks Woman« ist kein indianischer Name, es ist ein geistiger Name. Der Name, auf den unsere Seele hört. Die Indianer ehren die Natur, die »Vierbeiner«, die »Geflügelten« ebenso wie die »Zweibeiner«. Wir sind alle Verwandte, und unsere Aufgabe ist es, in Harmonie miteinander zu leben. Der Wind ist ein Bruder, die Erde die Mutter. Wenn die Indianer Tiere töteten, taten sie es immer in einer Zeremo-

nie. Es wurde vorher die Pfeife geraucht, miteinander gebetet und der Geist des Tieres um Mitarbeit gebeten. Wenn ein Tier getötet wurde, gibt es je nach Stamm verschiedene Rituale, seine Seele zu ehren. Hat es sich doch für seine »zweibeinigen Verwandten« geopfert. Alles an dem Tier wurde benutzt: die Haut, das Fleisch, die Gedärme, die Knochen, die Haare. Nichts blieb übrig. Es wurde damals nur dann gejagt, wenn man etwas brauchte. Nicht wie später, wo die Büffel nur wegen ihrer Felle getötet wurden und der Rest zum Verrotten zurückblieb.

Ich erinnere mich, wie erstaunt ich diese Pfeifenzeremonie betrachtete. Diese Rituale, die mir als Deutscher so fremd waren, faszinierten mich. Eine Zeremonie dauert eine Stunde oder mehr und läuft nach bestimmten Regeln ab. Zuerst wird der Salbei verbrannt, um sich selbst und die Pfeife zu reinigen. Dann wird die Pfeife viermal gestopft, um die vier Himmelsrichtungen zu ehren. Was dann kommt, ist je nach Person und Stamm verschieden. Der Hintergrund bleibt gleich: Konzentration auf das Gebet und das Gebet sichtbar machen. Der Rauch der Pfeife wird in alle Richtungen geblasen. Zuerst nach oben zum Großen Geist, dann nach unten zur Mutter Erde, dann in die vier Himmelsrichtungen. Dann zum Feuer, das das Leben repräsentiert. Dann zu einem selbst. Diese Rituale sind seit Jahrhunderten weitergegeben worden und dementsprechend gibt es viele Variationen. Es gibt keinen falschen Weg, die Pfeife zu rauchen, solange sie mit Respekt und Liebe behandelt wird. Die Pfeife ist für die Indianer, was der Rosenkranz für die christliche Welt ist. Mit beiden wird gebetet.

Am Ende meiner ersten Pfeifenzeremonie beobachtete ich, wie »Eagle speaks Woman«, die Augen geschlossen und die

Pfeife der Länge nach senkrecht an ihre Stirn gepreßt, betet. Nach einer Weile öffnet sie die Augen und nickt einem Mann zu, der mir gegenübersitzt. Der nickt fragend, und »Eagle speaks Woman« deutet mit einer Handbewegung an, daß er zu ihr kommen möge. Er sitzt im Schneidersitz vor ihr, und ich beobachte, wie »Eagle speaks Woman« die Pfeife nochmals anzündet. Sie legt die Pfeife mit dem Mundstück auf das Herz des Mannes, der vor ihr sitzt, und bläst den Rauch in sein Herz. Dann schließt sie die Augen.
»Was könnte das bedeuten?« denke ich mir und frage mich, wie es sich wohl anfühlt, wenn der Rauch in das Herz geblasen wird.
»Dein Name ist »Buffalo Heart«. Der Büffel ist das einzige Tier, das dem Sturm ins Auge sieht. Die anderen Tiere verstecken sich oder drehen dem Sturm den Rücken zu. Du hast das Herz eines Büffels. Du bist stark in deiner Liebe, und du stellst dich jeder Herausforderung. Mögest du den Namen in Ehre tragen«, erklärt »Eagle speaks Woman«. Ich höre ein Schluchzen und bin erstaunt. Dieser Bär von einem Mann, er wird Mitte 40 sein, der mir bisher nur durch seine Ruhe aufgefallen war, weint. Der Name muß wohl einiges für ihn bedeuten. Ich freue mich für ihn. »Eagle speaks woman« gibt ihm ein Stück Fell. »Das ist von meinem Büffel.« Der Mann nimmt zärtlich das Stück Fell in die Hand und verbeugt sich. »Eagle speaks Woman« nickt ihm zu, und er steht auf.
Ein paar Monate später darf ich wieder Gast bei einer Pfeifenzeremonie sein, und dieses Mal wurde mir mein Name verliehen: »Your name it Soaring White Eagle and your spirit is the light.« Auf deutsch heiße ich: »Sich aufschwingender weißer Adler«, und mein Geist ist das Licht. Ich habe öfters einen weißen Adler in meinen Meditationen gesehen. Ich fragte »White Star Woman«, eine Pfeifenträgerin und Expertin in Sacred Pipes, was mein Name bedeutet: »Ein Adler

sieht weit, sehr weit und hat ein besonderes Wahrnehmungsvermögen. Von seiner Position aus hat er einen großen Überblick, und er ist für sein Adlerauge bekannt. Diese Weitsichtigkeit, diese Klarheit und dieses Wahrnehmungsvermögen sind die Geschenke, die Medizin, die dir deinen Namen geben. Du hast ihn dir mit deinem bisherigen Leben verdient.«
»Was bedeutet, daß mein Geist das Licht ist?«
»Das Licht ist Gott und damit fühlst du dich von Gott geführt.«
Da empfand ich eine tiefe Dankbarkeit für den Adler in mir. Ich fühlte mich sofort wohl mit diesem Namen und hätte am liebsten Sabrina abgelegt. Ich begann Briefe an Freunde damit zu unterschreiben und gewöhnte mich schnell daran. Wenn einem Kind ein geistiger Name gegeben wird, dann kommen immer mehr Namen dazu, je nach den Veränderungen, die das Kind bis zum Erwachsenenalter durchmacht. An meinem nächsten Geburtstag, es war mein 36., brachte mir meine Freundin Suzane eine weiße Feder – es war mein schönstes Geschenk.
Ich wollte auch eine Pfeife haben, wurde aber vertröstet. Zuerst kommt die Vision einer Pfeife, dann bist du soweit. Visionen lassen sich nicht herzaubern. Sie kommen, wenn man soweit ist. Und meine Vision ließ auf sich warten.
Mittlerweile erfuhr ich mehr über die Namensgebungen. Neben dem Namen gibt es den Spirit, dann den Clan und dann den Warrior, was frei übersetzt »Krieger« bedeutet. Krieger hat dabei weniger mit Krieg als mit Tapferkeit zu tun. Ein Warrior ist tapfer und handelt ehrenvoll. Da Tapferkeit und Ehre meistens in Krisensituationen auf die Probe gestellt werden, wurde daraus ein Krieger.
Man erfährt mehr über sich durch die Namen, die man bekommt. Verschiedene Tiere haben verschiedene Talente. Wenn ein Tier zu deiner »Medicine« wird, dann hast du

Talente dieses Tieres in dir. Ein Büffel geht Krisen nicht aus dem Weg. Eine Schildkröte steht für Weisheit oder ein Bär für Stärke, ein Reh für Zartheit und Eleganz.

Einige Monate treffe ich einen Wolf in meinen Meditationen. Ich finde mich in einem Wald wieder, und plötzlich taucht ein Wolf auf. Er schaut mich durchdringend an und läuft dann vor mir her. Ich merke, daß ich ihm folgen soll. Ich schließe mich ihm an und fühle schon bald meinen Adler über mir fliegen. Mir scheint es, als ob wir tagelang unterwegs sind. Irgendwann erreichen wir einen Berg. Auf diesem Berg steht ein Baum. Der Adler läßt sich im Wipfel nieder. Der Wolf stellt sich neben den Baum und lädt mich ein, neben ihm Platz zu nehmen. Ich lege mich unter den Baum, und mit diesem Bild endet meine Vision.

Ich bin deshalb nicht verwundert, als ich in Breitenbusch meinen Clan erfahre. Wir sitzen in einer Zeremonie mit fünf anderen Pfeifenträgern, und ich werde nach vorne geholt, mir wird ins Herz geblasen, und dann höre ich, daß der Wolf mein Clan ist. Ich fange zu weinen an und habe das unbezähmbare Verlangen, in ein Wolfsgeheul auszubrechen. »Das kannst du doch nicht machen«, denke ich mir kurz und dann: »Warum nicht?« Tränen laufen mir die Wangen herunter, während ich das »Lied des Wolfes« singe. Anschließend bin ich vollkommen erschöpft. Ich fühle mich, als hätte ich gerade einen Berg bestiegen. Mir wurde die Medizin des Wolf-Clans erklärt: »Der Clan repräsentiert die Familie. Du gehörst also zur Wolfsfamilie. Ein Wolf bringt das Geschenk der Demut. Ein Wolf sorgt immer dafür, daß jeder im Clan zuerst ißt, bevor er etwas zu sich nimmt. Ein Wolf kümmert sich um seine Familie. Ein Wolf zieht sich oft alleine zurück und kommt erst wieder, wenn er Antworten zu seinen Fragen gefunden hat.«

Ja, das stimmt. Ich schaue immer, daß jeder versorgt ist. Ein

Freund nannte mich früher oft die Herbergsmutter. Und ich bin oft alleine, um über Dinge nachzudenken. Auch fühle ich die Demut in mir. Danke.
Ich warte immer noch auf meine Pfeifenvision und schaue sehnsüchtig den anderen zu, wie sie ihre Pfeifen einpacken. Ein paar Monate später sah ich sie plötzlich: meine Pfeife. Es war in einer meiner Meditationen, in der ich eine Kerze vor mir habe und in die Flammen starre. Und da sah ich sie. Ich sah einen grauhaarigen Mann, der mir meine Pfeife übergab. Der Pfeifenhals hatte eine Welle eingeschnitzt, der Kopf war ein Wolf mit einem Adler drauf.
Ich erkannte den grauhaarigen Mann nicht. Komisch, dachte ich mir, hoffentlich treffe ich ihn bald. Ich vertraute darauf, daß mir dieser Mann zugeführt wird, schließlich kommen Visionen nicht von ungefähr. Sechs Wochen später kam ich zu meinem zweiten Vision Quest, und als wir, eine Gruppe von 20 Leuten, am ersten Abend in Montana auf dem Pyror Berg sitzen, höre ich, wie sich dem Feuer Schritte nähern. Da kommt mein grauhaariger Mann! Ich erkenne ihn sofort. Er trägt eine Pfeifentasche und für einen kurzen Moment denke ich, daß das wohl meine sein muß. Die Pfeife wird einem Mann übergeben, aber ich bin trotzdem glücklich. Ich habe zumindest meinen grauhaarigen Mann gefunden, und er schnitzt auch noch Pfeifen. Am nächsten Tag gehe ich zu ihm. Er heißt Neil, und ich bitte ihn zum Gebet. Ich gebe ihm Tabak, das traditionelle Geschenk, um den anderen zu ehren. Tabak kommt aus der Mutter Erde, und damit segne ich die Person, der ich den Tabak gebe. Ich bitte ihn, mit mir zu beten und zu sehen, ob er eine Vision meiner Pfeife bekommt.
Wir sitzen ums Feuer, und Neil schließt die Augen. Zehn Minuten später öffnet er sie wieder. »Du wirst eine große Pfeife, eine Männerpfeife haben. Sie hat eine Welle im

Pfeifenhals, und der Kopf ist ein geschnitzter Wolf mit einem Adler drauf.« Ich freue mich riesig. Das klappt ja hervorragend.
Am Abend darauf bekomme ich meinen Warrior genannt. Ich bin Regenbogen-Warrior. Wie gesagt, der Warrior hat mit Kämpfer wenig zu tun. Ein Warrior beschützt seine Familie mit seinen Talenten und seiner Liebe. In meinem Fall dem Regenbogen. Der Regenbogen hält die Farben des Lichts, und wenn man bedenkt, daß mein Spirit das Licht ist, ergibt das einen Sinn. Daß ich zwischen Los Angeles und Deutschland hin- und herfliege, bedeutet, daß ich eine Regenbogenbrücke baue und unterschiedliche Kulturen miteinander verbinde, um so die Grenzen zwischen uns abzubauen. Ich als Regenbogen-Warrior bringe Menschen zusammen.
Es vergehen einige Monate. So eine Pfeife kann nicht zwischen Mittwoch und Donnerstag geschnitzt werden. Da braucht man den richtigen Stein für den Pfeifenkopf (in der Regel Sandstein) und das richtige Holz für den Hals. Man muß in der richtigen Stimmung sein, der Mond muß richtig stehen. Manchmal will das Holz erst ruhen, bevor es verarbeitet wird. Alles braucht seine Zeit.
Endlich ist es soweit. Neil lebt in Seattle, und dort sollte ich meine Pfeife abholen. Ich war mit Julia in München, und statt direkt nach Los Angeles zu fliegen, plante ich einen Abstecher nach Seattle ein. Am vorletzten Tag in München lud ich meine Schwestern und einige meiner Freundinnen zu meiner Mutter ein, bei der ich wohnte. Wenn ich in Deutschland bin, rauche ich immer. Wir sitzen in der Küche, lachend, weintrinkend und rauchend, und haben einen herrlichen Abend. Es ist fast drei Uhr, als ich ins Bett gehe, und ich schließe die Augen für eine Meditation.
In den letzten Monaten sehe ich in den Meditationen neben meinem Engel Euphenia oft auch einen alten Krieger vor

dem Lagerfeuer sitzen. Sein Name ist »White Wolf«. Er erklärt mir oft den Weg der Natur. Er ist liebevoll und streng mit mir. Allerdings war ich auf diesen Empfang nicht vorbereitet: »Was um Himmels willen denkst du dir dabei?« schrie er mich an, kaum hatte ich die Augen geschlossen. Er stand hinter dem Lagerfeuer, und seine Augen funkelten vor Zorn. Ich hatte keine Ahnung, warum er so ärgerlich war, und fragte nur erstaunt: »Was gibt es?«
»Du benutzt den Rauch, als ob er nichts wäre.«
Oh, er muß meine Zigaretten meinen. »Aber ...« versuche ich mich zu rechtfertigen. Mit wenig Chancen.
»Du willst ein Pfeifenträger sein und hast keine Achtung vor dem Rauch?«
Ich entschließe mich zu einer Entschuldigung. Erklärungen scheinen wenig auszurichten. Ich habe von Pfeifen gehört, die beim ersten Mal einfach auseinandergebrochen sind, weil der zukünftige Pfeifenträger vor einer Zeremonie Alkohol getrunken hatte. Ich habe auf meine Pfeife zu lange gewartet, um durch irgendeine blöde Angewohnheit dieses Erlebnis zu zerstören.
»Du wirst ab heute nicht mehr rauchen«, befiehlt er mir. Da wußte ich, entweder höre ich zu rauchen auf, oder es gibt keine Pfeife.
Dummerweise kann ich mich aber doch nicht zurückhalten und frage: »Für wie lange?« Ich merke sofort, daß ich einen Fehler gemacht habe.
»Weil du gefragt hast, wirst du auch mit dem Alkohol aufhören. Keine Zigaretten und kein Alkohol für ein Jahr.«
Ich beiße mir auf die Zunge. Ich frage lieber nichts mehr, wer weiß, was er mir sonst noch verbieten will.
Mein Mann kann es kaum glauben, als ich ihm am Telefon erzähle, daß ich mit dem Rauchen aufgehört habe. »Wie, einfach so?« Ich erzähle ihm von meiner Meditation. Er fragt

ungläubig: »Ich bin nicht sicher, ob ich das ganz verstehe? Da rede ich auf dich ein, mit dem Rauchen aufzuhören, und es zeigt überhaupt keine Wirkung. Dann sagt dir ein alter Indianer in deinem Kopf, daß du aufhören sollst, und du hörst darauf?« Ich grinse. »Ja«, antworte ich lachend, »das hast du richtig verstanden.« – Wenn es ein Jahr anhält, meint er trocken, »soll mir dein alter Indianer recht sein.«
Es hielt. Seit der Zeit trinke ich keinen Alkohol und rauche keine Zigaretten mehr. Selbst als das Jahr vorbei war, habe ich nicht wieder angefangen.
Ich flog nach Seattle und bekam meine Pfeife. Julia saß neben mir am Feuer, als sie von Neil ausgewickelt wurde. Sie ist wunderschön, schwer und lang. Ein bißchen zu lang. Pfeifen werden in die verschiedenen Richtungen gedreht, und ich mußte meinen Arm extrem ausstrecken, um mir nicht beim Drehen den Kopf anzuhauen. Außerdem war das Mundstück zu rund. Ich brauchte es kleiner. Zuerst dachte ich, daß ich sie Neil wieder zurückgeben müßte, damit er sie kürzer macht, aber da kam »White Wolf«: »Die Pfeife wird erst deine, wenn du damit arbeitest.« Ich verstand.
Ich flog nach Hause und kaufte mir Holzschnitzwerkzeug. Ich hatte noch nie Holz geschnitzt und so betete ich erst einmal. Ich nahm die Pfeife auf meinen Schoß und fragte, wie ich vorgehen sollte. »Befeuchte das Holz, bevor du daran arbeitest«, hörte ich und befolgte es auch. Ich war überrascht, wie leicht das Kürzen der Pfeife ging. Das anschließende Schnitzen machte sehr viel Spaß. Ich spürte, wie mit jeder Bewegung die Pfeife mehr meine wurde.
Ich habe meine Pfeife seit fast zwei Jahren. Sie reist immer mit mir. Ich betrachte sie als heiliges Objekt, wie meinen Rosenkranz, ein Kristallkreuz, ein Buddha, Federn und Steine, die auf Reisen auch dabei sind.
Zu meinem letzten Geburtstag bekam ich von meinem Mann

ein Tipi geschenkt. Es war ein herrlicher Tag, als wir das Zelt aufbauten. Ich hatte sechs Pfeifenträger eingeladen, und wir hielten eine wundervolle Zeremonie ab. An jeder Stütze hängen »Prayertags«. Das sind Stoffstücke, die zu einem Knoten verbunden werden. Sie enthalten Tabak, mit dem man betet. Man gibt also sein Gebet in den Tabak und hängt ihn dann über dem Tipi auf, so daß Bruder Wind alle Gebete verteilen kann. Wir beteten um Frieden und Verständnis füreinander. Jedesmal, wenn ich den Wind fühle, weiß ich, daß unsere Gebete weitergetragen werden.

Ich hoffe, daß ich mit diesen Erklärungen mehr Verständnis für die Kultur der Indianer erreiche. Sie können sich solch einen »Prayertag« selbst machen. Nehmen Sie ein Stück Stoff (die Indianer benutzen meistens weiß oder rot) und reißen Sie einen Streifen davon ab (4 cm mal 10 cm). Nehmen Sie Tabak und halten Sie ihn in Ihrer linken Hand. Schließen Sie die Augen und geben Sie ihr Gebet hinein. Zuerst betet man für jemand anderen, dann für sich selbst. Schließen Sie das »Prayertag«, indem sie einen Knoten um den Tabak machen. Nun gibt es verschiedene Möglichkeiten, ihr Gebet zum »Great Spirit« zu schicken. Sie können es entweder verbrennen oder an einem Baum oder Busch aufhängen.

Meditationen

Diese Meditationen sind so einfach wie möglich. Falls Sie lieber eine ausführlichere, geleitete Version haben möchten, können sie eine von mir besprochene Kassette bei »My Angel and I«, Am Weiher 3, D-82064 Großdingharting, bestellen.
Suchen Sie sich einen bequemen und ruhigen Platz. Sie können auch gerne liegen. Überkreuzen Sie Ihre Beine nicht. Sorgen Sie dafür, daß Sie nicht gestört werden, und meiden Sie möglichst Geräusche. Nehmen Sie sich mindestens 20 Minuten Zeit. Falls Sie die Möglichkeit haben, gehen Sie ins Freie und legen Sie sich flach auf die Erde oder lehnen Sie sich an einen Baum. Diese Meditationen funktionieren übrigens auch hervorragend in der Badewanne.
Noch ein paar Worte zum Gebet. Das Gebet ist ein Gespräch mit Gott, bei dem Sie Ihren Vorsatz ausdrücken. Oft werde ich gefragt: »Woher weiß ich, daß mein Engel mit mir spricht und ich mir das nicht nur einbilde?« Der Vorsatz ist entscheidend. Wenn Sie im Auto sitzen und den ersten Gang einlegen, wissen Sie, daß Sie vorwärts und nicht rückwärts fahren. Wenn ich mit meinen Engeln sprechen möchte, bete ich zuerst. In diesem Gebet sage ich, was ich möchte. Zum Beispiel: »Lieber Gott, geliebte Engel, ich bedanke mich für eure Mithilfe und bitte um Unterstützung bei der Beantwortung folgender Fragen.«
Das einzige, was Sie noch tun müssen, ist vertrauen. Vertrauen gewinnt man, indem man ausprobiert, was einem gesagt wird. Ich vertraue jetzt den Informationen meiner Engel, weil sie es mir oft genug bewiesen haben.
Engel sprechen meistens in unseren Gedanken. Es öffnet sich

in den seltensten Fällen der Himmel, und Gott oder die Schutzengel sprechen zu uns. Sie benutzen unseren Verstand, unsere Intuition, um mit uns Kontakt aufzunehmen. Wie wenn ich ein Fax empfange. Es kommt in meinem Gerät, auf meinem Papier, mit meiner Tinte an. Aber das Fax kommt von jemand anderem. Und genauso ist es mit den Engeln. Ich schalte (durch mein Gebet) auf Empfang und warte auf die Botschaft. Und wie bei allen Dingen gilt: Übung macht den Meister (es gibt ein paar wirklich kluge deutsche Sprichwörter.)

Irgend jemand hat mir einmal erklärt, wie unsere Verbindung mit Gott und unseren Engeln funktioniert: »Wenn du zu Hause eine Lampe einschalten willst, und sie funktioniert nicht, dann stellst du auch nicht gleich den Strom in Frage. Du schaust, ob der Stecker richtig sitzt, und prüfst die Glühbirne. Mit uns und Gott ist es genauso. Gott ist wie der Strom. Er ist immer da. Wir sind die Lampe, und es liegt an uns, ob wir ›leuchten‹ oder nicht.«

Rosa Licht
Wie Sie Ihren Schutzengel fühlen

Atmen Sie ein paarmal tief ein und aus und lauschen Sie Ihrem Atem. Wenn Sie das Gefühl haben, jetzt reicht es, machen Sie für mindestens 5 Minuten weiter.
Sprechen Sie ein Gebet, das so einfach sein kann wie: »Ich möchte meinen Schutzengel fühlen.« Was immer Sie sagen mögen, sagen Sie es.

Dann stellen Sie sich ein zart rosafarbenes Licht in Ihrer Herzgegend vor. Konzentrieren Sie sich auf das Licht. Ihr Schutzengel wird Ihnen durch dieses Licht ein Gefühl schicken.
Beobachten Sie Ihren Körper. Tasten Sie ihn ab, und vergessen Sie nicht: Je öfters Sie Kontakt mit Ihrem Schutzengel aufnehmen, desto mehr werden Sie ihn fühlen. Die Ruhe und die Gelassenheit, die zu Ihnen kommen, sind die Gefühle, die der Schutzengel schickt.

- ♥ Schließen Sie Ihre Augen.
- ♥ Lauschen Sie Ihrem Atem.
- ♥ Sprechen Sie ein Gebet.
- ♥ Stellen Sie sich rosafarbenes Licht in Ihrem Herzen vor.
- ♥ Fühlen Sie Ihren Schutzengel.

Regenbogen
Wie Sie Ihren Schutzengel
vor Ihrem inneren Auge sehen

Machen Sie es sich bequem, meiden Sie alle Geräusche und sorgen Sie dafür, daß Sie ungestört bleiben. Lassen Sie sich für diese Meditation mindestens 20 Minuten Zeit.
Lauschen Sie Ihrem Atem.
Sprechen Sie ein Gebet, in dem Sie Ihre Absicht kundtun. Benutzen Sie Ihre eigenen Worte, damit machen Sie Ihr Gebet persönlich. Und so soll es sein.

Stellen Sie sich eine wundervolle Wiese vor und beobachten Sie die Natur um sich herum. Betrachten Sie die Blumen, hören Sie auf die Geräusche, saugen Sie die Gerüche ein und halten Sie sich eine Weile auf dieser Wiese auf.
Wenn Sie nach oben schauen, werden Sie einen Regenbogen finden. Legen Sie sich auf die Wiese und lassen Sie die Farben des Regenbogens in Ihren Körper eindringen. Vertrauen Sie darauf, daß die richtigen Farben zu Ihnen kommen und Sie in Ihrem Heilungsprozeß unterstützen.
Wenn Sie das Gefühl von »fertig« haben, stehen Sie auf und steigen auf die Leiter, die Sie zur Spitze des Regenbogens bringen wird. Gehen Sie die Leiter nach oben, dort wird Ihr Schutzengel auf Sie warten.
Sie können Ihrem Schutzengel alle Fragen stellen. Vertrauen Sie darauf, daß Sie die Antwort nicht suchen müssen, sondern die Antwort kommt. Manchmal ist es ein bißchen wie »Berufe raten«. Fragen Sie einfach so lange, bis Sie mit der Antwort zufrieden sind. Falls Sie Bilder statt Gedanken bevorzugen, bitten Sie Ihren Schutzengel um Bilder.
Am Schluß verabschieden Sie sich von Ihrem Schutzengel

mit dem Wissen, daß Sie ihn jedesmal über dem Regenbogen finden werden.

- ♥ Lauschen Sie Ihrem Atem.
- ♥ Sprechen Sie ein Gebet.
- ♥ Stellen Sie sich eine Wiese vor.
- ♥ Über Ihnen steht der Regenbogen.
- ♥ Steigen Sie über die Leiter zu Ihrem Schutzengel.
- ♥ Stellen Sie Ihre Fragen.
- ♥ Bedanken Sie sich.

Schnelle Antworten

Schließen Sie Ihre Augen, und stellen Sie sich vor, Sie verlassen Ihren Körper, und betrachten sich von oben. Dann gehen Sie noch höher hinauf, bis Sie Ihre Umgebung sehen. Steigen Sie weiter, bis Sie das Land von oben sehen, und noch höher, bis Sie die Erdkugel im Blickwinkel haben.
Sagen Sie Ihr persönliches Gebet, und stellen Sie Ihre Frage. Jede Frage.
Dann warten Sie auf eine Antwort. Die Antwort kommt von selbst. Sie müssen sie nicht suchen. Warten Sie einfach. Die Antwort kommt immer.
Vergessen Sie nicht, sich am Schluß zu bedanken.

- ♥ Verlassen Sie den Körper nach oben, bis Sie die Erdkugel sehen.
- ♥ Sprechen Sie ein Gebet.
- ♥ Stellen Sie Ihre Frage.
- ♥ Warten Sie auf die Antwort.
- ♥ Bedanken Sie sich.

Tiefe Entspannung

Falls Sie nervös sind, sich ärgern, nicht einschlafen können, tausend Gedanken im Kopf haben oder einfach nur rastlos sind – egal, wo Sie gehen und stehen:

Lauschen Sie Ihrem Atem. Konzentrieren Sie sich auf das Geräusch beim Ein- und Ausatmen. Das ist alles.

Um eine Traurigkeit zu bewältigen

Singen Sie! Man kann nicht weinen und gleichzeitig singen.

Knaur®

Neue Wege wagen

(86065)

(86087)

(86076)

(86078)

(86068)

Der Esoterik-Bestseller mit der CD!

Knaur

David Steindl-Rast

Musik der Stille

Mit Gregorianischen Gesängen zu sich selbst finden

Mit Top-CD »CHANT« der Benediktinermönche von Santo Domingo de Silos

(86116) Buch und CD